★図解★

最新版「保険」のしくみと手続きがわかる事典

社会保険労務士・ファイナンシャルプランナー 森本幸人 監修

生命保険、損害保険、医療保険から
健康保険、介護保険、年金制度、
労災保険、雇用保険まで。
複雑な「保険」のしくみと
手続きを1冊に集約。
介護保険法など、
最新の法改正にも対応!

本書で公的保険と民間保険の全体像をつかもう

アカウント型保険／遺族年金／医療保険／介護保険／解約返戻金／学資保険／火災保険／簡易保険／ガン保険／共済／クーリング・オフ／ケアプラン／契約転換／健康保険／国民年金／高額療養費／告知／個人年金保険／個人賠償責任保険／こども保険／雇用保険／三大疾病特約／地震保険／失業等給付／自動車保険／就業不能保障保険／終身保険／重要事項説明書／障害年金／傷病手当金／診査／生命保険／生命保険料控除／損害保険／第三分野の保険／団体信用生命保険／長寿医療制度／定期保険／定期付き終身保険／保険事故／保険証券／保険の見直し／変額保険／要介護状態／養老保険／リビングニーズ特約／老齢基礎年金／老齢厚生年金／労働者災害補償保険 など

［巻末付録］ 生命保険・医療保険・損害保険ミニ用語集

三修社

本書に関するお問い合わせについて
本書の内容に関するお問い合わせは、お手数ですが、小社あてに郵便・ファックス・メールでお願いします。
なお、執筆者多忙により、回答に1週間から10日程度を要する場合があります。あらかじめご了承ください。

はじめに

将来起こるかもしれない危険（ケガや病気など）に対し、予測される事故発生の確率に見合った一定の保険料を加入者が公平に分担することによって、万一の事故に備える制度が「保険」です。保険は相互扶助の精神から生まれた、いわば助け合いの制度です。保険には、生命保険や損害保険、医療保険などの第三分野保険、毎月の給料から天引きされる雇用保険や介護保険、年金までさまざまなものがあります。

生命保険や損害保険のように加入するかどうかが個人の自由にまかせられている保険を私的保険といいます。これに対して、社会保険や労働保険は、強制的に加入することが義務づけられている公的保険です。

社会保険には「医療保険」（健康保険や国民健康保険）、「介護保険」、「年金保険」（厚生年金保険や国民年金保険）が含まれます。一方、労働保険とは「雇用保険」、「労働者災害補償保険」の総称です。

民間の保険は、加入者自身が加入保険の種類や支払保険料などを選択できるのに対し、公的保険は加入者の所得や所属する会社の事業の種類に応じて保険料が決まります。

大切なことは、「どういう事態が生じたときにどのような保険制度を利用できるのか」ということについて理解して、対策を立てることです。

本書は、民間の生命保険や損害保険から、公的保険制度である年金、健康保険、労災、雇用保険まで、保険のしくみや基本事項を１冊に集約しています。保険について詳しい知識をもたない人でも理解できるように、１つの項目を１～２ページでまとめています。また、図や表を多用し、わかりやすさを重視しています。

保険の分野は改正が頻繁に行われますが、平成23年６月の介護保険法改正など、最新の法律や制度に対応させています。また、東日本大震災関係の特例も可能な限りフォローしています。

本書を活用していただき、保険について理解を深めていただければ、監修者として幸いです。

監修者　社会保険労務士・ファイナンシャルプランナー
森本幸人

Contents

Contents

第5章 健康保険のしくみと手続き

Contents

第7章　年金のしくみと手続き

Contents

序　章

保険のしくみ

1 保険の全体像

不測の事態に備え保険料を支払い、事故が起きた時に保障を受ける

保険とはどんなものなのか

日常生活の中で私たちは数々の災難に遭遇する危険にさらされ、ケガや病気にかかる不安も抱えています。また、自身だけでなく家族の死亡などによる将来の生計の心配もあります。身にふりかかる不幸というのは予期することができず、その災いによる精神的なダメージや経済的な負担も図り知ることができません。

そこで登場するのが**保険**です。私たちは事故や災難による経済的な損失に対する不安を軽減するため、安いコストで保障を確保します。いわば安心を買うのです。保険制度とは、そのような不測の事態に備えて個人や企業から保険料を集め、共同備蓄を形成し、保険金の支払いによって経済的な損失を補てんするという相互扶助の精神から生まれた社会的制度です。

なお、保険についての一般的なルールは保険法に規定されています。

保険のはたらきとは

保険の本質的なはたらきは、保険契約者に保険事故（偶然の事故）が発生したときに、一定の保険金を支払うことにより保険契約者の経済的損失を保障しようというものです。これを「経済的保障機能」といいます。

また、保険金は多数の保険加入者から集めた保険料（準備資金）から拠出されますが、保険会社は保険金の支払い時までその滞留金を運用します。特に生命保険の契約期間は長期で、運用資産としての規模も大きくなるため、保険の付随的な機能としての「金融機能」が重視されます。

保険には、その他にも間接的機能と呼ばれる機能があります。主なものは、加害者側に賠償資力を与えることによって間接的に被害者を救済する「被害者救済機能」や、保険を担保にしたり保険金の受取人を銀行にすることによって資金の借入を可能にする「信用補完機能」です。さらに、少額の保険料で多額の保険金が保障される「資本節約機能」や、保険金による「所得保障機能」などがあります。

保険と預金はどう違う

保険は、万一の事故や災害、病気などに備え、特に経済的な安心を確保するための合理的な制度ですが、将来の経済的な損失や不安に備えるという点では預金もその性質は同じです。

しかし、保険と預金の最も大きな違いは、預金は必要な金額を貯めるのに

一定の期間を要するのに対して、保険は加入と同時に必要な保障を確保することができることです。人生で起こりうるすべてのリスクに対して万全の資金を準備することは到底できず、またすべてのリスクに保険で対応しようとするのも、莫大な保険料による家計の破綻を招きかねません。そこで、起こり得る可能性の高いリスクに対しての保険に加入し、突然の事故や災害による経済的な損失を埋め合わせようとするのが生命保険の目的です。

ある一定期間の保障額を比較した場合、保険は保険加入日から契約満了日まで、ずっと一定の保障を得られるのに対し、預金はリスク発生時点において貯まっている金額しか損失の補てんができません。このリスクにおける経済的な備えに対する強さは、明らかに保険のほうが強いといえます。この関係を図で表した場合、「保険は四角、貯金は三角」といわれます。

ただ、お金を使いたい用途に即時に利用できるのは預金です。保険料は、いったん払い込んでしまえば自由に出し入れすることができず、急な入用の際の融通が利きません。

老後の資金や子供の教育資金を目的にする貯蓄性を考えての保険契約もあります。預金は一定期間かけていないとある程度の金額まで達しないのに対し、保険の場合は貯蓄と同時に保障がつきます。しかし、保険の場合中途解約すると、払込保険料が全額戻るわけではないのに対し、預金は目減りすることがないので、その点では預金の方が堅実な貯蓄といえます。

貯金は三角、保険は四角

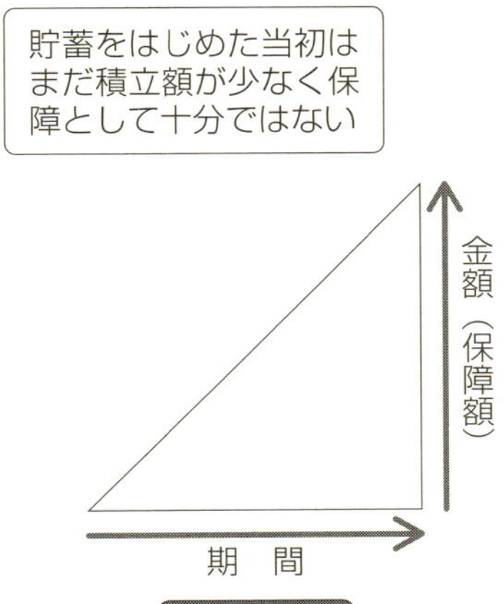
貯蓄をはじめた当初はまだ積立額が少なく保障として十分ではない
金額（保障額）
期　間
貯金は三角

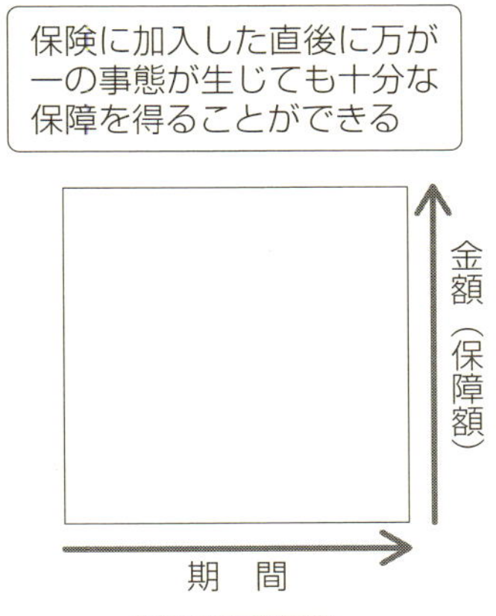
保険に加入した直後に万が一の事態が生じても十分な保障を得ることができる
金額（保障額）
期　間
保険は四角

2 公的保険と民間の保険の違い

生保や損保は民間企業が運営している

運営主体によって分類できる

保険の運営を大きく分類すると、国や地方公共団体によるものと、民間の保険会社により扱われるものとに分けられます。前者を「公営保険」、後者を「民営保険」といいます。

公営保険は国民の生活保障のために、社会政策の一環として実施されるもので、健康保険や労働保険、年金保険などがあります。一方、民営保険は、個人や企業が私経済的な目的達成のために加入するもので、生命保険や損害保険などがあります。自動車損害賠償責任保険や地震保険も民間の保険会社が運営している民営保険です。

公的保険は、社会保険と労働保険に分けることができます。

社会保険には「医療保険」(健康保険や国民健康保険)、「介護保険」、「年金保険」(厚生年金保険や国民年金)が含まれます。一方、**労働保険**とは「雇用保険」、「労働者災害補償保険」の総称です。

民間の保険は、加入者自身が加入保険の種類や支払保険料などを選択できるのに対し、公的保険は加入者の所得や所属する会社の事業の種類に応じて保険料が決まります。

近年は高齢化による年金受給者の増加や、国が負担する医療費の増加により公的保険制度の財政難が大きな問題となっています。

民間の保険には3つの分野がある

民間の保険は文字通り、民間保険会社によって扱われる保険で、保険業法により生命保険業免許を持つ生命保険会社と、損害保険業免許を持つ損害保険会社があります。民間の保険はその業態によって、次ページ図のように、**生命保険、損害保険、第三分野**の3つの分野に分けられています。

第三分野の保険は、病気やケガなどの場合に一時金や給付金が支払われるもので、生命保険会社・損害保険会社の両者で扱われています。医療保険やガン保険、傷害保険や介護保険などがあります。一定期間の入・退院時の給付金や手術の場合の一時金、また通院や在宅療養に一時金が支払われる特約があり、成人病や女性特有の病気を特約として保障する保険商品もあります。

そのほか、前述の保険に似たものとして、各種共済や2007年10月以前に契約された**簡易保険**があります。**共済**は協同組合や労働組合などが運営し、さまざまなリスクに対して共同で相互扶助し合う制度です。

また、簡易保険は、郵政民営化により「株式会社かんぽ生命保険」に業務が移管され、民間の保険機構として生まれ変わりました。民営化以前の簡易保険は「独立行政法人郵便貯金・簡易生命保険管理機構」に業務が継承され、日本政府による保障が継続されているため未だ公共性は強いといえますが、新たに契約された保険は簡易保険ではなく、通常の民間の保険会社との契約と同様の扱いになります。

◎生命保険と損害保険の違いとは

生命保険が人の生死について保険金を支払う保険であるのに対し、損害保険は一定の偶然の事故によって生じた損害をてん補する保険です。また、生命保険と損害保険の中間に位置する保険もあります（第三分野保険）。

生命保険は、人が死亡したときに一定額の死亡保険金が支払われるため、「定額保険」といいます。一方、損害保険は、事故による損害の度合いによって支払われる保険金額が変わるため、「不定額保険」といいます。また、医療保険やガン保険、傷害保険などは第三分野の保険に属します。保険金支払いの対象が人の生死や事故の損害に対する経済的補てんが主な目的ではなく、たとえば病気になったときの入退院時の一時金や、特定の疾病に対する見舞金など、生命保険か損害保険かの明確な区別ができないものが第三分野の保険に該当します。

一般に生命保険は「人」に対する保険であり、損害保険は「物」に対する損害の填補や賠償のための保険です。保険に各種の**特約**をつけることにより保障される内容や対象を拡大することができます。生命保険に医療保障である医療特約をつけるのがその例です。

保険事業の種類

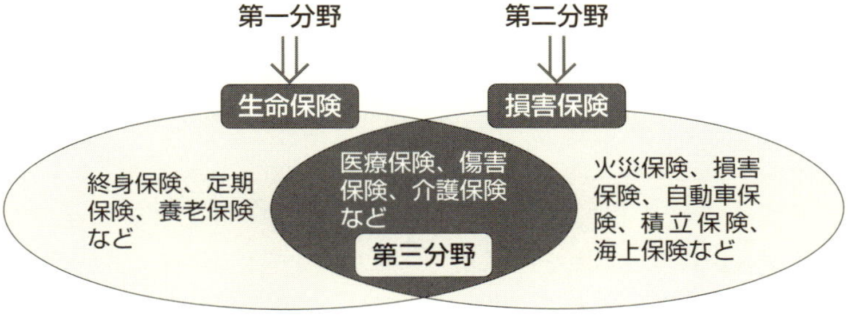

医療保険などの第三分野保険は生保・損保双方の会社が扱える分野

3 保険のルーツ

保険制度の起源は古代文明までさかのぼる

保険のルーツとは

保険の始まりは紀元前2000年頃の古代文明までさかのぼります。その頃繁栄していた古代バビロニア王国では、商人が遠方との交易を活発に行い利益を折半していました。融資の担保は旅商人の妻子や財産で、無事に帰ってきたときには担保が返還されるしくみでした。その後地中海地方での海上貿易がさかんになると、貿易業者と金融業者の間でとりかわされる「冒険貸借」が利用されるようになりました。冒険貸借とは、貿易業者が所有する船や貨物を担保に金融業者から資金を借り入れ、航海に成功すれば借入金に利息をつけて返済し、もし失敗したら元金も利息も支払わなくてよいものでした。

このしくみは、金融機能と保険機能の両方を持ち合わせ、その保険機能が現代の保険制度のルーツであると考えられています。

どのようにして生まれたのか

生命保険は、そもそも人間同士の助け合いの精神から起こったものです。弱者や貧民を良民が助けるという救済保険の原型は奈良時代に存在し、徳川時代中期には保険制度がはじまったとされています。

大勢の人が協力し合い、何か起こったときに助け合う生命保険としての相互扶助制度はそこから始まり、明治維新の頃には大きく進化しました。福沢諭吉が1867年に初めて欧米の近代的な保険制度を日本に紹介したとされ、1881年には日本初の生命保険会社（明治生命）が誕生しました。当時の日本では、人の命を商売の道具にするということが受け入れられず、なかなか普及には至りませんでした。

戦後、日本の生命保険会社は株式会社から相互会社（保険業を行うことを目的として設立された社団で保険契約者をその社員とする法人のこと）になり、戦争により失った一家の長の代わりに家計を支えるべく、保険会社の事務職員として働く女性が増加しました。それが現在の保険営業外交の前身とされています。

近年は、保険業務のグローバル化や業務の海外展開の必要性といった事情により、一部の保険会社は相互会社から株式会社に組織変更しています。最近では、第一生命保険相互会社が、平成22年４月に、相互会社から株式会社（第一生命保険株式会社）への組織変更を行っています。

第1章

生保・個人年金・共済・簡保のしくみと活用法

1 生命保険

自分や家族の生活を守るためのもの

予期しないでき事に備える

生命保険は、事故や病気などによる人の生死に関して、給付金を受けとることができる保険のことを言います。

生命保険の加入の目的は、一般的に「万一のときに備えての保障」を得るためだといえます。

生命保険契約とは、保険者と保険契約者の間で結ばれるものです。保険契約者が、決められた保険料を保険者に支払い、その対価として、契約内容に沿った事象が発生した場合、保険者が保険契約者に保険金などの支払いを行います。

保険者（保険会社）は保険契約者から預かった資金で、株式や債券、不動産への投資などを行って利益を生み出します。そして、その利益で、会社の経費をまかない、給付金や保険料を支払います。

生命保険には、掛け捨て型の保険と貯蓄型の保険があります。

掛け捨て型とは

貯蓄型の生命保険と比較すると、掛け捨て型保険は保険料は安いのですが、保証される期間が一定の保険期間に限定されます。保険期間終了時の満期保険金がない上に、中途での解約返戻金はほとんどありません。それが「掛け捨て」といわれるゆえんです。

掛け捨て型生命保険の主なものは定期保険です。保険期間中保険金額が一定で変わらない定額タイプや、保険金額が減っていく逓減定期保険（21ページ）、保険金額が増えていく逓増定期保険（21ページ）があります。

貯蓄型とは

基本的に、貯蓄型の保険商品は保障と積立がセットになったものです。保険料に積立部分が含まれるため、掛け捨て型の保険商品に比べれば保険料は割高になります。貯蓄性のある生命保険の種類は、主に終身保険(22ページ)と養老保険（28ページ）です。

終身保険は一定期間保険料を払い込むと一生涯死亡保障が継続されますが、養老保険の死亡保障は保険料の払込期間に限定されます。

また、保険金や返戻金についてみてみると、終身保険は一生の死亡保障があるかわりに満期保険金がない一方、養老保険は、被保険者が保険期間満了時に生存していた場合には、死亡保険金と同額の満期保険金を受け取ることができます。

2 死亡保険

死亡や高度障害につき保険金が支払われる

生命保険は３つに分類できる

保険会社は、多種多様な生命保険を販売していますが、基本は、「死亡保険」「生存保険」「混合保険」の３種類です。

死亡保険は、被保険者が死亡するか、または高度障害になった場合に保険金が支払われるものです。死亡保険の例としては、定期保険と終身保険があげられます。

生存保険は、被保険者が一定期間生存していた場合に保険金が支払われるものです。個人年金保険がこれにあたります。

生死混合保険は、被保険者が生きていても死亡しても保険金が支払われるものです。養老保険がその代表です。

どんなタイプのものがあるのか

死亡保険の基本形は、定期保険と終身保険です。定期保険は、定められた保険期間中に、被保険者が死亡した場合と高度障害になった場合に保険金が支払われる商品です。特徴は、少ない保険料で高額の保障が受けられることです。ただし、保険料は掛け捨てで、満期保険金はありません。また解約返戻金も期待できません。

終身保険は、保険期間を一生涯に設定した死亡保険です。人はいつか死ぬため、保険会社は必ず保険金を支払うことになります。そのため保険料は定期保険よりも高くなっています。また、払い込んだ保険料総額よりもやや少ない金額の解約返戻金がもらえます。

定期付き終身保険について

終身保険と定期保険をセットにした定期付き終身保険も死亡保険に分類されます。

生命保険の種類

保険の種類		
	死亡保険	定期保険、終身保険
	生存保険	個人年金保険、こども保険など
	生死混合保険	養老保険

3 定期保険

掛け捨ての安い保険料で高額の保険金を受け取れるのが特徴

基本的なしくみをおさえる

定期保険は、保険期間中に、被保険者が死亡した場合と高度障害になった場合に保険金が支払われる商品です。

保険期間が定められていることから、「定期保険」という名前がつけられています。無事に保険期間が終了しても、払った保険料は返還されません。その意味で、保険料が「掛け捨て」です。

定期保険は、契約者全員が支払った掛け捨ての保険料を、実際に死亡した他の契約者への保険金支払いと、保険会社の事業運営費に充てるしくみになっています。そのため、保険会社に保険料が蓄積されることがありません。

このように定期保険は、契約者全員が支払った掛け捨ての保険料から保険金をまかなうしくみであるため、保険料を安くできるのです。

定期保険の保険料は、年齢や健康状態に応じて変わります。保険期間の長短によって保険料が変動します。具体的には、保険期間が短いほど保険料が安くなります。

どんな特徴があるのか

定期保険の特徴は、安い保険料で高額の死亡保障が得られることです。そのため、終身保険などの他の保険に加入している人が、人生のある一定の時期だけ保障を厚くしたいと考える場合に最適な商品と言えます。

ただ、定期保険は、保険料が掛け捨てで、満期保険金がありません。また、解約返戻金も期待できません。その意味で、養老保険（28ページ）や終身保険（22ページ）のような貯蓄性はありません。

定期保険の更新に注意

定期保険は、一定の契約期間がある保険です。契約期間を過ぎる、つまり満期になると契約自体が終了するのが通常ですが、定期保険は契約者が何も言わなければ自動的に更新されます。その際の手続きは何も必要ありません。満期のときには、必ず保険会社から契約の満了と今後の案内が郵送されてきますので、見直しをするか、そのまま継続するかを検討する必要があります。

ただ、継続を選択したときに注意しなければならない点が、保険料です。自動更新でも、保険料がそのままということにはなりません。保険の契約期間中に被保険者が年をとっているため更新により、保険料は高くなるのが通常です。

逓減定期保険とは

逓減定期保険は、定期保険の一種です。この商品の特徴は、保障期間中に支払われる保険金の額が少しずつ減少していくことです。契約開始時と比較して、60%から20%程度まで保険金が減額するようになっています。ちなみに、保障期間中に支払う保険料は一定です。その額は、普通の定期保険と比較すると安くなっています。この商品は、ライフスタイルの変化に伴って、保険金が減っても問題ないと考える人に適しています。

定期保険と逓減定期保険の違いは、保険期間中に保障額が減少するかどうかです。

普通の定期保険は、保障額が保険期間中一定です。一方、逓減定期保険は、保険期間中に支払う保険料は一定のまま、保障額が少しずつ減っていきます。保険料は、逓減定期保険の方が安くなっています。

逓増定期保険とは

逓増定期保険は、逓減定期保険とは反対に、保険期間中に支払われる保険金が少しずつ増加していく商品です。

支払う保険料は、保険期間中一定です。ただ、その額は、普通の定期保険よりも高額です。

また、この商品は保険期間が長く設定されており、解約返戻金(66ページ)も高額になります。そのため、企業はこの解約返戻金を役員の退職金などに充てています。

定期保険と逓増定期保険の違いは、保険期間中に保障額が増加するかどうかです。普通の定期保険は、保険期間中の保障額は一定です。これに対して、逓増定期保険は保険期間中の保障額が少しずつ増加していきます。また、保険料は、逓増定期保険の方が高くなっています。

逓減定期保険と逓増定期保険

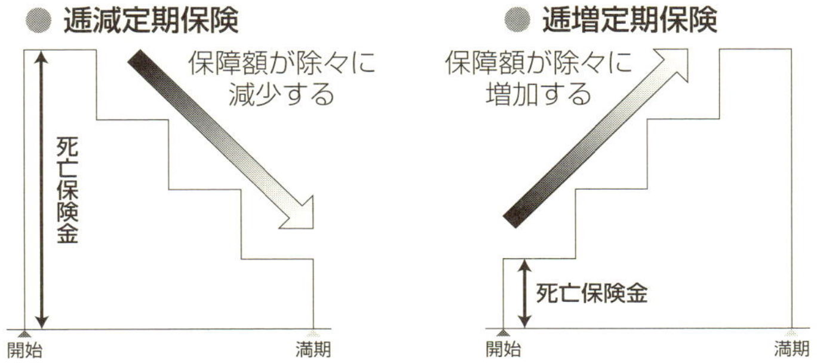

4 終身保険

保障が一生涯続くことや解約返戻金の高さが特徴

基本的なしくみをおさえる

終身保険は、死亡、高度障害の場合に保険金が受け取れる死亡保険で、保険期間が「一生涯」に設定された商品です。

終身保険は、必ず保険金を支払うしくみになっています。そのため、各契約者に支払う保険金を各契約者が支払った保険料でまかなうのが原則です。そのため定期保険と比べて保険料が高くなります。

終身保険は、加入にあたって、定期保険ほど年齢などを問われません。支払われる保険金が払い込まれた保険料総額とほぼ同額であるため、保険会社のリスクが少ないからです。

終身保険と定期保険は、ともに死亡保険であるという点で共通していますが、終身保険には、定期保険とは異なる２つの特徴があります。

１つ目は、一度加入すれば、死亡するまで保障が継続し、保険金が必ず支払われることです。一度加入すれば、保障が一生涯続きます。さらに、人間はいつか必ず死ぬため、保険会社は必ず保険金を支払う必要があります。

２つ目は、保険料が高い反面、解約返戻金もそれなりに高いということです。定期保険より保険料が高いのですが、払い込んだ保険料総額をやや下回る金額の解約返戻金が支払われます。その意味で、終身保険は貯蓄性が期待できる商品です。

積立利率変動型終身保険とは

積立利率変動型終身保険は、市場金利に連動して、積立利率が定期的に変動するタイプの終身保険です。

この商品のメリットは、市場金利が上昇すると、それに合わせて、保険金額や解約返戻金が増加し、得をすることです。反対に市場金利が下落すると、保険金額や解約返戻金が減少し、損をするリスクもあります。

そうしたリスクを軽減するため、保険会社は、最低保障を用意しています。最低保障は、市場金利がどんなに下落しても、最低保障額（契約で決められた保険金と解約返戻金の額）以上の保険金、解約返戻金を支払うという制度です。

終身保険と積立利率変動型終身保険の違いは、積立利率が変動するかどうかです。

利率変動型積立終身保険とは

利率変動型積立終身保険は、積立終身保険の積立金の利率が、定期的に見直され、変動する商品です。

この商品は、別名、アカウント型保険、自由設計型保険と呼ばれます。積立利率変動型終身保険と似た名称ですが、その内容はまったく異なります。

利率変動型積立終身保険は、この積立終身保険（払込期間中、将来に向けて保険料を積み立てていくもので死亡保障がないもの）をベースにした商品です。払込期間満了後に、終身保険へ移行する資金となる積立金の額が利率によって変動するのが特徴です。積立金の利率は、一定期間ごとに見直され、変動することになっています。なお、払込満了時点の積立金について、そのまま積立を継続することや年金の原資にすることが可能な商品もあります。

通常の終身保険とどう違うのか

両者は、保障の開始時期と積立利率が変動するかどうかの２点で異なります。通常の終身保険は、保険料の払込期間に被保険者が死亡した場合には、死亡保険金が支払われます。加えて、契約時に定めた積立金の利率が変動することはありません。

一方、利率変動型積立終身保険は、保険料の払込期間満了後に終身保険の保障が開始します。そのため、主契約だけの場合、被保険者が、保険料の払込期間中に死亡すると保障が受けられません。また、積立金の利率が定期的に見直され、変動します。

定期保険と終身保険

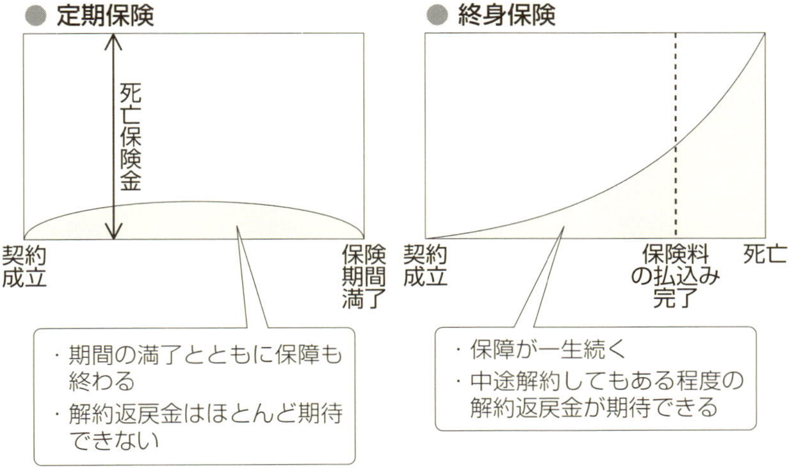
定期保険
死亡保険金
契約成立
保険期間満了
・期間の満了とともに保障も終わる
・解約返戻金はほとんど期待できない
終身保険
契約成立
保険料の払込み完了
死亡
・保障が一生続く
・中途解約してもある程度の解約返戻金が期待できる

※網掛け部分は返還される解約返戻金の金額を意味する

5 定期付き終身保険

特約の定期保険が切れると終身保険だけが残る点に注意

◎どんなしくみになっているのか

定期付き終身保険とは、終身保険に定期保険の特約がついている保険商品のことです。特約とは、いわゆるオプションのことです。定期付き終身保険は、正確には、「定期特約付き終身保険」と言います。

定期付き終身保険は、同じ保険金額でも、保険料が安くすむという特長があります。自分が死亡した際に残された家族に3000万円残してやりたいと考え、死亡保険金3000万円の終身保険に加入した場合、月５万円以上の支払いが必要になるケースがあったとしても、定期付き終身保険ですと、１万円程度ですんでしまいます。

定期付き終身保険では、加入時から55～65歳くらいまでは終身保険と定期保険の両方の保障が受けられます。定期保険による保障の期間は、保険料を払い込んでいる期間と同じです。そして、特約の定期保険が切れると、終身保険だけが残ります。定期保険と終身保険を組み合わせることで、それぞれの足りない部分を補った商品と見ることができます。具体的には、終身保険に定期保険をつけ加えることで、終身保険だけに入るよりも手厚い保障が得られます。反対に、定期保険に終身保険をつけ加えることによって、定期保険の期間満了後も保障を一生涯継続することが可能になります。

定期付き終身保険は、特約の定期保険が更新されるかどうかで更新型と全期型に分かれます。

更新型は、主契約の終身保険について保険料の払込みが満了するまでの間に、特約の定期保険を何度か更新するものです。

一方、全期型は、主契約に関する保険料の払込期間満了時と、特約に関する保険料の払込期間満了時が同じに設定されています。そのため特約を更新する必要がありません。

全期型と更新型を比較すると、支払う保険料の総額は、更新型の方が高いといえます。全期型は保険料が一定であるのに対して、更新型は更新の度に保険料が上がるからです。また、全期型は、更新型よりも配当が高くなっています。

この定期付き終身保険は、少し前まで生命保険会社の主力商品でした。現在60歳以上の人の多くが、この保険に加入していると思われます。ちなみに、この定期付き終身保険については定期保険の特約が切れた後でも、そのままの厚い保障が継続すると誤解している人が多いようです。しかし、この商品は、特約が切れた後には、終身保険による保障しか残りませんので注意してください。

デメリットもメリットもある

保険料がそこまで違うということになれば、誰でも定期付き終身保険に加入するはずですが、そうでもありません。保険料が安くすむというメリットの裏には、デメリットもあるのです。

同じ3000万円の保険金が受け取れるのに保険料が大きく違うのは、受け取る保険金の「内訳」が違うからです。終身保険だけの場合は、終身保険の死亡保険金だけで3000万円が支払われます。しかし、定期付き終身保険の場合は、定期保険部分の死亡保険金と、終身保険部分の死亡保険金とを併せて3000万円が支払われるのです。

また、前述したように、定期保険には、満期があり、自動更新するごとに保険料が大きく増える可能性があります。さらに、終身保険と定期保険の保険金の割合にも注意が必要です。オプションであるはずの定期保険のほうが、圧倒的に保険金の割合が多いのが普通だからです。たとえば、3000万円の保険金では、終身部分が200 ～ 300万円程度で、残りは定期保険というしくみです。したがって、保険料が定期保険部分の満期ごとに増える割合も想像以上に多いということにもなりかねないのです。

定期付き終身保険契約のしくみ

定期付き終身保険の種類

全期型：終身保険と定期保険特約の保険料払込期間が同じタイプ

更新型：終身保険の払込み完了までに定期保険特約を何度か更新するタイプ

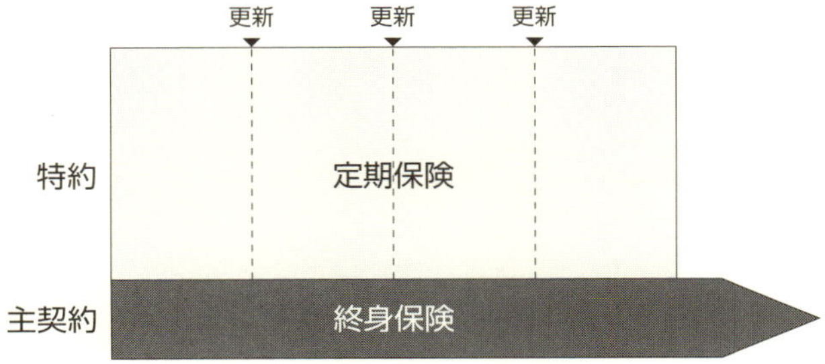

6 アカウント型保険

積立金を自由に出し入れできるのが特徴

どんな特徴があるのか

アカウント型保険は、保険料を積み立てて貯金する「主契約」に、死亡保険や医療保険などの「特約」をいつでも自由に付加できる商品です。この保険の特徴は、銀行の預金と同じように、積立金を自由に出し入れができることです。

保険料の支払いは、60歳や65歳で終わるのが一般的です。そして、特約による保障も同時に終わります。保険の払込期間が終わると一時払の終身保険になります。これは、払込終了時点の積立金を保険料として一括で支払って新たに終身保険に加入するとイメージすればわかりやすいと思います。払込終了時の積立金については、そのまま積み立てておくことができる商品や、個人年金の原資にできる商品もあります。

アカウント型保険の保険料は、次ページの図のように、支払う保険料の総額を決め、それを積立部分と保障部分に振り分けて支払います。積立部分に振り分けられた積立金には、銀行の預金と同じように利息がつきます。利率は各保険会社が定めています。この利率は、各保険会社が定めたルールにしたがって、一定期間ごとに見直されます。

また、アカウント型保険では、積立金を月々の保険料支払いに充てることも可能です。

積立金を引き出す際には、手数料が必要になる場合もあります。また、積立金から口座管理手数料を支払います。さらに、ほとんどの商品は、解約する際に、積立金からある程度の金額が差し引かれることになっています。

最後に、積立金がどのように増減するかを確認します。

積立金が増加するのは、実際に支払う保険料＞特約保険料になっている場合が考えられます。この場合、実際に支払う保険料－特約保険料＝増加分となります。保険料とは別に、手持ちの余裕資金を積立金に組み込めば、その分だけ残高が増加します。

反対に積立金が減少するのは、特約保険料＞実際に支払う保険料になっている場合です。この場合、特約保険料－実際に支払う保険料＝減少分となります。また、お金が入用になった時に積立金から引き出せば、その分だけ残高は減少します。

定期付き終身保険との違いは何か

定期付き終身保険は、終身保険を主

契約として、それに特約で定期保険をつけた商品です。保険は、保険料を払い込んでいる間は保障が厚く、それが終わると終身保険だけが残るという点で共通しています。

しかし、アカウント型保険は、積立金の出し入れが自由であるという点で、定期付き終身保険とは異なります。

定期付き終身保険についても、契約者貸付により、積立金の「引き出し」「預け入れ」に似た効果を得ることはできますが、契約者貸付は手続きが複雑である上、あくまで貸付けであるため、利息をつけて返すことが必要です。

一方、アカウント型保険は、煩雑な手続きなしに、無利息でお金を出し入れできます。この点が、アカウント型保険のメリットと言えるでしょう。

ただし、積立金を自由に出し入れできる点が、使い方によっては、デメリットにつながるおそれもあり、注意が必要です。定期付き終身保険では、終身保険の額が契約段階で確定しています。そのため、終身部分が最終的にいくらになるのかを心配する必要がありません。

一方、アカウント型保険は、保険料の払込終了時点の積立金残高によって終身保険の額が決まります。つまり、終身部分がいくらになるかが不透明なのです。加えて、予定利率が頻繁に見直されることも、積立金の最終残高を変動させる要因になります。

したがって、アカウント型保険では、最終残高がいくらになるのかに注意しながら、積立金を管理していく必要があります。

アカウント型保険については、自由度の高い設計であるため安易に加入してしまう人がいます。しかし、従来の商品と比べた場合、以上のようなデメリットもありますので注意しましょう。

アカウント型保険

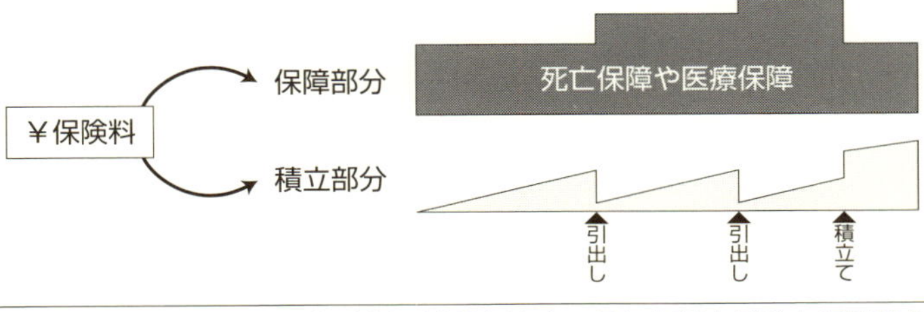

アカウント型保険は、支払う保険料の総額を決め、それを積立部分と保障部分に振り分けて支払う。また積立金を月々の保険料支払いに充てることもできる。

例. 保険料月４万円を、定期保険に月２万円、医療保険に月5000円に振り分け、残りの１万5000円を積立金とする。

7 養老保険

貯蓄性と死亡保障を併せ持つ

◎どんなしくみになっているのか

養老保険は、満期まで被保険者が無事に生きていれば満期保険金が支払われる商品です。加えて、保険期間中に被保険者が死亡した場合には、満期保険金と同額の死亡保険金が支払われます。

養老保険は、期間が限定されている点では、定期保険に似ています。しかし、満期保険金が支払われる点で、保険料が掛け捨てになる定期保険とは異なります。このように養老保険は、貯蓄性と死亡保障を併せ持つ点が特徴です。そのため、遺族への保障と老後の資金対策を同時に行えるという利点があります。

満期保険金の額は、払い込んだ保険料に利息分を加えた程度の金額です。つまり、受け取る保険金のほとんどを自分で払い込んだ保険料でまかなう計算になります。

保険会社は、被保険者が死亡しても死亡しなくても保険金を支払います。そのため、保険会社の儲けは少なくなります。儲けは、契約者に払う利息相当額と運用益の差額分だけです。

その反面、保険会社のリスクも少なくなります。保険金とほぼ同額の保険料を契約者が払い込むしくみだからです。そのため、定期保険ほど年齢や健康状態を問われません。

保険会社のリスクは、加入してすぐに被保険者が死亡してしまうことです。この場合、保険会社は、保険料をほとんど受け取っていないのに、満期保険金と同額の死亡保険金を支払わないといけません。そのため、養老保険に加入する際には、病歴などの告知が必ず求められます。

◎どんな特徴があるのか

養老保険の特徴は、貯蓄性と死亡保障という2つの性質をあわせもっていることです。その点で純粋な貯蓄とは異なります。

10年で300万円の満期保険金が支払われる養老保険に加入していれば、たとえ本人が3年で死亡してしまった場合でも、死亡保険金として300万円が支払われます。もしこれが普通の貯蓄であれば、90万円貯められるだけで、死亡保険金はもらえません。

◎解約返戻金もそれなりに戻ってくる

養老保険の満期保険金は、払い込んだ保険料に利息分を加えた程度の金額です。つまり、満期保険金のほとんどを自分で払い込んだ保険料でまかなう計算です。そのため、保険料が高額になります。たとえば、期間10年で500万の保険金を支払うとすれば、毎年50万円近くを保険料として支払う計算です。

その代わり、中途解約の際の解約返戻金も高額で、それまでに払い込んだ保険料とほぼ同額を受け取ることができます。ただし、定期預金とは異なり、短い期間で解約すると、解約返戻金が少なくなってしまいます。

定期付き養老保険というものもある

養老保険と定期保険を組み合わせた定期付き養老保険という商品もあります。この商品のメリットは、養老保険の特徴である貯蓄性をそのままにして、定期保険による保障を上乗せできることです。ただし、定期保険部分の保険料は、掛け捨てとなり、貯蓄性がありません。

予定利率が高いときは有利

養老保険は、保険期間中に死亡するか高度障害になった場合には死亡・高度障害保険金が、保険期間終了時に生きていれば満期保険金が受け取れる保険商品ですが、一般の生命保険との最大の違いは死亡・高度障害保険金と満期保険金が同額ということです。生きていても、死亡しても同じ保険金を受け取れるわけですから、貯蓄感覚で加入する人が非常に多く見られます。

しかし、保険と名前がついている以上、養老保険も保険商品であって、決して貯蓄商品ではありません。

養老保険の加入者は、保険料として、危険保険料（死亡・高度障害保険料）と生存保険料（満期保険料）に加え、保険会社の経費となる付加保険料の３種類を支払っています。保険会社は、これら保険料をもとに運用を行い、保険金を支払います。具体的には、危険保険料は死亡・高度障害保険金の原資、生存保険料は満期保険金の原資となり、付加保険料は保険会社にとられるだけです。したがって、死亡・高度障害になった場合は、生存保険料が掛け捨てになり、生きて満期を迎えれば危険保険料が掛け捨てになるのです。養老保険には契約時に予定利率が提示されますが、掛け捨て部分があるだけ、実際に受け取れる保険金は、予定利率以下の金額になります。

予定利率はそのときの市場金利に連動して決まり、契約後は変わることがありません。したがって、市場金利が高い時は、将来受け取る保険金も多くなり、貯蓄より優位になる場合があります。しかし、市場金利が低い時に契約すると、将来受け取れる保険金は支払った保険料よりも少なくなることさえあります。

8 個人年金保険

公的年金との違いや年金支給期間をおさえておく

どんなしくみになっているのか

個人年金保険は、保険料をコツコツ積み立てていき、それを後から年金として受け取るという積立方式を採用しています。つまり、個人年金の財源は、自分で積み立てたお金です。

公的年金は、長生きをしても、生きている限り年金を受け取れます。それに対して、個人年金は、受給期間が４種類設定されており、その期間に応じて年金を受給できるしくみです。

このような違いが出るのは、公的年金と個人年金では財源が異なるからです。公的年金は、同時代を生きる若い世代の保険料を財源としています。これに対して、個人年金は、過去に自分が支払った保険料を財源としています。そのため、財源に限りがあり、公的年金と同じ設計にはできないのです。

給付期間には４種類ある

個人年金の給付期間は、「終身」「確定」「有期」「夫婦」の４種類に分かれます。

「終身」は、公的年金と同じで、生きている限り年金が支給されます。その意味で、給付期間が不確定です。

「確定」と「有期」は、年金の給付期間をあらかじめ決めるという点で共通しています。しかし、有期は、給付期間の途中で、被保険者が死亡した場合には、そこで年金の給付が終わります。一方、確定では、給付期間の途中で被保険者が死亡しても、給付期間中は、年金の支給が継続します。

「夫婦」は、夫婦の片方が死亡した場合に、残った方が引き続いて年金を受給できるというものです。

支給期間について

ここでは、終身年金、確定年金、有期年金の３種類の個人年金につき、70歳から支給される個人年金を例に説明します。

確定年金と有期年金の給付期間はどちらも「10年」とし、まず、被保険者が82歳で死亡した場合で考えてみましょう。確定年金と有期年金では、どちらも支給期間は80歳までの10年間です。一方、終身年金であれば死亡までの12年間年金を受け取れます。

次に、被保険者が73歳で死亡した場合はどうでしょうか。この場合、確定年金では、死亡後も７年間は遺族が年金を受け取れます。一方、終身年金と有期年金では、死亡した時点で年金の支給が終わります。

つまり、終身年金と有期年金では、

被保険者が、早く死亡してしまった場合に、年金受給総額が減り、損をする可能性があります。

このようなリスクに備えるために、保証期間を設定できます。

先ほどの例で、終身年金や有期年金に5年の保証期間を設定すれば、被保険者が73歳で死亡したとしても、残りの2年間、遺族は年金を受け取れるというメリットがあります。

なお、有期年金について、保証期間をもともとの支給期間と同じに設定することも可能です。この場合、実質的に確定年金と同じ商品になります。

◎変額年金のようなものもある

個人年金は、契約時点で年金額が決められている（定額年金）のが一般的です。しかし、年金額が、あらかじめ決められておらず変動するタイプもあります。たとえば、一定期間ごとに予定利率が見直される利率変動型年金や、投資信託で保険料を運用し、その実績によって年金額が決まる変額（投資）型年金が、このタイプの商品です。

このタイプの商品は、元本割れのリスクがあります。運用の実績が悪化した場合などに、支給される年金総額が、払い込んだ保険料を下回る可能性があるのです。

保険会社は、こうしたリスクを軽減させるために保証をつけています。たとえば、利率変動型年金では、予定利率についての最低保障がついているものが多いようです。また、変動(投資)型年金では、元本保証がついているものが主流です。

なお、変額（投資）型の年金は、保険料の払込方法が一時払いのものが多いため、相当の蓄えを持った資産家を主なターゲットに販売されています。そのため老後の資金準備というよりも、資金運用や投資に近い感覚で使われています。

個人年金保険のしくみ

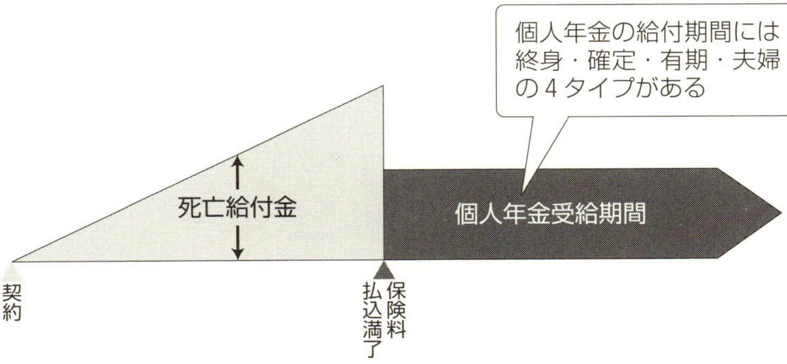

9 変額保険

運用実績に応じて保険金や解約返戻金の額が変動する

◎どんな保険なのか

変額保険は、集めた保険料の運用実績によって保険金や解約返戻金の額が変動する商品です。

保険会社は、株式やその他の有価証券に投資して払い込まれた保険料を運用しています。定額保険では、この運用リスクを保険会社が負いますが、変額保険では、運用のリスクを契約者が負います。そのため、契約者は、運用実績が良ければ保険金や解約返戻金が増加し得をする反面、運用実績が悪ければ損をすることがあります。

変額保険は、終身型と有期型に分かれます。

終身型は、死亡保障が一生涯継続する商品です。死亡、高度障害の場合に支払われる保険金の額は、運用実績がよければ上昇します。反対に、運用実績が悪くなると、保険金や解約返戻金の額も減少していきます。

有期型は、生死混合保険の一種です。満期まで生存していると満期保険金が受け取れます。加えて、保険期間中には死亡保障がついています。終身型も有期型も死亡保険金については最低保証があります。そのため、どんなに運用実績が悪くても、基本保険金額だけは受け取ることができます。しかし、満期保険金や解約返戻金には最低保証がありません。

変額保険のしくみ

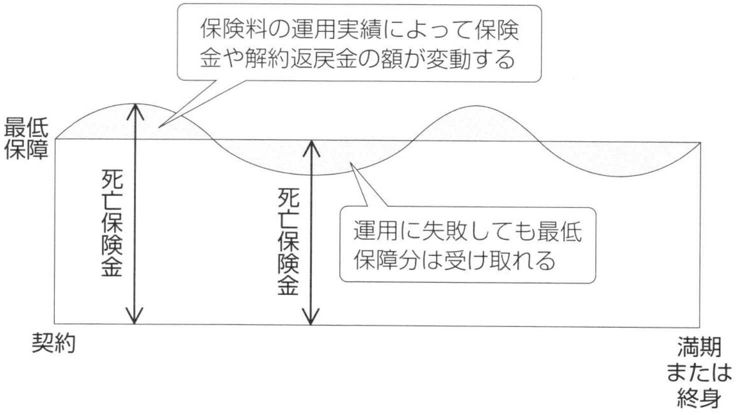

10 団体信用生命保険

住宅ローン契約者の万が一を保障する保険

どんな保険なのか

団体信用生命保険は、一般の人が個人で加入する保険ではないので、あまりなじみがない人もいるかもしれません。しかし、住宅ローン契約を締結したことのある人なら、よく知っているはずです。

住宅ローン契約は、数十年という長い期間にわたって返済を続ける契約です。このため、中には契約者が支払期間の途中で事故や病気によって死亡してしまうというケースもあります。契約者が死亡すれば残ったローンは相続人が引き継ぐことになりますが、大黒柱を失った家族がローンを支払い続けるのは容易ではありません。場合によっては自宅を競売にかけられたり、自己破産してしまうといったこともあるでしょう。

このような事態を想定して用意されているのが、団体信用生命保険です。

団体信用生命保険は、生命保険です。団体信用生命は、金融機関を保険契約者、保険金受取人とし、生命保険会社を保険者、ローンの借り手を被保険者とした保険契約です。つまり、残された家族は住宅ローンの心配をすることなく、自宅を維持することができるというわけです。

手続きと必要書類

団体信用生命保険加入の手続は、住宅ローンの契約時に同時に行います。住宅ローンの契約後に別途団体信用生命保険への加入だけを契約することはできません。必要な書類は「団体信用生命保険による債務弁済委託契約申込書」と「申込書兼告知書」です。一般の生命保険と違い、健康診断書の提出や医師の診断は不要とされています。

団体信用生命保険は、住宅ローンを契約する際には原則として加入することになっています。団体信用生命保険に加入できない健康状態の場合、ローン自体が組めないこともありますので、注意してください。

代表的な住宅ローンであるフラット35については、旧住宅金融公庫のローンで団体信用生命保険の加入が任意だった名残で、団体信用生命保険への加入は任意とされています。ただ、ローン残高の0.3%程度の特約料（保険料）を年払いで別途支払えば、団体信用生命保険に加入することができます。

なお、保険料については金融機関側が負担するのが一般的ですが、フラット35など一部のローン契約では自己負担とされています。

11 共済

組合員同士の相互扶助が目的

◎保険より手続は簡単

共済は、ある団体に属する人同士が掛金を集め、何らかの事故があったときには集まった掛金の中から保障を受けることができるという、保険のような事業です。相互扶助が目的ですから、一般の保険会社のように営利は追及せず、その分、掛金は低めに設定されています。また、決算時に剰余金が出た場合は、割戻金として掛金の一部の返還を受けることができます。ほとんどの共済が簡単な手続で、加入できるようになっています。

ただ、共済の種類によっては、加入するために、一定の出資金を支払って団体の構成員（組合員）になる必要があります。また、一般の保険会社の商品に比べると、死亡保障金や特約の種類などの面で物足りないと感じる人もいるでしょう。このような場合、一般の保険に加えて共済に加入するといった使い方をする人も多いようです。

◎保険と共済はどう違うのか

共済は、事故や病気による入院や死亡、また自動車事故や火災などの災害による損害などに対する給付を行うという点で、民間の保険会社の保険とほぼ同様の機能を持っています。

保険と共済の大きな違いは、以下のとおりです。

まず第1に、保険は誰でも加入できるのに対し、共済は加入者を特定の地域や職場に限定していることです。第2には、加入者数が限定的なため、給付金や見舞金などによる十分な保障が得られません。第3は、民間の保険会社が保険業法の対象で、それに基づく支払保証制度の適用があるのに対し、共済は保険業法の規制の対象外となっているため、支払保証制度の適用外となっています。

しかし、共済の中には、機能や保障内容について民間の保険会社に匹敵する保険内容を持つものもあります。たとえば農協や全労済の自賠責共済は、法律上保険会社の自賠責保険と同等の効力を認められていますし、自動車保険では、共済を保険の契約と同様に扱い、共済と損害保険の重複部分を計算します。

本来共済とは、保険のしくみを通して、構成員による助け合いの精神を培う活動の一環としての保険事業であり、経済的な合理性のもとに行う保険会社の保険事業とは性質を異にしますが、最近では機能的に保険の役割を果たす共済も増えています。おもな共済としでは、下図のようなものがあります。

火災や自然災害をカバーする共済もある

共済で火災や自然災害をカバーする商品には、全労災や生活協同組合で加入できる「自然災害保障付火災共済」や都道府県民共済の「新型火災共済」などがあります。特長としては、火災による損害保障という点では、非常に優れた商品であるということです。民間の損害保険会社が販売している火災保険の中には、火災による損失を時価で評価する商品があります。家も年月が経てば価値が下がるので、火災に遭ったその時点での価値をもとに損失額、つまり、保険金を計算するというわけです。理屈ではわかりますが、この場合、保険金が少なく、失ったモノを新しく買うための資金としては十分ではありません。

しかし、共済の場合は、損失を受けた家や家財道具をもう一度買うときに必要な金額（再取得価格）が保険金の算出に考慮されます。自然災害保障付火災共済」では、建物や家財道具への保険金に加えて、後片付けなどのための費用も支払われます。

一方、欠点もあります。火災以外の災害に対する保障が非常に低いということです。特に東日本大震災の発生で今まで以上に関心を集めている地震に対する保障は限定的で、たとえば自然災害保障付火災共済で上限が1200万円（大型タイプでも1800万円）です。

地震で被災した際も、しっかりした保障を受けたい場合は、民間の損害保険会社の地震保険に加入するしかありません。損害保険会社の地震保険は、地震保険だけ単独で加入できません。火災保険との同時加入が必要です。

おもな共済の種類

共済の種類

ＪＡ共済	農業協同組合員が加入できる。決められた枠の一般の人や、出資金を支払った准組合員も加入が認められる
全労済	労働者が加入できる。1000円以上の出資金を支払えば、だれでも組合員になれる
県民・市民共済	「兵庫県」「東京都」など、一定の地域で居住または働いている人が加入できる
コープ共済	生活協同組合の組合員が加入できる

12 簡易保険

2007年10月以降は一般の保険とかわらない

◎簡易保険とは

簡易保険とは、正式には、簡易生命保険といいます。簡易保険は郵便民営化前の日本郵政公社が行っていた保険事業のことですが、民営化後も基本的な商品内容は変わっていません。

「小口、月掛け、無審査」という言葉で表わされるように、近所の郵便局で、医師の審査なしで加入できる身近な保険として親しまれています。

平成19年10月に行われた郵政民営化前に契約した分については政府の保証がついていましたが、民営化後に契約した分は一般の保険会社の商品と同じ保証内容になっています。名称についても、郵政民営化後に契約したものは簡易保険ではなく、「かんぽ生命」と呼びます。

郵政民営化により簡易生命保険法が廃止されたため、民営化以降に新たに簡易生命保険契約に申し込むことはできません。

◎かんぽ生命の特長

かんぽ生命は、契約する際に医師の審査は不要としている点が特長です。

現在のかんぽ生命の商品には、下図のような種類があります。

これらの保険に加えて、不慮の事故により入院、手術、一定期間以上の入院した場合に備える入院特約や、事故により傷害を受けた場合に備える災害特約などの特約をつけることができます。

おもな簡易保険の商品

終身保険	一生涯死亡保険金の給付を受けることができる
定期保険	保険期間満了までの間、死亡保険金の給付を受けることができる。終身保険よりも保険料の負担が軽い
学資保険	子どもの高校・大学への進学時を満期として、満期保険金を受け取ることができる。契約者が死亡したあと、育英年金を受け取れるタイプもある
養老保険	満期までは死亡保険金を、満期後は満期保険金を受け取ることができる
年金保険	契約時に定めた支払開始年齢から10年間にわたって毎年一定額の年金を受け取ることができる

第2章

保険の選び方・入り方

1 生命保険の選び方

ライフステージに合った保険を選ぶ

◎世代によってニーズが違う

保険の内容は複雑なので、詳細がよくわからないまま、保障内容が充実していて月々の保険料が支払える範囲のものを選ぶといった契約をすることも多いでしょう。しかし、実は本人の世代や家族構成などの条件によって、必要な保障の内容はかなり違ってきます。今本当に必要な保障は何なのかを十分検討した上で契約するようにしましょう。

◎ライフプランと保険

生命保険の保険金は、契約者本人が使うものではありません。したがって、契約者がいなくなることで、だれが、どの程度保障を必要とするのかを考えて決めることが重要になります。

①　独身時代

まだ独身で、本人の収入で生計を立てている家族がいない、という若い世代の場合、死亡保障が少なくても後に残された人はそれほど生活に困らないことも多いはずです。保険に入らずにその分を貯蓄しておけば、将来の結婚や家を建てるときにも役立てることができます。特に若いうちは保障を受けられるメリットよりも保険金の負担というデメリットのほうが大きくなりがちですので、保険よりも貯蓄を優先すべきでしょう。

②　子どもが生まれた後の保険

子どもが生まれると、事情は変わってきます。本人の収入で生計を立てる家族が本人の死後に生活に困らないように、死亡保障を充実される必要があります。一般的に、末子（最後の子）が生まれた時が人生で一番死亡保障が多く必要な時期です。

ただ、遺族基礎年金や遺族厚生年金などの公的な給付がどの程度受けられるのかを確認してから加入する保険の額を決める必要があります。

このほかに必要と思われるのが、子どものケガや病気に備える**医療保険**です。特に小さい頃はケガをしやすいので、加入しておくと安心です、また、不慮の事故で物を壊したり、よその子どもにケガをさせるといったことも考えられますので、必要に応じて個人賠償責任保険などに入っておくのもよいでしょう。忘れがちなのが妻の保険です。妻が病気や事故で入院するような事態になった場合を想定して医療保険などへの加入を検討すべきでしょう。夫の保険に特約をつけるなど夫婦で加入すれば、保険料が安く抑えられる場合もあります。

◎掛け捨ての定期保険の入り方

「掛け捨ての保険」についても状況によっては加入しておいたほうがよい場合もあります。たとえば自営業で夫の死亡時の公的な給付があまり見込めないといった場合や、子どもが小さく多額の住宅ローンが残っているといった場合です。このような場合には、子どもの養育の必要がなくなるまでの期間に限定して、掛け捨ての定期保険に加入し、生計維持者の死亡時の保障を手厚くしておくとよいでしょう。終身保険を手厚くするよりも保険金を安く抑えることができますし、保険期間を過ぎれば定期保険の分の保険料は必要なくなるので負担が軽くなります。

◎医療保障や休業補償について

医療保障は若いうちからでも必要性が高いといわれる保険の一つです。ただ、健康保険に加入していればたとえケガや病気で入院するようなことになっても、ある程度の貯蓄があればたいていの医療費は支払うことができます。したがって、民間の医療保険に加入するのは病気のリスクが高くなる40歳前後の年齢になるまで待つ、加入するにしても最低限の保障に抑える、高額の医療費がかかるガンなどの病気に対応するものだけに加入しておくなどの対応をしておけばよいでしょう。

病気やケガをした場合に、医療費よりも切実な問題になるのは「収入がなくなる」ということです。このような場合には、所得補償保険、就業不能保障保険などに加入し、休業補償を受けられるような保険に加入しておくと安心です。特に、自営業者や、会社員でも国民健康保険に加入している人の場合、傷病手当金（146ページ）の制度自体がありませんので、注意が必要です。

民間の医療保険への加入の検討

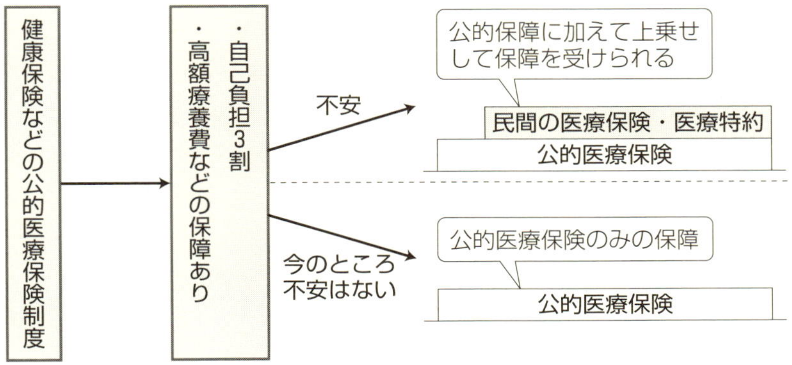

2 年齢が高い場合の保険への加入

老後の自分の生活を視野に入れた保険を選択する

死亡保障はあまりいらなくなる

年齢を重ねて、子どもが高校を卒業する程度の年齢になってくると、子どもの学費や生活費といった心配をする必要がなくなってきます。そうなると生計維持者の生命保険であっても、大きな死亡保障はあまり必要ありません。その後は自分や配偶者の老後の生活に有用な保障を検討し、必要に応じて保険の更新をしたり、解約をする、新たに保険に加入し直すといった対応をしていくべきでしょう。

高齢者などを対象とした保険にも、生命保険や医療保険、傷害保険といったさまざまなタイプがあります。具体的な特徴としては、次のような点が挙げられます。

① 生命保険

「50歳から80歳まで、だれでも入れる」「健康なら89歳まで加入できる」など、加入できる年齢を明確にしているもののほか、年齢を問わないとするものもあります。ただ、保険金の額が非常に高額になったり、保障される金額について、「加入後の一定期間は払い込んだ金額を保険金の上限とする」といった制限が設けられているものが多いので注意が必要です。

② 医療保険

一般的には病歴によって加入できないことも多い医療保険だが、高齢者向けの場合「持病がある人でも入れる」としているものもあります。ただし、保険期間の開始日以前からの病気については保障の対象外になるなどの制限があるものがほとんどのようです。

③ 傷害保険

特に年齢制限などをせずに加入を認めているものも多いようですが、たとえば「50歳から80歳まで」というように転倒によるケガなどの危険が大きくなる年齢層に絞ってシニア向け傷害保険を販売しているところもあります。このような保険は、骨折の際の保険金を多めに設定したり、介護が必要になったときに保険金を支給するといった保障を売りにしています。

夫婦連生の保険もある

夫婦連生の保険とは、夫婦二人を一つの保険の契約者として扱う保険のことで、どちらか一方が死亡した場合に、残された一方を受取人として保険金が支払われます。保険金の支払い方法としては死亡時に一括して支払うタイプと、年金として定められた期間中、月々保険金が支払われるタイプがあります。

◎財産分けや相続対策にも有用な保険がある

本人が死亡した後に起こる問題の一つに、「相続」があります。相続によって家族間に争いが起こりそうな場合には、あらかじめ遺言書をつくっておくのが一般的ですが、遺言書どおりに相続をしてくれない恐れがあるような場合には、これに加えて保険を有効に活用するとよいでしょう。たとえば生命保険の受取人を指定しておくという方法があります。生命保険の保険金は相続財産の中から除外され、受取人に指定された人が全額受け取ることができるますので、どうしても財産を残したい相手がいる場合などには有効です。

また、現金や不動産などの形で財産を残すと、全額相続税の課税対象となりますが、生命保険の場合は「500万円×法定相続人数」の控除を受けることができるというメリットもあります。つまり節税対策にもなるということです。たとえばある人の生命保険の保険金が3000万円、受取人は妻で法定相続人には妻と２人の子どもがいるという場合、保険金は相続財産の対象外として全額妻のものになりますが、相続税は支払わなければなりません。この場合、課税対象額は3000万円－（500万円×３人）なので1500万円ということになります。

ただし、生命保険金の非課税限度額については、改正が予定されています（平成24年度以降の税制改正として検討されることとなりました）。これまでは500万円に法定相続人の数を乗じた額を控除していましたが、改正後は、非課税を認める相続人を未成年者、障害者、生計を一つにしている者に限定することになります。つまり、相続人であっても、非課税限度額の計算の人数にカウントできないケースが出てくるので注意しなければなりません。

高齢者が保険に加入する時の注意点

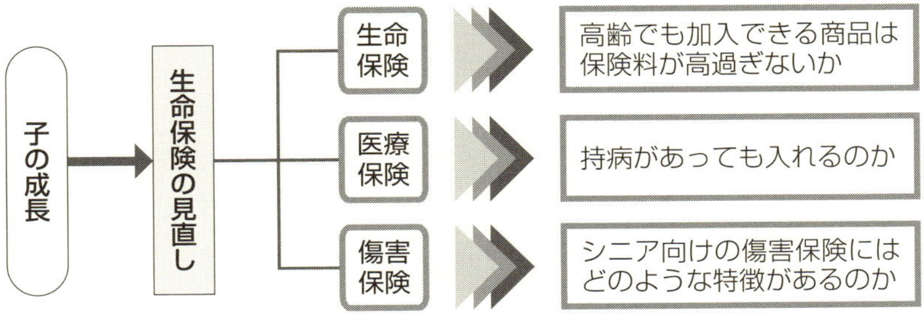
子の成長
生命保険の見直し
生命保険
医療保険
傷害保険
高齢でも加入できる商品は保険料が高過ぎないか
持病があっても入れるのか
シニア向けの傷害保険にはどのような特徴があるのか

3 貯蓄目的で入る保険

貯蓄目的に合った保険を選ぼう

◎どんなものがあるのか

生命保険の中には、貯蓄に活用できる商品があります。たとえば、養老保険、個人年金保険、学資保険、こども保険、アカウント型保険、貯蓄保険がそうです。

生命保険を使って貯蓄をする場合には、「老後資金」「教育資金」「住宅購入資金」などの貯蓄目的に合ったものを選択します。

老後の資金を準備したいのなら、養老保険、個人年金保険が有力です。住宅購入資金を蓄えるなら、養老保険が有力です。教育資金については、子供の進学時期に合わせて満期保険金が支払われる学資保険・こども保険に加入してもよいでしょう。

◎どんな特徴やメリットがあるのか

それぞれの保険が、どのような特徴やメリットを持っているか簡単に見ていきます。

「養老保険」は、期間満了時に生きていれば満期保険金が支払われ、契約期間中に死亡すれば遺族に死亡保険金が支払われます。

「個人年金保険」は、自分が積み立てた保険料を後から年金として受け取るしくみになっています。

「学資保険」「こども保険」は、教育資金が必要になる時期に貯蓄の払い戻しに近い性格を持った満期保険金が支払われます。

「アカウント型保険」は、お金の積立を主契約、保障を特約とした商品です。積立金を自由に出し入れできる点が特徴です。

「貯蓄保険」は、3～10年という短い期間を設定し、まとまった貯蓄ができる商品です。

貯蓄と比較した場合、養老保険は、払い込んだ保険料よりも多くの死亡保険金が受け取れる点でメリットがあります。

また、貯蓄目的の生命保険では、払い込んだ保険料の全部または一部が「生命保険料控除」「個人年金保険料控除」の対象になるため、税制上のメリットがあります。さらに、個人年金は相続税対策にも活用できます。

4 こども保険・学資保険

親にもしものことがあった場合に備える

どんなしくみなのか

学資保険・子供保険は、教育資金を積み立てる貯蓄の機能と、親や子供にもしものことがあった場合の保障を併せ持つ商品です。

まず、貯蓄の機能について説明します。学資保険・子供保険は、保険料を積み立てていくと、子供の学費が必要な時期に保険金が支払われます。保険金の支払いは、中学入学（12歳）、高校入学（15歳）、大学入学（18歳）といった就学時期に合わせて設定されています。保険金の支給時期や支給回数は、それぞれの商品によって異なっています。子どもが18歳になるまで保険料を払い込む商品が一般的です。また、子供が８歳未満位までてでないと加入できないものもあります。

次に、保障について説明します。契約者である親が死亡した場合には、その後の保険料の支払いが免除されるものが多いようです。

一方、子供に死亡した場合には、死亡給付金が支払われます。子供が病気やケガをした場合の医療費につき、保障をつけることができる商品もあります。この保障は、主契約に含まれているものと、特約になっているものがあります。

教育資金作りに向いているのか

一見、貯蓄商品に見えるこれらの保険も、保険商品であるということを忘れてはいけません。保険料は貯蓄ではないのです。加入者は、満期時の返戻金確保のために運用する分の保険料だけを支払っているわけではありません。付加保険料（58ページ）のようにただ支払うだけのお金も保険料の中には入っているのです。したがって、予定利率が低ければ、満期時の返戻金が支払い保険料の総額よりも少なくなることさえあるのです。

よく考えてみてください。こども保険や学資保険は、満期までに20年近い時間があります。その間、市場金利が低くなることもあれば、高くなることも予想されます。高い時は、それを基に決められた予定利率も高く、長期にわたれば良い運用商品となるでしょう。しかし、今のような超低金利では、結局、損をするのが目に見えているのです。

大切なのは、目先の予定利率にごまかされてはいけないということです。大切なお金を運用する際には、様々な運用商品を比較して決める必要があると言えます。

5 加入前のチェックポイント
忘れてはいけない5つのポイント

チェックポイント

保険に加入する前に、以下の5つの点を必ずチェックしましょう。

① 妥当な保険金額になっているか

まず、最初に確認しなければならない点です。妥当な金額とは、今、自分が死亡してしまったとしたら必要な金額という意味です。

② 正しく記入されているか

保険会社に職業や健康状態を告知しないと保険に加入できないのが一般的です。もし、告知書にウソを書くと、告知義務違反となり、契約は解除され、支払った保険料も戻りません。

③ 保険金を請求できる要件

どのような時に保険金を受け取れるのか、ということもしっかりと理解しておかなければなりません。それは、保険に加入する時に渡される「ご契約のしおり」の中の「支払事由」と「免責事由」の項目に具体的に書いてあります。支払事由は、支払いを行う要件、免責事由は、支払いが行われない要件のことです。

④ 見直しの時期や方法の理解

加入時には必要と思われた保険金の金額も年をとるにつれてそこまで必要なくなるのが普通です。加入前の妥当な保険金を算出する際に見直しの時期も同時に検討し、保険金の減額や契約の解約方法なども確認しておきましょう。

⑤ 家族の理解

目的のはっきりしないまま加入した保険でよくあるケースです。保険金の受取人がお金を有効に活用できるように工夫しましょう。

ネットで保険に加入する際の注意点

最近、インターネットの通信販売による保険商品が人気です。インターネット販売の保険は、対面販売に比べて店舗や外交員の維持にかかるコストが削減できますので保険料が安くなる傾向にあります。

ネット販売保険の最大のメリットは、保険料の安さです。ネットの強みを活かして、あらゆるコストを削減し、保険料を安くしています。コスト削減の努力に伴い、商品もシンプルなものが多くなります。「保険はあくまで、もしもの時の備え」という考えをしっかり持った人には、ぴったりの商品と言えるでしょう。

また、ネット販売保険は、加入手続きが簡単な点もメリットのひとつです。ネット上で契約手続きが完結するという便利さがあります。

保険会社にとってもメリットがあります。ネット経由であっても問い合わせてくるのは、保険契約をする気持ちのある人です。保険など加入するつもりもない人に対しても売り込みを試みなければならない外交員を通じた販売に比べ、顧客の獲得コストも非常に低く抑えることができ、営業が効率的になるのです。

さらに、医師の診断書が不要で、告知だけで加入できるという商品もあります。医師の診断書がいらないという面でも手続きを簡便にし、経費を抑えているのです。

デメリットもある

しかし、ネット保険には以下のようなデメリットもあります。

① 要件が厳しい

手続きが簡単な分、不審な人の加入を防ぐために対面販売の保険に比べて、加入のハードルを高くしているのが一般的だからです。たとえば、職業による制限があったり、対面販売ならば加入できる持病のある場合で、加入できないといったケースが挙げられます。手続きは簡単でも、加入できるかどうかとなると、結構厳しいのです。

② 加入の事実の不知

ネットで手続きが完結するため、死亡保険金の受取人が別居している家族であるような場合、受取人が、死亡者が保険に加入していたこと自体を忘れている、あるいは、知らないという恐れも高くなります。保険に加入したら、受取人には、必ず、加入の事実を知らせるとともに、書類の保管場所も知らせておく必要があります。

③ 不要な商品の購入

安くて簡単に加入できるために必要以上に多くの保険に加入してしまうという可能性もあります。不要な保障を加え、多額の保険料を支払うような状況に陥ることは絶対に避けなければなりません。

誰でも入れる保険商品の注意点

保険の契約には、医師の診断書がなければならないと説明しましたが、診断書や、健康状態の申告がなくても入れる保険があります。「無選択型保険」と呼ばれるものです。しかし、実際に保険金を支払ってもらおうという時になると、様々な制約が出てきます。

まず、契約前の既往症や持病による入院や手術には保険金が支払われないというケースが多いといえます。契約成立時や、成立から3か月以内に罹った疾病に対しても保障しないという商品もあります。

その他、このようなタイプの保険は、保障される入院の日数も少ないといった制約があります。したがって、無選択保険は、契約の際には、注意が必要な商品です。

6 契約を締結する際の注意点

契約前に約款などで内容を十分理解すること

どのような書類を提出するのか

保険の契約を締結する際には、被保険者や保険金の受取人、指定代理請求人、契約内容について説明を受けたかどうかの確認、告知事項などを記載した保険契約申込書を提出します。

また、運転免許証や住民票などの本人確認書類、医師による診断書などの提出を求められることもあります。

「告知」や「診査」をする

保険の契約にあたっては、保険会社に告知をしたり、診査を受けるなどして健康状態に何らかの問題がないことを証明しなければならない場合があります。**告知**とは、みずから自分の現在の健康状態、過去の病歴などについて知らせること、**診査**とは、病院などで健康診断を受けるなどして確認をとることをいいます。

告知や診査は、契約時に、既に治癒が難しい病気にかかっているなど、近々確実に保険金の支払いが発生するという状態で契約されることを防ぐために行われます。

保険の契約を希望する人にしてみれば、「既に病気になってお金が必要になることがわかっているからこそ今からでも保険に入りたい」というのが正直な気持ちです。このため、中には告知の内容を偽ってでも契約したいという人もいるかもしれません。しかし、当然ながら告知は正確に行うことが前提です。その内容に虚偽があったり、事実を隠したりした場合、「告知義務違反」となります。告知義務違反があることが判明すると、保険会社は契約を解除することができます。また、解約されないまでも、保険金が支払われない場合もあります。

万一のことがあった場合はどうなる

保険加入手続きが完了するためには、①申込み→②告知・診査→③承諾→④第1回保険料払込みの手続きを経る必要があります。

①の申込みが終わった後、④の第1回保険金払込みがどの段階で行われるかは払込方法や口座引落し日などによって異なります。

では、万一のことがあった場合に、いつの段階から保険金の支払いを受けることができるのでしょうか。

通常、契約は契約書に記載された契約日から始まるものですから、保険契約に関してもそうだと思われがちですが、必ずしもそうとは言えません。保険会社に保険金を支払う責任が生じる日を、「責任開始日」というのですが、この責任開始日は契約日と異なる場合があるのです。具体的には①②④の段階を経た日が責任開始日になるとされています。つまり、事故が起こった日に、まだ③の承諾が得られていなくても、また契約日が１週間後であっても、①②④の段階さえ終わっていればその後は保険金の支給を受けられるということです。

契約概要とは

保険の申込み時か、契約時に「契約概要」「注意喚起情報」という書類を必ず渡されます。細かな字がびっしりと書かれた紙が数枚綴りになっている書類ですが、これらに書かれていることは、非常に重要なことばかりです。

契約概要とは、契約する保険商品の中身のうち、重要なポイントが書かれている書類です。具体的には、保障の内容、保険金の支払われるための要件、支払われない場合の要件、保障の始まる日、特約、保険期間、保険料、満期返戻金・解約返戻金・配当金の有無などです。

注意喚起情報とは

注意喚起情報とは、契約上、守らなければならないルールについて書かれている書類です。具体的には、クーリングオフ制度の説明、告知義務に関する規定、保険金が支払われない場合の要件（契約概要に記載する場合もある）、契約者保護機構に関する説明、保険金を受け取れる権利が発生する時期、保険料を滞納した場合の対処、外交員の権限などが記載されています。

契約概要、注意喚起事項とも、ここで挙げた具体的記述内容については、十分に理解しておく必要があります。

しおり、別表、約款は必ず見る

契約概要、注意喚起情報よりも保険に関する重要事項が詳細に記載されているのが、「ご契約のしおり」です。

しおりの後半にある「約款」と、巻末にある「別表」保険契約の内容を確認することができます。

保険金を受け取るには、「所定の状態」になるという「条件」がついていますが、「所定の状態」「所定の条件」という言葉に注意しなければなりません。一般の人と保険会社とで内容に関する認識の仕方が違うケースもありますので、契約前に外交員や保険会社に質問して、認識に齟齬《そご》がないようにしておくことが不可欠です。

保険の契約内容に関することは、約款に記載されています。トラブルに巻き込まれないようにするためには、契約前に約款を手に入れ、しっかりと読んでおくほか、不明点についてはきちんと確認してから契約するなどの対策をする必要があります。

7 契約概要や契約のしおりの読み方

保険金を受け取れる要件、受け取れない要件を把握するのが一番重要

保険証券はここをチェックする

保険証券については、契約者、保険料の払込金額、契約内容、生存給付金・死亡保険金の支給金額、保障期間、解約返戻金の金額をチェックします。また、積立金部分の予定利率、契約更新のしくみなどもあわせて確認します。

保険証券の記載については、実際にどんな内容なのかがわかりにくいこともあるため、疑問があれば、保険会社の担当者にどんどん問い合わせて確認すべきです。

約款を読んでおくこと

保険の契約の際には、約款や設計書にしっかりと目を通しておくことが必要です。約款は「ご契約のしおり」の中に掲載されているもので、契約する保険の内容を網羅しています。保険金の支払要件、支払われない場合の要件といった非常に重要な事項も書かれていますので、十分な理解が必要です。少しでも、疑問や不明な点があったら、外交員や保険会社に質問し、納得できなければ、契約をしないほうがよいでしょう。

設計書やパンフレットを読むとき

設計書やパンフレットで注目すべき項目は、以下の５点です。

① 死亡保険金はいくらか

② どんな保障を受けられるのか

③ 毎月支払う保険料のうち、その保障を受けるために支払っているお金（付加保険料を引いた金額）はいくらか

④ 保障は自分が欲しいと思っているとおりの内容か

⑤ どんな場合に保障を受けられるのか

約款サンプル

支払事由

1　被保険者が死亡したとき

2　被保険者が保険期間中に要介護状態になり、かつ、要介護状態に該当した日から起算して要介護状態が150日間継続したとき

3　被保険者が責任開始日以後の傷害または疾病により、責任開始日以後に高度障害状態するに至ったとき

150日間継続することが必要

責任開始日以後の傷害または疾病に限られる

保険証券の読み方

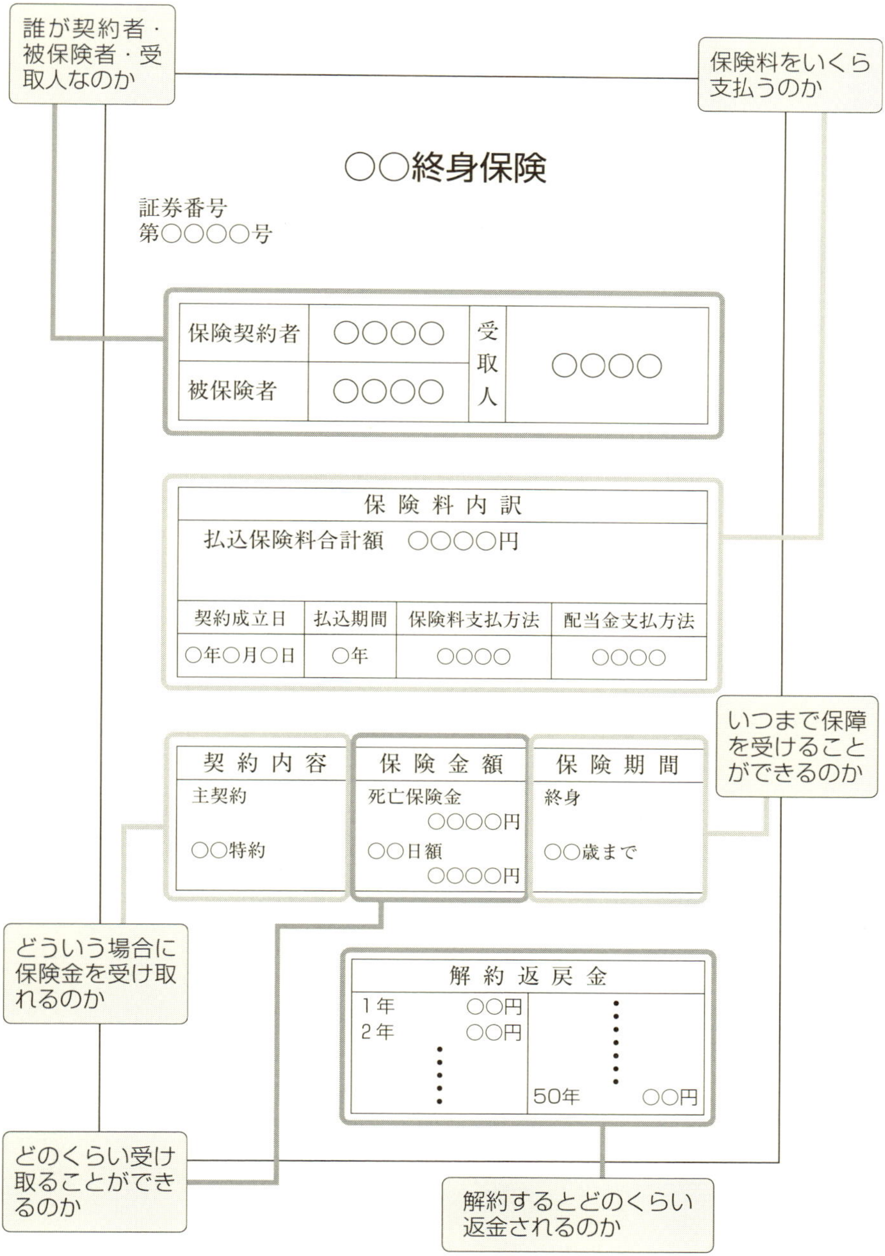

誰が契約者・被保険者・受取人なのか
保険料をいくら支払うのか
○○終身保険
証券番号
第○○○○号
保険契約者 ○○○○
被保険者 ○○○○
受取人 ○○○○
保険料内訳
払込保険料合計額 ○○○○円
契約成立日 ○年○月○日
払込期間 ○年
保険料支払方法 ○○○○
配当金支払方法 ○○○○
いつまで保障を受けることができるのか
契約内容
主契約
○○特約
保険金額
死亡保険金 ○○○○円
○○日額 ○○○○円
保険期間
終身
○○歳まで
どういう場合に保険金を受け取れるのか
解約返戻金
1年 ○○円
2年 ○○円
50年 ○○円
どのくらい受け取ることができるのか
解約するとどのくらい返金されるのか

8 生命保険の掛け方

支払う税金の種類が異なってくる

◎いくつかのパターンがある

生命保険の契約をするときには、保険契約者は被保険者と保険金受取人（保険契約者から保険金の受け取りを指定された人のこと）を決めます。生命保険契約の掛け方にはいくつかのパターンがあります。パターンの違いにより、次ページの図のように、かかる税金も異なってきます。

①　自己の生命の保険契約

生命保険契約では、一般に保険契約者自身が自分の生命に対して保険を掛ける場合が多く（保険契約者＝被保険者)、これを「自己の生命の保険契約」といいます。また、保険契約者が自分の生命に対して保険を掛け、受取人も自分にする保険契約（保険契約者＝被保険者＝保険受取人）を「自己のためにする保険契約」といいます。

②　他人の生命の保険契約

保険契約者が第三者を被保険者とする保険契約も可能で（保険契約者≠被保険者)、これを「他人の生命の保険契約」といいます。他人の生命の保険契約において、保険受取人が更に別人である場合（保険契約者≠被保険者≠保険受取人)、死亡保険金を受け取る際に問題が起こることがあることから、契約締結の時点で被保険者の同意を得ることが必要とされています（保険法38条）。

③　他人のためにする保険契約

保険契約者が自分の生命に対して保険をかけ、受取人を第三者にする保険契約を「他人のためにする保険契約」といいます。たとえば、夫が自分の死後の家族を心配し、生活に困らないように妻を受取人として保険契約を結ぶ場合があげられます。

◎死亡保険金にかかる税金

以下のパターンがあります。

①　相続税がかかるケース

死亡保険金を相続する際、これは相続財産とは別の固有財産とみなされます。そのため、受領した死亡保険金に相続税がかかります。自己のためにする生命保険契約の場合には、死亡保険金は相続人に均一に分配され、それぞれの保険金額に相続財産と同様に相続税がかかります。また、他人のためにする保険契約の場合には、指定された保険受取人が保険金を受け取りますが、この場合にも相続税がかかります。

しかし、いずれの場合も保険金に対する相続税には非課税金額の設定があります。法定相続人１人当たり500万円までが非課税金額の限度とされています。また、保険受取人が配偶者の場合には、相続財産と受け取る死亡保険金の合計額が1億6000万円まで非課税になります。

② 贈与税がかかるケース

保険契約者と被保険者、保険受取人が異なる「他人のためにする生命保険契約」の場合、死亡保険金は、相続税ではなく贈与税となります。相続税に比べて贈与税の非課税金額は少なく、110万円を限度とする控除額が設定されています。

③ 所得税がかかるケース

保険契約者と保険受取人が同じで被保険者が異なる場合、その被保険者が死亡することによって受け取る死亡保険金には所得税がかかります。

保険金受取人の指定と変更

一般的には、扶養家族や親族を保険金受取人として指定します。保険金受取人の指定方法には、個人名での指定、続柄での指定、続柄と名前の併記での指定、保険金受取人を被保険者の相続人とする指定、があります。

保険契約者は原則として、保険期間中であれば保険金受取人を変更できます。受取人の変更の際には、契約者は被保険者の同意を必要とし、生命保険会社の承諾を得ることになります。

保険契約者、被保険者、保険受取人と税金

保険契約者（保険料負担者）	被保険者	保険金受取人	課税
夫	妻	夫	所得税
夫	夫	妻	相続税
夫	子供	妻	贈与税

生命保険と所得税……保険料負担者が被相続人以外の場合、保険料負担者が保険金受取人と同一人であるときは所得税が課税される

（受取保険金－払込保険料－50万円）× $\frac{1}{2}$ ＝課税される金額

生命保険と相続税……保険料負担者が被相続人本人の場合、保険金受取人に相続税が課税される

500万円×法定相続人の数＝非課税

生命保険と贈与税……保険料負担者が被相続人以外の場合、保険料負担者が保険金受取人と異なるときは保険金受取人に贈与税が課税される

110万円の基礎控除額がある

9 契約内容を変更する方法

生活の変化に見合った変更が必要

◎受取人や契約者自身の変更もできる

契約内容についてある程度の変更が認められています。

たとえば保険金の受取人の場合、夫の生命保険の受取人を妻にしていたが、夫より先に妻が死亡した、ということも出てきます。このような場合、受取人を子どもにするなどという形で、変更することができます。受取人変更の際には、被保険者の同意が必要とされています。

また、契約者を変更することもできます。たとえば孫のために学資保険（43ページ）に入っていたが、年金生活になって保険料を負担することができなくなったので、孫の親でもある契約者の息子に契約を引き継いでもらうといった場合です。契約者を変更する際には、契約者と保険会社の同意が必要とされています。

◎保険の種類を変えることはできるのか

保険には、終身や定期、養老など、いくつかの種類があります。今は養老保険に入っているが、その保険料を生命保険に回したいという場合、養老保険を解約して別途生命保険に入るという方法を考えますが、このようなことをしなくても、要件に合致すれば種類を変更することができます。これを**契約転換**といいます。

契約転換が可能となる要件としては、①元の保険に新しい保険の原資となる積立金がある程度残っていること、②契約後一定期間経過していること、などが挙げられます。ただし、各保険会社や商品などによって詳細は異なりますので、確認が必要です。

契約転換においては、現在加入している保険の積立金などを原資として、新たな保険が締結されます。

ただ、契約転換は同じ保険会社の商品にしか使えません。また、気持ちは種類を変更するだけで継続だと思っても、形としては新しい契約を締結することになるわけですから、もう一度告知や診査を受けなければなりませんし、保険料の計算では、転換時の年齢が使われることになりますので、保険料が上がってしまいます。さらに、今の保険を契約した時期によっては、契約転換をしたために予定利率がかなり下がってしまうということも起こりますので注意すべきでしょう。

◎契約転換できるパターンとは

契約転換できるパターンには、次のようなものがあります。

① 基本転換

元の契約の積立金（転換価格）を、次の契約の主契約に充当する。

② 比例転換

転換価格を、次の契約の主契約と特約部分の両方に充当する。

③ 定期保険特約転換

転換価格を、次の契約の特約部分に充当する。

転換価格を充当した保険については、その分保険料の支払いが軽減されることになります。ただし、特約部分に転換価格を充当する場合、その期間は最初の契約期間のみで、更新後は充当されなくなりますので注意してください。

なお、保険会社によって、取り扱うパターンが限定されていることもあります。

◎契約転換ではなく中途増額したい場合

「家族がふえたので生命保険の保障金額をもっとふやしたいけれど、別の保険に入るほど余裕はないし、契約転換して予定金利が下がるのも避けたい」という場合には、定期保険の特約をつけることで増額するのも一つの方法です。追加する特約の保険料は、追加時点の年齢をもとに算出されますが、同じ保障内容の新しい契約をするよりは保険料を抑えることができます。

また、子どもが独立したので生命保険の額を減らしたいという場合には、特約部分だけを減額したり、解約することも可能です。特約による中途増額は、保険の手軽な見直し方法と言えるでしょう。

生命保険契約の変更・転換

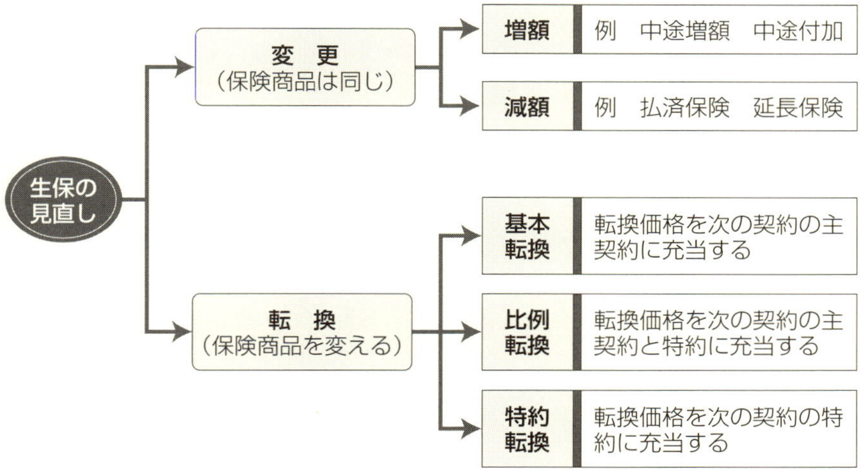
生保の見直し
変　更
（保険商品は同じ）
増額
例　中途増額　中途付加
減額
例　払済保険　延長保険
転　換
（保険商品を変える）
基本転換
転換価格を次の契約の主契約に充当する
比例転換
転換価格を次の契約の主契約と特約に充当する
特約転換
転換価格を次の契約の特約に充当する

10 見直しをしたほうがよい場合

保険内容のムダ、ムリ、ムラを洗い出す

◎なぜ見直しをするのか

自分が加入している保険は、折を見て見直しすることが必要です。つまり、必要な保障の金額は、年をとるにつれて少なくなっていくのが大原則と言えるのです。また、年をとるにつれて、必要な保障の内容が変化することも念頭に置いておく必要があります。

したがって、年をとるにつれて、保険料を抑えたり、必要な保障を変えたりするのは当然、必要になってきます。

見直しのポイントは、具体的には、「ムダ」（不要なもの）、「ムリ」（過度の負担になるもの）、「ムラ」（バランスの悪いもの）の３点です。この３点から保険の契約内容を見直すことによって、今の自分にとって本当に必要な保険内容も見えてくるはずです。

◎どの部分を見直すか

具体的には、３つの見直し部分があります。

①　自動更新と保険料のアップ

平均年齢が伸びている現在は、老後の資金も十分に蓄える必要があります。年をとればとるほど、保険料が増えていくようでは、収入と保険料のバランスが崩れてしまう恐れがあります。

②　高額保障のある定期保険かどうか

この場合、高額保障のほとんどの部分が定期保険部分で賄われており、これが満期を迎えると、突然、保障がなくなり、保険金が下がってしまう恐れがあります。

③　掛け捨ての保険への加入しすぎ

保険ですから、掛け捨ての部分があるのは、仕方ないことです。しかし、必要以上に掛け捨ての保険に入っているのは、お金を捨てているようなものです。早急な見直しが必要です。

◎必要保障額を見極める

保険を見直す上で、最も基本になるのは、必要な保障額を見極めることです。たとえば、妻と子供２人の４人家族の場合、30代の男性で3,000 ～ 4,000万円の保障が一つの目安です。子に私立の大学、大学院まで通わせることを早くから想定している場合には、それに加えて学費の分を上乗せしておくのがよいしょう。

また、将来にわたって必要な保障額を計算しておけば、定期保険特約の満期が来て、そのまま保障がなくなってしまうというときでも放っておいて、肝心の死亡時にはわずかの保険金しか下りないという失敗を避けることができます。必要な保障額は、公的年金な

どのも考慮した上で計算する必要があります。

ムダな掛け捨てをしない

掛け捨てを極力抑えるために、ふたつのポイントがあります。

① 掛け捨て保険は、保険料の安さ重視

民間の保険会社の出す保険商品は多様になっています。インターネットで契約できる保険商品の場合は、対面販売の場合に比べて同じ保障内容でも保険金がかなり安い場合があります。いろいろな保険会社の商品を比較して決めるようにしましょう。

② 逓減型か収入保障型の商品を選ぶ

保険商品の中で、掛け捨てになるのは、定期保険です。ただ、定期保険の中でも、逓減型か、収入保障型を選ぶと掛け捨ての金額を抑えることができます。逓減型とは、契約期間が長くなるにしたがって、支払われる保険金の額も減っていく設計になった商品です。収入保障型とは、死亡保険金が一時金ではなく、年金方式で支払われる保険商品です。

健康上の理由で加入し直せない場合

このような場合は、今、加入している保険の保障金額を下げることで、無駄な保険料の出費を抑えることができます。必要以上の保障を避けるという面からも保障金額の減額変更は有効と言えます。

保険の見直し

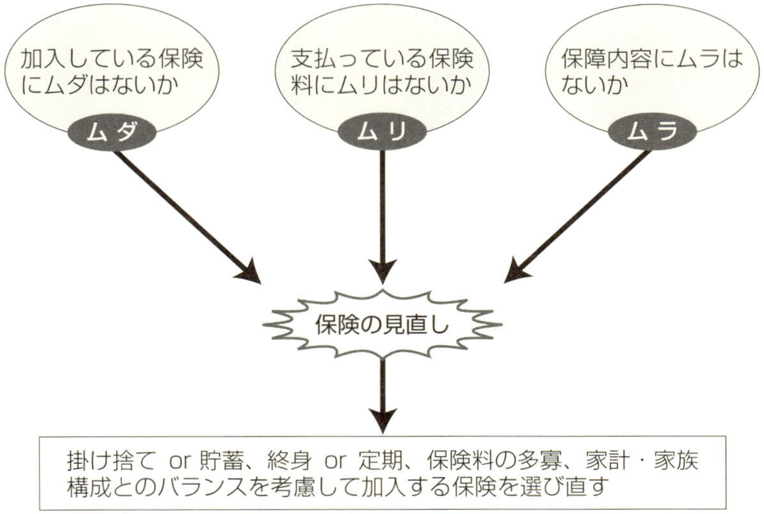
加入している保険にムダはないか
ムダ
支払っている保険料にムリはないか
ムリ
保障内容にムラはないか
ムラ
保険の見直し
掛け捨て or 貯蓄、終身 or 定期、保険料の多寡、家計・家族構成とのバランスを考慮して加入する保険を選び直す

11 見直しの場合の注意点

焦って見直してはいけない

月末の加入はさけたほうがいい

保険契約は、加入申込書、医師の診断書、1回目の保険料の支払い（3点セットと呼ばれます）によって効力が発生するのが原則です。3点セットが完了した時点で保障が開始します。

3点セットのうち、1回目の保険料の支払いは、加入する月の翌月分に充当されます。一方で、3点セットがそろったら、その時点で保険会社は保障の義務を負います。そうすると、仮に月のはじめに3点セットをそろえた場合、その月の保険料はタダになることになります。つまり、加入月と翌月分の保障を1回の保険料の支払いだけで得ることができるのです。反対に月末に加入すると、このメリットを享受できません。月末の加入はできる限り避けるべきでしょう。

先に解約しないほうがいい

保険の見直しをすると言っても焦ってはいけません。見直し契約のための3点セットを保険会社に納めても、既存の契約をすぐに解約しない方がよい場合もあります。それは、たとえ、3点セットを納めても、保険会社から契約が結べないと通知してくることがあるからです。今、加入している保険の解約は、新しい保険の契約が正式に成立した後にしましょう。

保険の転換はお得なのか

「転換」（52ページ）を使うと、たとえば、定期付終身保険の保障額を高くする際に、本来支払わなければならない保険料よりも安い保険料ですみます。

ただ、注意しなければならないのは、保険料が安くなるのは、決してサービスではなく、本来、契約者が受け取れる終身保険の解約払戻金を見直し後の定期保険の保険料に充当しているためです。保険料を解約払戻金で充当しているのですから、毎月の保険料が本来よりも安くなるのは、当然です。

終身保険部分は、貯蓄という面もあります。解約すれば、解約払戻金が返ってきます。しかし、保障金額が高くなるからといって、このお金を定期保険の保険料に回しては、せっかく貯蓄したお金が掛け捨ての保険料に変わってしまうことになり、かえって損をすることになりかねません。

転換をまったく否定するわけではありませんが、転換する場合は、このようなからくりがあることを十分に理解したうえで決断してください。

12 見直しの検討方法

支払う保険料を抑えるようにするのが大原則

死亡保障の見直すには

死亡保障を確保する生命保険は大きく「終身保険」と「定期保険」とに分けられます。終身保険の解約返戻金の運用を株式投資や債券投資などリスクをとって運用する商品を**変額終身保険**といいます。変額終身保険は解約返戻金が運用成果に応じて異なり、運用のリスクを保険加入者が負うために、同じ額の死亡保障を確保するための保険料は通常のものよりも安くなるのが一般的です。また、ある一定期間に解約してしまうと、解約返戻金が少なくなってしまう（通常は払ったお金の70%程度）かわりに、保険料を通常のものよりも安く抑える**低解約返戻金型終身保険**というタイプもあります。保険料を抑えたい場合は、変額終身保険や低解約返戻金型終身保険などを検討するとよいでしょう。

保険料をもっと抑えたい場合には、定期保険を活用することを考えます。

定期保険のうち収入保障保険というタイプはさらに保険料を安くすることができます。通常、必要保障額は子どもが大きくなるにつれ、また退職が近づくにつれ、徐々に低くなりますから収入保障保険をうまく使って保障を確保するのは合理的なやり方です。

また、保険会社によってはタバコを吸わない人の保険料を安くする「非喫煙者割引」といった割引など保険料割引制度がある場合もあります。保険の見直しの際には、こうした自分に適した割引が使える保険会社かどうかも検討するとよいでしょう。

医療保障の見直し方

保険の見直しの際には、医療保障もぜひ見直しをしたいところです。医療保険のベースとなる保障は入院１日あたりの給付金です。これが5000円なのか１万円なのかで保険料は大きく異なります。また１入院あたりの保障日数には上限が決められています。この上限が短ければ保険料は安くなります。

会社員や公務員であれば、高額療養費制度や職場の福利厚生などを考慮すると、過度な保障は不要だと言えます。

通常の医療費は日々の家計の中でやりくりできそうなのであれば、たとえばガンといった治療費も多くかかり、収入のダウンも考えられるような場合に備えて、ガン保険でガンに対する保障を確保するという考え方もできるでしょう。結局は保障を得る目的によって考えていく必要があります。

13 保険料の決め方と配当

保険料と解約返戻金の額を決定するルールをおさえよう

◎保険料はどのように決まるのか

ここでは保険料や配当についての概略を説明します。話をわかりやすくするため、契約者と被保険者を同一人物とします。

まず、契約者が支払う保険料がどのように使われるのかを説明します。契約者が保険会社に支払う保険料は、正確には**営業保険料**と呼ばれます。この「営業保険料」は、保険金給付に使われる「純保険料」と、保険会社の事業運営費に使われる「付加保険料」に分かれます。さらに、「純保険料」は、死亡した他の契約者に対して支払われる「死亡保険料」と、保険料を支払った契約者に対する将来の保険金支払いに備えて積み立てておく「生存保険料」に分かれます。

次に、保険会社の配当のしくみを説明します。

生命保険料は過去の統計をもとに、将来の保険金の支払いに充てる必要額を算出した予定率をもとに算出されています。しかし、実際には予定したとおり保険金が支払われるとは限りません。

予定していた保険金の支払い額と、実際に支払われた保険金との差により、剰余金が生じた場合、その剰余金を契約者に分配するお金を配当金といいます。

保険金額を算出する予定率には、死亡予定率、予定利率、予定事業費率の3つがあります（次ページ図参照）。

◎配当のしくみ

保険会社は、「予定利率」「予定死亡率」「予定事業費率」という将来予測に基づいて保険料を決定します。そのため、予測よりの実際の数値の方が好転した場合に、結果的に保険料を取り過ぎてしまうケースが出てきます。その場合、保険会社は取り過ぎた分を配当として契約者に還元します。これが**配当**のしくみです。

なお、生命保険には、有配当保険と無配当保険があり、無配当保険の場合には配当金はありません。しかし、無配当保険は、配当の分配がないため、有配当保険に比べ、保険料が安いというメリットがあります。

また、有配当金には、通常配当と特別配当の2種類があります。

通常配当は、契約後3年目の契約日から毎年配当される「毎年配当型」と、契約後6年目の契約日から5年ごとに分配される「利差配当型」があります。特別配当は、長期継続契約に対して支払われる配当金をいいます。他に、死亡や満期などにより保険契約が消滅するときなどにも支払われます。

配当金は、保険の種類や契約年月日など、契約内容によって異なります。また、配当金の受け取り方法には、いくつかあります。保険会社に積み立てておく方法や、保険料から配当金を差し引く方法、現金で受け取る方法など、契約時に選択することが可能です。

収益相当と給付反対給付均等

死亡保険料は、「収益相当」「給付反対給付均等」という2つの原則に基づき、その金額が決定されます。

収支相当の原則とは、契約者全体が支払う保険料の総額（収入）と、保険会社が受取人全体に支払う保険金の総額（支出）が等しくなるように保険料を決めるということです。つまり、保険会社は将来支払う保険金の額をしっかり計算した上で、それに見合った保険料を設定することになります。

給付反給付均等の原則は、各保険者が、それぞれの危険に応じた保険料を負担するということです。高齢者は、死亡の危険が高く、その危険に応じた保険料を負担することになるので、保険料が高くなるのです。

ただ、実務上は、加齢による保険料の上昇を考慮しつつも、実際に支払う保険料を毎年同じ金額になるように平均化する平準保険料方式という方法で保険料を決定しています。

なお、平準保険料方式の考え方に沿って、保険料がずっと変わらないタイプの保険を「全期型」と呼びます。一方、自然保険料方式の考え方を一部取り入れ、一定期間ごとに保険料が上昇するタイプの保険を「更新型」と呼びます。

保険料の金額を決める要素

保険料を決める3要素

- **死亡予定率**
  過去の統計をもとに性別・年齢別の死亡者数（生存者数）を予測し、将来の保険金の支払いに充てる必要額を算出したもの
- **予定利率**
  保険会社が資産運用による収益をあらかじめ見込み、保険料を割り引いた割引率のこと
- **予定事業費率**
  生命保険会社があらかじめ見込んだ、契約の締結・保険料の収納・契約の維持管理などの事業運営に必要な諸経費のこと

14 保険料の支払方法

解約する前に継続の方法がないか検討してみる

保険料の払い込み方法

保険料の払い込み方法は、毎月１回、口座振替というのが一般的ですが、このほかにもいろいろな方法があります。中には割引が受けられるものもありますので、都合のよい方法を選択してください。

払い込みの期間としては、月払いのほかに次のようなものがあります。

・半年払い

半年に１回、半年分をまとめて支払う。

・年払い

年に１回、一年分をまとめて支払う。

・一時払い

保険料を全額一括で支払う。

・前納

何回分かの保険料をまとめて支払う。

また、保険料は、まとめて払う保険料の額が大きいほど、割引率が高くなります。払込手段としては、口座振替のほかに次のようなものがあります。

①　集金

保険会社の担当者が訪問して集金する。

②　持参

契約者が保険会社に出向いて支払う。

③　振込

振込用紙を使って保険会社の口座に支払う。

④　団体払い

勤務する会社が保険会社と契約している場合に利用できる。団体加入者の人数が多いほど割引率が高くなる。

⑤　クレジットカード払い

クレジット会社経由で保険料を支払う。口座からの引き落としは、カードの引き落とし日となる。

減額や特約部分のみの解約もできる

病気やケガで働けなくなったり、家族がふえた、不景気で給料が減ったなど、経済的な事情が変わって保険金の支払いが負担になることもあります。解約して保険料の支払いをなくすのも一つの方法ですが、全く保障がない状態になるのは不安なものです。

そのような場合、いきなり解約するのではなく、保険金の減額や特約部分のみの解約によって、保険料を減額するという方法をとるとよいでしょう。この方法ならある程度の保障を確保することができますし、経済的な負担はかなり軽くなります。

払済保険、延長保険にする方法もある

保険料の支払いが困難になったとき

に、解約も減額もせずに、しかも保険料をそれ以上支払わなくてよいという制度も用意されています。それが、「払済保険」「延長保険」です。

いずれも解約返戻金をもとに保険の契約内容を変更するもので、**払済保険**は、保険期間をそのままに、保険金額を減額するもの、**延長保険**は保険金額をそのままに、保険の種類を定期保険に変更するものです。利用できる保険の種類や、利用後の保障の範囲などは限られますが、保険の一定の効果を残したまま、保険料の負担をなくすことができます。

滞納しても猶予期間内に保険料を支払えば大丈夫

所定の期日までに保険料を支払わなかった場合、すぐに保険が失効するかというと、そうではありません。保険料の支払期日には一定の**猶予期間**が設けられており、その期間内に払い込みをすれば効力は継続することになっています。

猶予期間は、保険料の払い込み方法によって異なります。月払いの場合、払い込み期日の翌月初日から末日までです。たとえば5月7日が払い込み期日の場合は、翌6月1日から30日までが猶予期間であり、その間に保険料を支払えば失効にはならないということです。保険が有効である以上、たとえ保険料を支払っていなくても保険事故が起これば保険金を受け取ることができます。

払済保険と延長保険

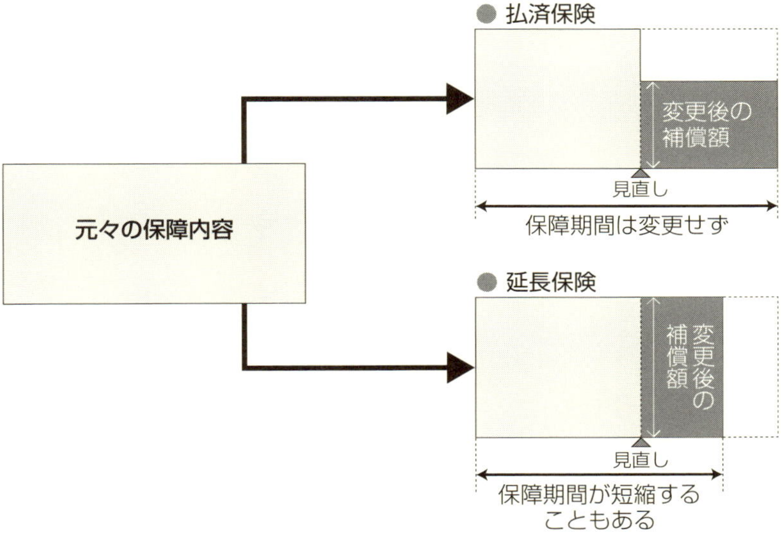

15 医療保険を選ぶときの注意点

安ければよいというわけではない

保険料が安いと入院日数も短い

医療保険の保険料には、商品によってさまざまな支払方法があります。現在の経済状況や家族構成などを考慮し、効果的な方法を選択するようにしましょう。

また、医療保険の多くは掛け捨てになるので、そのことも考慮しておくべきでしょう。たとえば保険料を安く抑えようと思えば、保障される入院期間を短くしたり、1日の保険金を抑えるといった選択をすることができます。

ただ、いざというときにその保障で十分なのかどうかという問題がありますので、単に安いという理由だけで選択しないほうがよいでしょう。

終身払いは損か得か

終身保障の医療保険にも、保険金を終身払い込むタイプと一定年齢（60歳までが一般的）まで払い込むタイプがあります。終身払いなら月々の支払額は抑えられるが、収入が年金だけになっても払い続けなければなりません。

一方、一定年齢まで払い込むタイプは月々の支払額は高いものの、一定年齢を超えると保険料を払わなくても保障を受けることができます。

現在の収入は少ないが、厚生年金に加入しているので、ある程度の年金収入が見込めるという人は前者、国民年金しか加入しておらず、年金収入だけになったら保険金を負担するのは難しいという人は後者を選ぶとよいでしょう。ただ、後者の場合、思いがけず早い段階で死亡した場合に掛け捨て分が多くなるのでその点も考慮しておいた方がよいでしょう。

医療特約の継続と保険料

生命保険の特約として医療保険に加入している場合、主契約である生命保険の保険期間が終了すると、医療特約も終了します。

契約を更新をすることは可能ですが、定期保険の切れる時期というと、すでに60歳以上と高齢になっていることがほとんどであり、保険料がいきなり高額になりますので注意が必要です。場合によっては80歳までの保険金を一括で請求されたり、年払いをするよう求められるなど、一度に多額の保険金を支払わなければならないこともありますので、注意してください。

16 保険を選ぶ上での注意点

入院の事由によっては保険金がもらえないこともある

保険金支払いの対象にならない場合

入院保障のある医療保険に入っていれば、どんな理由で入院しても安心だと思っている人は多いかもしれませんが、中には約款によって保険金支払いの対象外となっている入院もあるので、十分確認しておいてください。

まず、人間ドックなどのようないわゆる検査入院については保険金支払いの対象になりません。また、正常分娩による入院、美容整形のための入院といったものも通常は対象外です。これは、本来入院保険が保障するのはケガや病気の治療にかかる費用であり、検査入院などはその目的から外れるからです。

ただし、たとえ検査入院であっても、それによって病気が判明し、即日入院となった場合や、帝王切開で分娩し、入院したといった場合は、その検査入院にかかる費用についても保険金支払いの対象となりますので、忘れずに申請するようにしてください。

さらに、病気やケガによる入院の場合でも、保険金支払いの対象外となる事由があります。これを**免責事由**といいます。免責事由は保険会社が定めるもので、おもな例としては、次のようなものがあります。

- 被保険者の精神障害を原因とする事故によって入院した場合
- 被保険者の泥酔を原因とする事故によって入院した場合
- 被保険者の故意または重大な過失によって入院した場合
- 保険金をだまし取ろうとする犯罪行為があった場合
- 告知義務違反があった場合

妊娠と保険への加入

女性が妊娠している場合、保険に加入できなかったり、条件つきの保障になるなどといった制限を受けることになります。妊娠は、妊娠中毒症や脳出血などの病気で重篤な状態に陥る可能性が通常より高くなりますし、出産時に大出血を起こしたり、緊急帝王切開手術になるなど、さまざまなリスクを負うことになります。つまり、保険会社にとって妊娠中の女性は、保険金支払いの可能性が高い人ということになるわけです。女性が保険に加入する際に、「現在妊娠しているかどうか」という質問が行われるのはこのためです。

このような点を考えると、女性はできるだけ早い段階で保険に加入することを検討するほうがよいでしょう。

17 震災によって死亡したりケガをした場合の保障

想定外の大震災の場合には特例による保障が行われる

災害の被災と生命保険

平成23年3月に生じた東日本大震災では、多くの人々が死亡したりケガをしたりしました。

震災がきっかけなので、これらの保障は損害保険からしか受けられないと思ったら大間違いです。死亡やケガ、疾病に対する保障は生命保険や医療保険からも受けることができます。

どんな保険商品でも、死亡保障がついていれば、死亡した場合、死亡保険金が受け取ることができます。さらに、これらの保険に介護保障、特定疾病保障などの特約がついていて、生前にこれらの特約を使わなかった場合は、特約分の保障も上乗せされて支給されるケースもあります。

また、震災の被害によるケガや疾病による入院、手術なども、医療保険から保険金を受け取ることができますが、一部の商品には、「地震、噴火または津波などの自然災害の場合は給付を行わない、もしくは削減する」という規定がある場合もあります。

もっとも、東日本大震災による死亡・ケガについては、これらの免責規定は適用せずに保障を行うとする保険会社がほとんどです。

ただ、これらの保障は、契約者が支払請求をしなければ、給付を受けられません。保険会社が調べて給付してくれるわけではないのです。

したがって、被災して保険証書も失い、どのような保障内容だったかわからない場合でも、保険会社に問い合わせてみるのが必要です。

東日本大震災では、自分が契約している以外の保険会社に問い合わせても保険内容を教えてくれるサービス体制が整えられています。被災された方は、ためらうことなく、近くの保険会社に問い合わせて、給付が受けられるかどうかを確認してみましょう。

被災と更新手続きの猶予

自動車保険や、火災保険、傷害保険などは、満期が来たら継続手続き（保険契約の更新手続きのこと）をしないと、失効してしまいます。普通の生活をしているときは、自己責任で継続手続きを忘れないようにしなければなりません。

ただ、東日本大震災では、被害の程度が甚大で「保険の手続きどころではない」という状況が生じました。そのため、東日本大震災については、福島第一原発事故による被災も含めた被災者に対し、損害保険の継続手続きと保険料の払込が猶予される措置がとられています。具体的には、自賠責保険以外の損害保険は継続手続きと保険料の払込みが最大6か月間、猶予されました。自賠責保険は、車検証の有効期間が3月11日から6月10日の間にある場合、車検証自体の有効期間が6月11日まで延長されました。これにより、継続手続きの猶予期間も6月11日まで延長されました。また、自賠責保険の保険料の払込みについても、最長で平成23年9月末日まで猶予されました。

なお、そもそも継続手続きが必要のない被災者もいます。損害保険をかけている家や家財道具が津波による流失、あるいは火事による焼失した場合は、保険金が受け取れるかどうかを損害保険会社に確認した上で、受け取れるならば請求を、受け取れないならば、解約をしましょう。

任意での自動車保険をかけている自動車については、保険会社から「中断証明書」を発行してもらいましょう。中断手続きをとることで、現在の割引率が引き続き適用できます。「もう、自動車は購入しない」という人は、自動車保険の解約を検討しましょう。

保険証書を紛失したら

被災して保険証書を紛失しても、本人確認ができ、請求さえすれば、保険金を受け取ることができます。ただ、証書がないと、自分がどんな保険に加入しているのかわからなってしまうかもしれません。その場合でも、保険会社に問い合わせれば教えてくれますので大丈夫です。証書を紛失して、契約している保険会社がわからない場合は、地震保険については、「地震保険契約会社照会センター」(0120－501331)、生命保険については「災害地域生保契約照会センター」(0120－001731) に問い合わせれば、契約保険会社を確認できます。

また、大災害においては、普通だと保障の対象外になるケースでも、特別な措置がとられることにより、保険金が支払われることがあります。東日本大震災では、生命保険や損害保険の保険料の払込みを一定期間猶予する措置も実施されています。新聞、ニュースや、被災者支援のための役所・専門家の無料相談などを利用して保険金の支払いについての情報を入手するようにしましょう。

なお、地震による津波や火災で通帳や印鑑を紛失してしまっても、預貯金を消えてなくなることはありません。また、災害で通帳、印鑑の紛失した場合、金融機関は、簡易な手続き（本人確認のみ）で預貯金の払戻しに応じてくれます。

災害時には、金融機関も臨機応変に対応してくれることがあります。困ったことがある場合には、まずは窓口に相談しましょう。

18 解約返戻金

保険解約時、または保険失効時に戻ってくるお金のこと

◎解約返戻金について

解約返戻金とは、保険解約時、または保険失効時に戻ってくるお金のことを言います。

掛け捨ての保険を除き、どの保険でも契約をすると、積み立てていた保険料の一部が返戻金として支払われます。

解約返戻金の金額は、保険の種類、契約時の年齢、保険期間、経過年数などによって異なります。

通常、保険契約後の経過年数が短い場合には、保険会社に支払った保険料総額にくらべて、解約返戻金が少なくなる場合が多いようです。その理由は、保険料の一部が、死亡保険金の支払いや保険会社の事業費などに充てられているためです。解約返戻金として支払われるのは、保険料からこれらを差し引いた残りを基準に計算された額となります。

一般的な定期保険の場合、経過年数などに関わらず、解約しても解約返戻金は全く支払われないか、ごく少額となります。ある程度の額の解約返戻金が受け取れるのは、養老保険や終身保険などの貯蓄性が高い保険です。

低解約返戻金型という、保険料払込期間満了までに解約した場合の返戻金を低く設定することで、保険料金を抑えた商品なども販売されています。低解約返戻金型の保険は、途中で解約しないことを前提に加入したほうがよいでしょう。

加入時には、満期まで継続していきたい保険か、保険料を支払うことができるかどうか、十分検討することが大切です。

◎保険の種類と解約返戻金

定期保険の「純保険料」は、基本的に「死亡保険料」（58ページ）です。しかし、「生存保険料」（58ページ）が発生する場合があります。それは、平準保険料方式を採用しているためです。平準保険料方式では、初期の年齢が若いうちは、本来必要な金額よりも多くの保険料を徴収します。保険会社は、この多めに徴収した部分を責任準備金として積み立てます。反対に、後期になると、本来の必要な保険料よりも保険料が安くなるので、不足分を補うため責任準備金を取り崩していくことになります。したがって、定期保険の解約返戻金は、ある年齢まで増加したのち、下降することになります。

養老保険の「純保険料」は、基本的に「生存保険料」です。

支払われた生存保険料は、満期保険

金の支払いのため責任準備金として積み立てられます。そのため養老保険の解約返戻金は、右肩上がりで上昇する形になります。

終身保険では、将来の保険料支払いに備えて責任準備金を積み立てています。しかし、養老保険と比較して、保険料は低い水準に抑えられています。また、保険料の一部は、他の契約者の死亡保険料の支払いに充てられることもあります。そのため、終身保険の解約返戻金は、養老保険よりも緩やかな右肩上がりで上昇していきます。

契約者貸付とは

保険会社から融資を受けることも可能です。これを**契約者貸付**といいます。契約者貸付で借りられるのは、解約返戻金の一定範囲内の額ですので、それほど多額ではありませんが、金利が低目に設定されていますし、保険契約そのものには何の影響もありませんので、どうしても資金が必要な場合には検討してみるとよいでしょう。ただし、期日までに所定の金額を返済しなかった場合などには保険が失効することもありますので、注意が必要です。

自動振替貸付制度とは

猶予期間を過ぎても保険料を支払うことができなかった場合、原則として保険は失効することになります。しかし、**自動振替貸付制度**を利用できる場合は、そのまま保険契約を継続することができます。

自動振替貸付制度とは、解約返戻金から保険料を自動的に立て替え払いする制度です。解約返戻金の範囲内であれば数回分の保険料を立て替えてもらうことができます。

ただし、立て替えた保険料は所定の利息をつけて保険会社に返済しなければなりません。保険の契約期間中であればいつでも返済することができますが、返済しないまま満期を迎えたり、契約者が死亡するなどした場合は、支払われる保険金の中から返済分が差し引かれることになります。

復活とは

自動振替制度を利用できる範囲も超え、それでも保険料を支払える状態にならなかった場合、保険契約は失効します。失効すれば当然保険事故が起きても保険金を受け取ることはできません。ただ、一定期間内であれば、失効した契約を**復活**させることができる場合があります。保険を復活させる場合、保険会社の承認と、滞納期間中の保険料（保険会社によってはプラス利息）の一括納付、復活時点の告知や診査などが必要になります。

なお、ここでいう一定期間とは、3年というのが一般的ですが、保険会社や商品によっても異なりますので確認してください。

19 解約・クーリングオフ

クーリングオフ期間は、原則として８日以内

◎解約を申し出るとどうなる

保険の内容が合わない、すぐに現金が必要なので解約返戻金を受け取りたいなどの事情で中途解約をしたい場合、保険会社の担当者に申し出たり、保険会社の窓口に出向くなどして必要書類を提出すれば行うことができます。通常は一度申し出ればスムーズに手続をすることができますが、保険会社によっては解約の理由をしつこく聞かれたり、「今解約すると損になる」と強く説得されるようなこともありますので、ある程度心づもりをしておくほうがよいでしょう。

◎中途解約は不利な場合もある

解約すればこれまで支払った保険金が解約返戻金として戻ってくると思う人もいるかもしれませんが、残念ながらそうではありません。保険会社に支払う保険料は、死亡保険金や医療保険金など保険事故があった場合に受け取る保障のための部分と経費の部分、貯蓄部分の３つで構成されています。このうち、保障のための部分と経費の部分はいわゆる「掛け捨て」にあたります。つまり、解約返戻金として返ってくるのは貯蓄部分のみということになるのです。

加入していた保険が、貯蓄部分のないタイプのものだった場合、解約返戻金を受け取ることはできませんし、貯蓄部分があるタイプものでも、契約期間が短ければ解約返戻金の額は微々たるものです。その点を考えると、保険の中途解約は不利な部分も大きいので、あせって結論を出さず、十分に検討してから決めるべきでしょう。

◎クーリングオフをすることもできる

一定期間内であれば契約を無条件で解除できるという制度を「クーリングオフ」といいます。商品などの知識が事業者よりも少ない消費者を保護するために設けられている制度で、保険会社の訪問を受けて契約した保険商品に関しても、原則としてクーリングオフをすることができます。

クーリングオフ期間は、原則としてクーリングオフに関する書面を受け取った日か、申込日のいずれか遅い日から、その日を含めて８日以内とされています。郵送でクーリングオフの意思を示す場合、消印によってクーリングオフ期間内であるかどうかが判断されます。

ただし、クーリングオフ期間をすぎた場合はもちろん、保険期間が１年以

下の契約や医師による診査を終了している契約などについてはクーリングオフできません。このほかにも、各保険会社によってクーリングオフの要件を定めている場合がありますので、注意してください。

クーリングオフの起算日

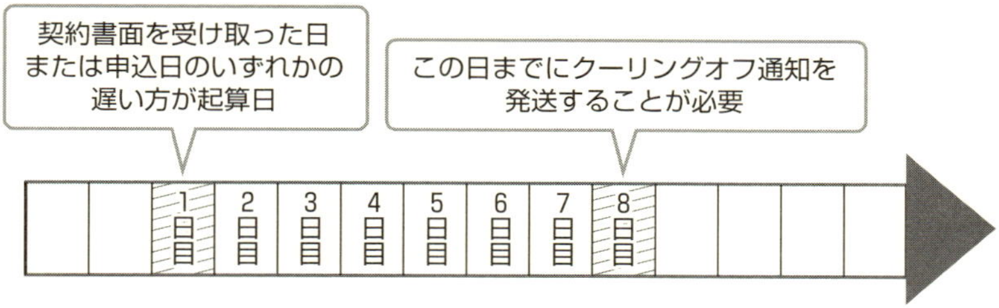

契約書面を受け取った日または申込日のいずれかの遅い方が起算日
この日までにクーリングオフ通知を発送することが必要
1日目
2日目
3日目
4日目
5日目
6日目
7日目
8日目

クーリングオフする書面のサンプル

契約解除通知書

私は貴社と以下のような生命保険への加入契約を結びましたが、保険業法第３０９条の規定に基づき、契約を解除させていただきます。

・契約年月日：平成２３年○月○日
・契約者名：○○○○
（被保険者名：○○○○）
・住所：東京都○○区○○１－２－３
・保険種類：○○○○
・証券番号：○○○○
・領収書番号：○○○○
・担当者：○○○○様

なお、○月○日にお支払いいたしました第１回保険料金○○○○円につきましては、速やかにお返しください。

平成２３年○月○日
東京都○○区○○１－２－３
○○○○

20 解約返戻金や保険金などを請求する際の注意点

すみやかに請求手続ができるように準備しておく

◎保険金を請求する場合の手続き

被保険者が死亡するなど保険事故が発生して、保険金を受け取ることができる状態になったとしても、保険会社がみずから保険金を支払ってくれるわけではありません。被保険者や受取人、指定代理請求人などが保険金の請求をしてくれなければ保険会社も動きようがないのです。保険金をすみやかに受け取るためには、契約者、保険会社、証券の保管場所について、関係者が把握しておくことが重要です。

保険金を受け取れる可能性のある事態が発生した場合、すみやかに請求の手続きを始める必要があります。

まずは保険会社の担当営業マンに連絡するか、コールセンターに電話する、保険会社の窓口に出向くなどして、保険事故が起こったことを知らせます。保険金の請求には、次のような書類が必要になります。保険会社や保険の種類によってその内容は異なりますので、何が必要かを確認してください。

・保険金の請求書（保険会社所定の書式がある）
・保険証券
・被保険者と受取人の戸籍謄本
・受取人の印鑑証明
・死亡保険金の場合は死亡診断書か死体検案書

必要書類を提出し、その内容が確認されればおおむね１週間程度で保険金が支払われます。

◎給付金を請求する場合はどうする

病気やケガで入院するなどして、医療保険や医療特約の給付金を請求する場合、所定の請求書のほかに医師の診断書の提出を求められるのが一般的です。診断書については、保険会社所定の書式で提出することが必要になる場合がありますので、事前に確認し、取り寄せておいてください。

なお、医師に診断書を書いてもらうには、数千円の手数料がかかります。このため、中には病院の領収書だけでもよいとしている保険もあります。特に短期の入院の場合、支払われる保険料のほとんどがその手数料で消えてしまうということもありますので、診断書の作成を依頼する前に、診断書なしで保険金の請求ができるのかどうかを聞いてみてください。

◎養老保険の満期保険金はどうなる

養老保険は、満期までに被保険者が死亡すると死亡保険金が、満期まで生存していると満期保険金が支払われるという保険です。いずれの場合ももちろん請求をしなければ保険金を受け取ることができませんが、満期保険金の場合、満期が近づくと通常、保険会社のほうからお知らせの通知が届きます。その内容に沿って手続をすれば、保険金を受け取ることができます。

配当金を受け取ることもできる

保険によっては、配当金が発生するものがあります。配当金の受け取り方には積立、保険金の増額、保険料の相殺（お互いの債権を対当額の範囲で消滅させること）といった方法がありますが、積立の場合、途中で引き出して使うことも可能です。積立を続けていれば利息がつきますのでその分有利なのですが、全額ではなく一部だけを引き出すということもできますので、必要に応じて検討するとよいでしょう。

保険証券は大切に保管しておくこと

保険金を請求する際、保険証券があると手続がスムーズです。保険証券の紛失が判明すると、まず保険会社に契約内容についての確認をしなければなりません。このため保険金の受け取りまでに時間がかかってしまうのです。

また、被保険者が受取人に保険に加入していることを知らせないまま死亡してしまった場合、保険証券がなければ受取人は保険金の請求をすることができません。保険証券を紛失したからといって保険が失効するということはありませんが、後の手続のことを考えると、保険証券は決まった場所に大切に保管し、その所在を関係者にも伝えておくべきでしょう。

保険金請求の一般的な流れ

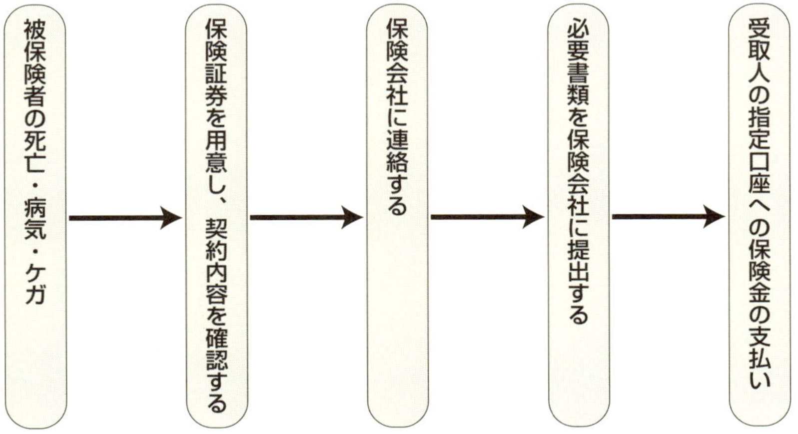
被保険者の死亡・病気・ケガ
保険証券を用意し、契約内容を確認する
保険会社に連絡する
必要書類を保険会社に提出する
受取人の指定口座への保険金の支払い

21 保険金が支払われない場合

契約の時点で確認しておくことが大切である

◎保険金が支払われないケース

次のような場合には、被保険者が死亡しても保険金の支払いが行われません。

・保険契約者や保険金受取人が被保険者を故意に死亡させた場合
・被保険者がみずからの重大な過失や犯罪行為によって死亡した場合
・告知義務違反があった場合

このほか、地震や津波などの天災や戦争などによって一度に多くの人が死亡したような場合には、保険金の減額が行われることがあります。

◎自殺でも保険金は支払われるのか

被保険者が自殺した場合、死亡した時期や精神疾患の発症の時期などによって、保険金が支払われるか否かが変わってきます。自殺の時期についてですが、契約日から３年以内に自殺をすると、死亡保険金は支払われないと規定している約款が多いようです。

また、自殺の場合、うつ病など精神疾患に起因するものも多いため、契約時点で精神疾患にかかっていたかどうかが問題になります。精神疾患にかかっていることを知りながら、保険会社に告知せずに契約していた場合、たとえ契約から３年以上たってから自殺したとしても、告知義務違反として保険金が支払われない可能性があります。

◎保険会社が破たんしたらどうなる

契約している保険会社が破たんしたからといって、保険契約がすべて白紙になってしまうことはありません。全保険会社は生命保険契約者保護機構に加入し、破たんなどの事態に備えているからです。保険会社が破たんした場合でも、保険契約を継続できるよう、いくつかのしくみが用意されていますが、支払われる保険金の額が一部減額されるなど、不利な変更が行われる可能性はあります。

◎保険金請求の時効に注意する

受取人の保険金請求権は永遠に継続するものではありません。法律で**消滅時効**というものが設定されており、一定の期間を超えると権利は消滅してしまうのです。保険金の場合、消滅時効の期間は３年（保険法95条）と定められています。多くの保険会社でも約款で３年間は請求できると定めています。保険事故が発生した場合には、消滅時効にかからないよう、すみやかに手続するようにしてください。

22 不払いになる場合

保険会社の不正、契約者側の落ち度など、複数のケースがある

保険金は請求しないともらえない

保険金の支払いについて、「被保険者が死亡したら、保険会社から黙っていても保険金を支払ってくれる」わけではありません。保険金をもらうためには、契約している側から保険会社に支払いの請求をすることが必要です。

たとえば、被保険者が死亡し、死亡保険金の支払いを請求する場合は、除籍謄本など、死亡を証明する書類と共に支払い請求書を保険会社に送ります。

葬儀などで手続きが遅れ、保険料が引き落とされてしまった場合でも、保険金の請求をすれば、引き落とされた保険料は返ってきます。

告知義務違反について

保険金不払い問題が生じる要因に、被保険者側の落ち度によるケースもあります。最も多いのが、告知義務違反です。契約時の健康状態など、契約の成否に関わる部分でウソを申告すると、当然、保険契約自体が解除され、保険金も支払われません。

保険会社は保障を始める責任開始日から2年以内、かつ保険会社が告知義務違反の事実を知ってから1か月以内に契約解除を行うことになっていますが、責任開始日から2年以上経っていても、告知義務違反が認められた場合は、保険金が支払われないことがあります。

住所や受取人の変更について

結婚した際に保険金の受取人を親から配偶者に変更することも大切です。それを怠ると、仮に自分が死んだ場合、保険金は配偶者でなく、すべて親に行ってしまうからです。保険金は、みなし相続財産と言って、普通の相続のように遺産分割の対象にはなりません。

この他、住所を変えた場合にも住所変更手続きを行います。

保険料の不払いで失効することも

生命保険では、2か月連続で保険料を納めないと、2か月目の末日で保険契約が失効します。保険料の支払いが確認できなかった場合は、保険会社から保険料の入金をお願いするハガキが送られてきます。ハガキの内容に沿って、納付などの対応をしなければなりません。なお、保険契約が失効しても、多くの場合、3年以内に支払うべき保険料を納めれば、契約を復活させることができます。その際には、最初に契約した時のように健康などの告知書を出し直す必要があります。

23 生命保険にかかる税金と控除

生命保険と個人年金保険とで最大10万円の控除がある

保険料によって所得税が軽減される

個人の場合、生命保険料、個人年金保険料、損害保険料はいずれも将来に備えての支出とみなされます。つまり、必要経費となるわけです。したがって、課税対象となる所得から控除されるのが原則です（生命保険料控除、個人年金保険料控除と言われます）。

所得控除の対象となるのは、その年の１月から12月までに支払った保険料です。日本は、４月から翌年３月までを年度といって経済・社会活動の大きな区切りにしますが、税金の場合は、暦年で計算します。保険料は、所得税、住民税ともに控除の対象になります。

控除を受けるには、確かに保険料を支払っているという証明が必要です。この証明になるのが、保険会社から毎年届くハガキです。10～11月頃に届くハガキには、その時点までの払込保険料、年末まで契約を継続した場合の払込保険料が記載されているので、これを基に控除額を計算します。

会社員の場合、年末調整で保険料についての控除の手続きを行います。

控除される額の計算方法

生命保険料と個人年金保険料を支払った場合の所得税の控除額については、次ページの図のとおりです。

生命保険と個人年金保険の両方に加入している人の場合、それぞれについて控除が受けられます。したがって、控除金額は、所得税が最大で生命保険料の５万円、個人年金保険料の５万円の合計10万円となります。ただし、住民税は合計で７万円が控除の限度額となります。

個人年金で控除を受けるための要件

個人年金は、商品によっては、個人年金保険料控除が受けられない場合があります。個人年金保険料控除が受けられない個人年金の場合、控除は一般の生命保険料控除になります。つまり、このような個人年金保険に入っている場合、別に生命保険に入っていても最大で５万円の所得税控除と３万5000円の住民税控除しか受けられなくなるのです。

個人年金保険料控除が受けられる商品は以下の４つの要件をすべて満たす必要があります。

- 年金受取人が契約者またはその配偶者のいずれかである
- 年金受取人が被保険者と同一人物である
- 保険料払込期間が10年以上

・年金の種類が確定年金や有期年金の場合、年金受取開始が60歳以降で、かつ、年金受領期間が10年以上

一時払いや前納の取扱い

保険料を一括して支払う**一時払い**や保険料を生命保険会社に預け、払込期日に保険料を支払う**全期前納**をした場合、翌年以降の保険料もまとめて支払っている点で、両者は同じですが、一時払いの場合、控除を利用できるのは支払った年の１回だけです。

これに対して全期前納の場合は、少しではありますが、毎年、控除が受けられます。全期前納では、保険料を保険会社に預けただけと考えるためです。実際の支払いは、毎年分割して行っているのだとみなすことによって、契約を継続するごとに支払ったとされ、控除の対象になります。

なお、控除の対象となるのは、暦年に支払った保険料の合計と説明しましたが、一時払いや全期前納でどんなに高額な保険料を納めても、１年間の控除額は、所得税については５万円まで、住民税については３万5000円までです。

所得税・住民税を支払った場合の保険料控除

● 所得税の生命保険料・個人年金保険料控除

	年間払込保険料	控除される額
一般の生命保険料・個人年金保険料の金額	25,000円以下の場合	払込保険料全額
	25,000円を超え 50,000円以下の場合	(年間払込保険料×1／2)＋12,500円
	50,000円を超え 100,000円以下の場合	(年間払込保険料×1／4)＋25,000円
	100,000円を超える場合	一律50,000円

● 住民税の生命保険料・個人年金保険料控除

	年間払込保険料	控除される額
一般の生命保険料・個人年金保険料の金額	15,000円以下の場合	払込保険料全額
	15,000円を超え 40,000円以下の場合	(年間払込保険料×1／2)＋7,500円
	40,000円を超え 70,000円以下の場合	(年間払込保険料×1／4)＋17,500円
	70,000円を超える場合	一律35,000円

24 保険金の受取りと税金①

保険の種類や誰が保険料を払ってきたかで税目が変わる

◎保険金を受け取ると課税される

保険料は控除の対象になるのが原則ですが、保険金は課税の対象になるのが原則です。しかも、保険の種類や、誰が保険料を支払っていたかなどの違いによって、税目も変わってきます。所得税になったり、相続税になったりするのです。

さらに、所得税であっても、給与所得、事業所得、雑所得など、所得にはいくつも種類があり、所得の種類ごとに計算のしかたが異なります。税目や所得の種類の違いによって、税金の計算法が変わります。また、保険金から特別控除や非課税枠などを差し引くことができる場合もあるため、すべてが課税対象になるわけではありません。

自分が受け取る保険金にどのような税金がかかるのかをしっかりと確認する必要があります。以下、保険金別にどのような税目になるかについて見ていきましょう。

◎死亡保険金は相続税の対象になる

まず、死亡保険金です。保険料を支払ったのは誰か、被保険者は誰か、保険金を受け取るのは誰かの違いによって、税目が変わります。相続税となるのは、父親が自分で保険料を支払い、家族に保険金が入るような死亡保険に入っていた場合です。最もオーソドックスなパターンと言えるでしょう。このようなオーソドックスなケースでは、父親は死亡した家族に財産を残した、とみなされるからです。したがって、死亡保険金は、一般的に相続税になる場合が多いとも考えられます。

相続税の計算は、次のような手順で行います。

① 各人の相続した価格を算出
② 総額から基礎控除を差引く
③ 相続税の総額を算出
④ 各人の相続税額を算出

各人の相続税額には、2割加算や税額控除の適用があります。税額控除は、相続人が未成年者や障害者などの場合に算出された税額を減額することです。

基礎控除は以下のようになります。

5,000万円＋（法定相続人×1,000万円）

つまり、妻と子供2人の家庭で父親が死亡した場合の基礎控除は8,000万円にもなるのです。つまり、父親の残した財産の総額が8,000万円以下であれば、税金はかかりません。

その上、配偶者が相続する部分が法

定相続分以内か金額で１億6,000万円以内の場合、配偶者には相続税はかからないという配偶者の税額軽減という特例があります。小規模宅地の特例もあります。自宅の敷地は路線価の最大８割減を評価額とするというものです。相続税の課税対象となるのは、実際の路線価の２割程度の金額にまで少なくなります。

生命保険金についても、41ページで述べた通り、「500万円×法定相続人の数」だけの金額が非課税枠として認められています。

なお、相続税の基礎控除についても、生命保険金の非課税金額についての改正と同様、平成24年度以降の税制改正として改正が予定されています。改正されると、3,000万円＋600万円×法定相続人の数に変更される予定です。このため、これまで相続税がかからなかったケースでも改正後は相続税がかかるケースが増えると思われます。

みなし相続財産にあたる

生命保険金は、よく「みなし相続財産」と呼ばれます。「みなし」ということは、本来であれば相続財産ではないが、ある場合においては相続財産になるということです。

実は、生命保険金は民法上、遺産ではなく、死亡によって契約上、受取人に指定された者が受け取る「固有の財産」とされています。相続財産ではないのです。

しかし、税法上は違います。生命保険金も故人の貯金も、相続人にとっては、故人の残してくれたお金に変わりありません。貯金には課税をして、保険金には課税しないというのでは、不公平です。そこで、税法上は、生命保険金を相続財産とみなすのです。

保険料を受取人が払っていた場合

今までは、死亡した人が自分で保険料を払ってきた場合に関する税法上の位置付けを見てきました。一方、受取人が保険料を払ってきた場合、たとえば、契約者、つまり、保険料を払っている人が妻で、被保険者が夫、保険金の受取人が妻というようなケースでは、妻の受け取る保険金は一時所得となり、所得税が課せられます。誰が考えても、相続したお金とは言えないので、妻の所得とするわけです。

したがって、課税方法も所得税の方式になります。まず、控除できるのは、必要経費です。保険金の場合は支払った保険料がこれにあたります。さらに、総合課税の原則が適用されることによる課税軽減の恩恵が受けられます。総合課税とは、他の所得と合算して課税金額を計算する方式で、一時所得の場合、50万円を控除した金額に２分の１を乗じた金を他の所得と合算することになります。

25 保険金の受取りと税金②

非課税となるものもある

非課税とされるものもある

保険金でも、例外的に非課税のものがあります。生命保険の医療特約や傷害保険の給付金、高度障害やリビングニーズ特約をつけた場合の保険金がそれにあたります。給付金が非課税なのは、お金が必要になった人から税金を徴収するのは正義に反するという考え方からです。また、高度障害やリビングニーズ特約による死亡保険金の繰り上げ支払いが非課税なのは、障害者にとっての将来のためのお金の必要性や、余命わずかな人にとってのお金のニーズを考えた場合、課税は適当でないからです。

給付金のもらい過ぎに注意する

医療特約や傷害保険の給付金には注意が必要です。あまり多くの給付金を受けると医療費控除が受けられなくなる可能性があるからです。

医療費控除とは、年間に多額の医療費を支払った場合、原則として医療費の総額から10万円を引いた金額を所得から控除できる制度です。ただし、通院給付金や入院給付金の支給を受けていると、支払った医療費からこれら給付金を差し引いた金額を医療費として申告しなければなりません。そのため、受給した給付金が多額になると、医療費の総額から給付金を差し引いた金額が10万円を下回り、医療費控除を受けられなくなる場合があるのです。

医療費控除の控除額は以下のように計算しますので、保険金や給付金のもらい過ぎには気をつけましょう。

> **医療費控除額（最高200万円）＝（その年中に支払った医療費の総額－保険金などで補てんされる金額）－10万円（総所得金額等の合計額が200万円未満の場合はその５％相当額）**

養老保険の満期保険金は一時所得となる

養老保険は、満期保険金といって死亡していなくても満期になると保険金が支払われます。これは、自分の支払ったお金が返ってきたのですから、一時所得となります。ただし、一時払いや、保険加入から５年で満期になる養老保険、保険加入から５年以内に解約して解約返戻金を受け取った場合は、20%の源泉分離課税となります。この場合、受け取った保険金や解約返戻金は預貯金の利子と同じ金融類似商品とみなされてしまうのです。

26 個人年金保険にかかる税金と控除

保険料を支払う人と年金を受け取る人の違いで税目が変わる

雑所得として扱われる

個人年金保険で受け取った年金は、所得の区分上は雑所得として扱われ、所得税がかかります。課税方法は総合課税ですので、他の所得と合算して税額を計算しますが、必要経費となる保険料が控除されますので、所得そのものはさほど大きくはなりません。

年金保険は、何年にもわたって一定額が支払われますので、毎年、その年１年分の所得を申告することになります。計算方法は年金保険の商品タイプによって違いがありますが、保険会社が毎年、書類で通知してくれますので、自分で計算する必要はありません。

贈与税が課されるケースもある

保険料を支払う人と年金の受取人が違う場合があります。夫が保険料を支払い、妻が年金を受け取ると言うようなケースです。このような年金には所得税の他に贈与税もかかります。妻が雑所得を得る上、この所得が夫からの贈与ともみなされるからです。

贈与税の計算につき、年金を受け取るたびに年金に贈与税を課すとなると手間がかかります。そこで、贈与税については、受給開始時に１回だけ、年金受給権の評価額に対して贈与税を課税することになっています。年金受給権の評価額は、解約返戻金の金額、年金に代えて一時金の給付が受けられる場合は一時金の金額、給付を受けるべき金額の１年当たりの平均額をもとに一定の方法で計算した金額から計算します。

個人年金にかかる所得税の計算方法

個人年金の受取額 － 必要経費 ＝ 雑所得として扱われる金額

必要経費 ＝ 年金受取額 × 支払保険料総額 / 年金総支給額または見込額

27 自営業者や小規模企業のための保険

公的制度を活用して将来に備える

◎個人開業の不安

個人で事業を立ち上げることのデメリットは守ってくれる存在が自分しかいないという点です。個人事業主は会社員とは異なり退職金や企業年金を受け取ることができるわけではないため、将来のために自分で何らかの備えをしておくことが必要です。貯蓄や投資などで個人的な資産を増やしておくのも一つの方法ですが、自営業者やフリーランスなど個人事業主を対象とした小規模企業共済制度や国民年金基金などの公的制度を活用するのがよいでしょう。

◎小規模企業共済とは

小規模企業共済制度は、小規模企業の個人事業主や会社の役員などに退職金にかわる金銭を支給する制度です。

個人事業主や会社の役員が月々掛金をかけることによって、廃業時や退職時に掛金額と掛けた期間に応じた共済金を受け取ることができます。

かつては個人事業主本人しか小規模企業共済制度へ加入することができませんでしたが、制度の改正により、一事業主につき2名まで共同経営者も小規模企業共済制度に加入することができるようになりました。

◎どんなメリットがあるのか

小規模企業共済は、独立行政法人の中小企業基盤整備機構が運営している制度です。運営は国からの交付金によって行われており、経営は安定していると言えるでしょう。月々の掛金は1000円から7万円の範囲内で500円単位で選ぶことができますので、自分の収入に応じてムリなく支払うことができます。また、掛金については確定申告の際に「小規模企業共済等掛金控除」として所得からの控除を受けることができます。

この他、一定の条件を満たす場合は納付した掛金合計の範囲内で貸付を受けることができるといったメリットもあります。

◎加入するためには

この共済制度に加入できるのは、常時使用する従業員が20人以下（商業・サービス業では5人以下）の個人事業主や役員などです。

加入を希望する際には、金融機関などで加入申込書を入手して必要事項を記載し、申込金と提出書類を添えて金融機関か委託団体に提出します。中小機構の審査の結果、加入が認められれば共済手帳などが送付されます。

国民年金基金とは

国民年金基金は、国民年金（老齢基礎年金）に上乗せして年金を受け取れるように積立をする制度です。自営業者やフリーランスなど、厚生年金に加入できない人が、月々掛金をかけることによって、厚生年金にかわる年金を終身もしくは契約によって保証された期間中、受け取ることができます。

国民年金基金の掛金は、加入時の年齢と加入する口数、給付の型などによって決まります。支払った掛金は全額「社会保険料控除」として税控除を受けることができます。一般の個人年金の場合、満額で5万円までの控除しか受けられませんから、その点有利と言えるでしょう。

この他、万が一加入者が早期に亡くなった場合、家族が遺族一時金を受け取れるという制度が設けられています。

加入するためには

国民年金基金の加入対象者は、20歳以上60歳未満の国民年金の第1号被保険者です。第1号被保険者とは、自営業者・農業者とその家族、学生、無職の人のことをいいます。

加入を希望する際には、加入を希望する国民年金基金へ「国民年金基金加入申出書」を送付します。詳細については国民年金基金に問い合わせをしてみましょう。

国民年金基金と小規模企業共済の比較

	国民年金基金	小規模企業共済
内容	国民年金第1号被保険者の上乗せとしての制度	小規模事業主が廃業または役員の退職時に共済金が支払われる制度
加入者	20歳以上60歳未満の国民年金の第1号被保険者	常時使用する従業員が20人以下の個人事業主および会社の役員　など
掛金の拠出限度額	確定拠出年金とあわせて月額6万8000円	月額7万円
給付の時期	60歳または65歳	事業主の廃業時または役員の退職時
利回り（予定利率）	1.75%	1%
中途脱退・解約の可否	できない	中途解約は可能 払戻金は掛金月数による
税制上の措置	全額が社会保険料控除	全額が小規模企業共済等掛金控除

28 法人の保険加入

事業リスクへの備え、節税対策などいろいろなメリットがある

メリットはどこにあるのか

法人、つまり会社が保険に入るということに、少しおかしな感覚を覚える人がいるかもしれません。法人は法律上の人ですから、火災保険や地震保険などの損害保険に加入することは理解できても、死亡保険など生命保険に入る意味がない、あるいは、入れないと思う人もいるかもしれません。しかし、会社が契約者になって保険金を支払えば、生命保険でも会社が加入することはできます。メリットもあります。会社が損害保険、生命保険に加入するメリットは以下の4つが挙げられます。

① 事業リスクに備える

震災によるオフィスや工場の損壊、休業による損失、販売した商品の不具合に対する賠償、取引先の倒産による売掛金の回収不能など、会社が事業を行う上では、様々なリスクがあります。不幸にしてそのリスクが現実のものとなってしまった際に保険に入っておけば、保険金で損害・損失に対応できます。会社が損害保険に加入するメリットです。火災保険、利益保険、賠償保険、信用保険など、リスクの種類に応じて損害保険の種類も違います。

② 社長の死亡に備える

中小企業の場合は、会社が社長に生命保険をかける場合がよくあります。会社が契約者となり、保険金も支払い、社長が死亡した場合、会社が保険金を受け取るのです。

中小企業では、社長のおかげで会社が成り立っていることが少なくありません。会社の生命線である社長が亡くなると、会社そのものが倒産の危機に見舞われる場合が少なくないのです。仮にそうなってしまった場合、社長の保険金が入れば、少しは会社の運営の助けになります。社長が死亡した際に遺族に支払われる死亡退職金の原資としても活用できます。

③ 従業員への福利厚生として

生命保険で会社が契約者となり、保険金を支払いますが、受取人は会社の従業員や家族であるというケースもあります。これは、福利厚生の一部として活用されています。

④ 節税対策として

加入する保険の種類によっては、保険料を法人税から控除することが可能です。個人でも生命保険料や火災保険料の控除があるのと同様、会社にもこれらの控除は認められています。ただし、会社の場合、保険料が損金扱いになるような保険でないと控除が認められません。

29 節税に使われる保険商品

税法の改正でますます損金の扱いが難しくなっている

定期保険と節税

定期保険は、期間の前半ならば解約返戻金がある程度、期待できるという特性があります。この特性があるため、節税策に使われています。実際、保険会社の中には、中小企業のオーナー向けの節税商品をそろえ、税理士と契約を結んで営業員代わりになってもらって販売するというビジネスモデルを事業の中核にしているところもあります。

しかし、税法が改正され、節税のための保険料に対する控除が認められにくくなり、定期保険はかつてほど節税対策としては機能しなくなりました。

長期傷害保険と節税

定期保険以外にも、節税策としてよく利用されている保険商品があります。長期傷害保険です。これは、保険期間が長期に設定された、ケガに対する損害保険のうち、保険期間が長期に設定されているものを言います。満期保険金があるわけでなく、ケガをしなければ保険料は返ってきません。また、長期平準定期保険と同様、保険期間が長いために損保会社にとっては保険料の取り過ぎが発生します。これが解約返戻金になります。

ただ、長期傷害保険も、現在では、105歳までの期間のうち、70%の間は保険料の4分の3を資産計上しなければならなくなり、損金として認められるのは、4分の1になってしまったため、節税対策として利用しにくくなりました。

ガン保険は全額損金処理できる

保険による節税がどんどん難しくなっているのは確かですが、全額を損金扱いできる商品も残っています。それはガン保険です。ガン保険で、全額を損金扱いするためには、「保障期間と保険料払込期間が同じ」である必要があります。仮に「保障期間が終身で、保険料払込期間が一定期間」である場合は、105歳までの期間に対して按分した金額のみ損金算入し、残額を資産計上するため、全額を損金に算入することはできません。

養老保険と節税

養老保険は原則として損金扱いできません。しかし、満期保険金の受取人は法人だが、死亡保険金の受取人は遺族という形にすること（従業員の福利厚生費用として計上する方法）によって、保険料の半分を福利厚生費に計上することができます。

30 保険と法人税の関係

損金扱いになる商品かならない商品かを見極める

◎法人税対策にもなる

加入する保険商品によっては、保険料を法人税から控除することができます。法人税を控除できる損益計算上の項目は大雑把に言うと費用です。保険料を費用扱いできれば、控除が可能ということになります。

ここで、問題になるのは、どんな保険商品でも保険料が費用扱いされるわけではないということです。費用として認められるためには支払った保険料が確実には返ってこないことが原則になります。

養老保険は満期保険金が将来支払われます。仮に中途解約しても、払い込み済みの保険料に近い解約返戻金を受け取ることができます。これは、保険料が将来、確実に戻って来るということです。

終身保険の場合も、解約返戻金がありますので、同じです。

養老保険や終身保険のような満期保険金や解約払戻金があるような保険商品は、会計上は資産とみなされてしまいます。貯金と同じ扱いになってしまうのです。

◎養老保険・終身保険と節税

支払った保険料が確実には返ってこないものの代表側が、掛け捨ての死亡保険である定期保険です。掛け捨てですから、契約期間の間に被保険者の死亡といった保険金が支払われる事態が起こらなければ、保険料は返ってきません。したがって、このような保険商品では、保険料は費用扱いできるわけです。

反対に、保険商品の中には、時間の経過とともに将来、確実にお金が返ってくることが原則というものもあります。養老保険や終身保険がそれにあたります。

◎節税のためにならないこともある

実は、定期保険だからといって、まったく解約返戻金がないわけではありません。保険期間が複数年にわたるなど、一定の期間以上である定期保険の場合、期間の前半に解約すると、解約返戻金があるのです。また、逓増定期保険と長期平準定期保険と言われている商品は、中途解約すると高い解約返戻金を受け取ることができ、節税対策として利用できるといわれています。ただし、節税だけを目的に多数の保険に入っても損をすることも多いので気をつけなければなりません。

31 団体保険

企業など団体が加入する保険

どんなしくみなのか

企業で働く従業員が死亡したり、高度障害を負うなどした場合、企業から弔慰金や見舞金といったものが支給されることがあります。企業が社員の福利厚生を目的として単独で支給する場合、団体保険に加入するという方法があります。団体保険は、企業などの団体に所属する人を一括して加入させる保険で、契約者は企業です。所属員が死亡するなどした場合に、企業もしくは所属員（遺族）に対して保険金が支払われます。保険料については、企業が全額負担する場合と、企業と所属員双方で負担する場合があります。

問題点もあり改善されている

所属員の福利厚生を目的として契約する団体保険ですが、以前、所属員の同意を得ずに保険に加入した上、支給された保険金を所属員や遺族に支払わず、会社の財産とするという事態が発生したことがありました。確かに従業員が急に死亡すると、企業側にも損失が発生することは否めません。しかし保険の本来の目的に反しますし、人の生命を扱う事案であるにもかかわらず、本人の同意を得ないのは倫理に反するという問題点も指摘され、現在では①所属員の同意を加入の必須条件とする、②「保険金を遺族が受け取る」という部分を主契約とし、企業が受け取る部分は特約として扱う、というように改善されています。

団体保険の種類

団体保険は、保障内容によって、団体定期保険、総合福祉団体定期保険、団体就業不能保障保険、団体信用生命保険（33ページ）など、さまざまな種類があります。団体定期保険、総合福祉団体定期保険の特長は以下の通りです。

・団体定期保険（任意型）

保険期間中に死亡したときに死亡保険金が支払われます。従業員全体を一括して管理できるので、保険会社の手間が省ける分、通常の定期保険よりも保険料が安くすむことが多いようです。

・総合福祉団体定期保険

従業員と役員の死亡または所定の高度障害に対して保険金が支払われる1年更新の定期保険です。原則として従業員全員が加入し、保険料は企業が負担します。前述したかつての団体保険の問題点をふまえ、遺族保障に充てられる部分が主契約として独立して設定されています。

32 年金払い形式の生命保険に対する二重課税問題

還付の手続きにより取り戻すことができる

二重課税問題とは

たとえば、夫の死亡により、妻が10年間に渡って200万円ずつ支払われるという年金型の生命保険を受け取るケースです。従来は、このようなケースでは、①当初の保険金額が相続税の対象となり、②受取年金額が所得税（雑所得）の対象として、所得税と相続税がともに課税されていました。

しかし、裁判で、年金として分割で受け取るタイプの生命保険金について、相続税と所得税が課せられることが「二重課税」にあたるのではないか、と争われていました（この二重課税は所得税法で禁止されています）。

訴訟において、国側は、相続税の課税対象は年金を受け取る権利なので、現金で分割払いされる年金に所得税を課しても問題ない、と主張していました。

ところが、平成22年の7月に、最高裁によって、従来国が行ってきた所得税と相続税の課税対象とする手法は、二重課税であると判断され、所得税の課税処分を取り消す判決が下されました。

最高裁は、国が主張した年金を受け取る権利と、実際に分割払いされる年金は、経済的に同じものであるから、相続税の対象であるところにさらに所得税を課すことは許されないことを示しました。

国の対応

この判決を受けて、国は、年金払い方式の保険商品に対する相続税と所得税の二重課税について、徴収しすぎた所得税を還付する範囲を過去10年分とする方針を発表しています。

判決では、年金払い形式の生命保険に対する二重課税が問題となったので、還付の対象も、生命保険会社、旧簡易保険、損害保険会社、共済などで取り扱われている年金払い方式の保険商品となります。

前述のケースでも、当初相続税の対象となる保険金に対して相続税を納めていて、さらに年金形式で受け取る保険金について所得税を課せられていた場合には二重課税となります。

なお、自営業者のように所得税の確定申告をする者については、更正という手続きを利用することもできますので、多く納めてしまった所得税の部分については、更正の請求をするとよいでしょう。

第3章

医療保険と医療特約のしくみと活用法

1 医療の必要保障額

必ずしも高額の医療費がかかるとはいえない

◎いくらかかるのかを考える

大きなケガや病気になったとき、「いつ治るのか」「元の生活に戻れるのか」といった身体的なことと同じくらい心配になるのが、お金のことです。治療費や入院費といった直接的な費用はもちろん、入院中でも家賃や税金、社会保険料などの生活費は発生しますし、特に子供や高齢者など自分で働くことのできない扶養家族を抱えている場合、その心配は大きなものになるでしょう。

日本の場合、医療に対する公的な制度として**健康保険**があります。国民健康保険をはじめとする健康保険に加入していれば、患者の自己負担額は原則として３割ですみますから、その時点で大半の医療費についてはかなり軽減されることになります。

さらに、健康保険には「高額療養費」（140ページ）という制度が準備されています。**高額療養費**とは、医療費が大きな手術や長期入院などで高額になった場合に、その負担を軽減するために設けられた制度で、１か月に負担する医療費の額に上限を定めるというものです。その額は所得にもよりますが、一般的には８～９万円程度となっています。

◎会社員には傷病手当金もある

生活費の不安についても、会社員であれば健康保険制度を利用することによって、ある程度解消することができます。

傷病手当金は、病気やケガなどで働けなくなった場合に一定期間、健康保険から支給される手当で、その額は１日につき標準報酬日額（標準報酬月額を30で割った額）の３分の２とされています。たとえば標準報酬月額が18万円の人の場合、標準報酬日額は6000円、傷病手当金は約4000円ということになります。支給期間は、支給開始日を起算日として最長１年６か月間です。

このように考えると、医療保険に加入して、わざわざ高額の保険料を支払わなくても、月々貯蓄をしておけば、たいていの場合は事足りるということになります。ただ、ガンなどの難しい病気にかかって健康保険が適用されない先進医療を受けたいという場合などには、かなり高額の医療費負担が予想されます。また、家族の生活費や患者の世話にかかる費用なども考えなければならないのは事実ですから、十分に内容を検討して保険を選ぶようにすべきでしょう。

2 医療特約①

主契約に付加する契約のこと

保障内容は組み合わせしだい

生命保険は、その基礎となる主契約と、主契約に含まれない保険内容をサポートする特約という保障の組み合わせでつくられています。

それぞれの特徴を把握し、主契約と特約をうまく組み合わせることで、保障の範囲が広がるといえます。

特約とは、生命保険の基礎となる**主契約**を補完する契約のことをいいます。特約の種類は大きく分けると、次の3つになります。

・死亡保障を上乗せする特約
・不慮の事故死や、後遺障害に備えた特約
・医療保障が備えられる特約

特約の種類はたくさんあり、その様式は多種多様です。一つの保険に対して、主契約は一つと決まっていますが、特約には数の制限がありません。

しかし、主契約の内容によっては、付加できる特約の条件や、付加の制限がある場合があります。特約を付加する時は、必要な保障額が得られるのかどうか、注意しましょう。また、優先順位を決め、必要な特約を契約するようにするとよいでしょう。

主契約と特約はどう違うのか

主契約がそれだけで契約できるのに対し、特約はそれのみで加入することはできず、必ず主契約に付随した形で契約しなければなりません。

特約の契約期間は、主契約の契約期間を超えることはできません。特約は主契約に付加するものなので、その保険期間は主契約と同じで、主契約が終了すれば特約も消滅します。

また、特約は主契約に比べると低額です。ただ、主契約にせず、特約で問題ないかについて保障内容・対象などをよく検討する必要があるでしょう。

主契約と特約

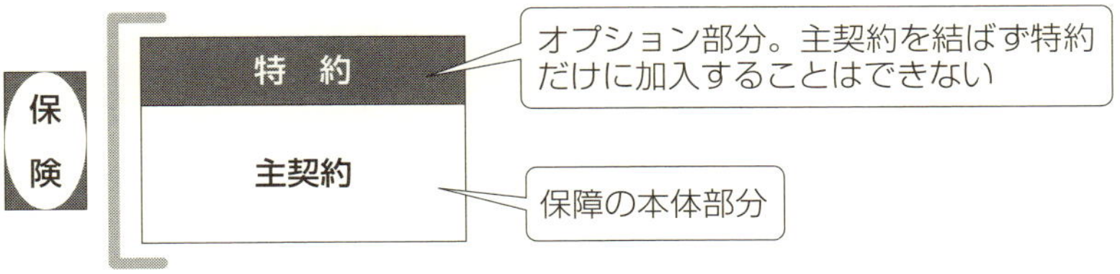
保険
特約
主契約
オプション部分。主契約を結ばず特約だけに加入することはできない
保障の本体部分

3 医療特約②

うまく組み合わせることで、保障の範囲が広がる

特約の種類について

医療保障に関する特約としては、次のようなものがあります。

① **三大疾病特約**

ガン、急性心筋梗塞、脳卒中という日本人の死因トップ3の疾病にかかったときに保険金が支給される特約です。一括で給付金が支払われるものが多くなっています。この三大疾病に糖尿病なども含めて保障する「生活習慣病特約」などもあります。

② **女性特有疾病特約**

子宮ガン、乳ガンなど女性特有の病気にかかったときに保険金が支給される特約です。通院日額が上乗せされるタイプのものや、一時金が支給されるタイプのものがあります。

③ **死亡特約**

死亡した場合に保険金が支給される特約です。金額は数十万円から数百万円と、生命保険よりかなり少なめに設定されているものが多いようです。

④ **通院特約**

退院した後、その病気の治療のために通院をした場合に保険金が支給される特約です。1回の通院につきいくらという形で給付金が支給されるタイプのほか、退院時に一括して給付金が支給される退院特約タイプもあります。

リビングニーズ特約とは

被保険者の余命が6か月以内と診断された場合、請求を行えば、死亡保険金の一部または全額が前払いされる**リビング・ニーズ特約**といいます。リビング・ニーズ特約は保険料が必要なく、保険金は非課税となります。

不慮の事故に備える特約

不慮の事故にあったときに保険金をもらえる特約「災害割増特約」と「傷害特約」は、いずれも不慮の事故に見舞われた際に、基本の保障に上乗せして保険金を受け取れる特約です。

災害割増特約とは、不慮の事故または法定・指定伝染病で死亡もしくは高度障害状態になった時に災害保険金がもらえます。**傷害特約**とは、不慮の事故または法定・指定伝染病で死亡もしくは高度障害状態になった時に災害保険金がもらえます。

これらの特約は不慮の事故などで死亡または高度障害状態になったときに、基本の死亡保障に「災害保険金」が上乗せされる点では同じですが、「障害保険金」が支給されるのは傷害特約だけで、災害割増特約には軽い障害に対する保障はありません。

災害関係の特約は契約によっては、

「地震、噴火又は津波」の場合には減額支給または給付されない可能性がありますが、平成23年３月に発生した東北地方太平洋沖地震（東日本大震災）の被災については、特例として、免責条項を適用しないことを決めています。

傷害特約は、身体に残った障害の程度に応じて「障害保険金」がもらえ、しかも毎月の保険料が安いのが特徴です。

しかし、保険料が安いため、加入していることを忘れてしまう人も多いようです。そのため、身体に障害が残ったのに請求しないケースが後を絶ちません。自分や家族が加入している保険に傷害特約がある場合は忘れずに請求するようにしましょう。

また、災害入院特約がついていれば、災害によって入院したときに入院給付金がもらえますので、こちらの特約も検討してみてもよいでしょう。

生命保険契約のおもな特約

収入保障特約	保険金が年金形式（分割払い）で支払われる遺族の生活を保障する目的の特約
特定疾病（三大疾病）保障特約	ガン、急性心筋梗塞、脳卒中により一定の状態になった時に高額の保険金を受け取れる特約
災害割増特約	不慮の事故または所定の感染症で死亡したとき、主契約の死亡保険金に上乗せして災害死亡保険金を受け取ることができる特約
疾病入院特約	病気で入院したときに、入院給付金を受け取れる特約
長期入院特約	病気や不慮の事故で長期の入院をしたとき、所定の入院給付金を受け取れる特約
女性疾病入院特約	女性特有の病気（子宮の病気、甲状腺の障害など）で入院したときに、入院給付金を受け取れる特約
リビング・ニーズ特約	余命６か月以内と判断された場合に、死亡保険金の一部または全部を生前に受け取れる特約

4 医療保険

入院や手術時の出費に備える保険

生命保険にも損害保険にも属さない

日本における保険商品は長年、人の生存または死亡について一定の保険給付を行う生命保険と、一定の偶然の事故によって生ずることのある損害を補てんする損害保険の大きく2つの分野に分けられていました。しかし、1970年代になってこのいずれにも属さない医療保険や介護保険などの**第三分野保険**などと呼ばれる保険が販売されるようになりました。

医療保険と医療保障は違う

現在、第三分野保険は、保険法上では人の傷害疾病に基づき一定の保険給付を行う「傷害疾病定額保険」と呼ばれています（2条）。病気やケガで治療を受けた場合に「入院1日につき5000円」「手術1回につき10万円」などという給付を受けることができる医療保険は、これに該当します。

通常、「医療保険」という保険に加入する場合、それ単独で契約することになるわけですが、「入っているのは生命保険だけど、医療保険と同じような保障を受けられるようになっているよ」という人も多いでしょう。これは生命保険に医療保障の特約をつけているケースです。保障内容は似ていますが、医療保険と医療保障特約は、次のような点で異なります。

・医療保険はそれ独自の契約であり、保障期間などもそれぞれ確認して決めることができるが、医療保障特約の場合、主契約はあくまで生命保険なので、生命保険料の払込期間が終わると、たとえ生命保険の保障が終身であっても医療保障特約は継続されず、保障が受けられなくなる場合がある

・医療保険の保障内容はメニューが豊富だが、医療保障はオプションなので保障内容が限定的である

・医療保険に比べ、医療保障は保険料が割安である

給付のメインは「入院」と「手術」

医療保険の給付には、大きく分けて「入院」と「手術」の2つがあります。

① 入院給付金

入院した場合に、入院1日につきいくらという形で給付金を受け取ることができます。5000円～1万5000円程度の給付金を設定しているものが多いようです。医療保険の場合、入院1日目から受け取れる契約のものが多いようですが、中には入院5日目からなどの商品もあります。

給付期間は60日、120日、180日などといったものが一般的のようです。

② 手術給付金

手術を受けた場合に、1回○○円という形で給付金を受け取ることができます。金額は「入院給付金の○倍」という形で給付率が決められているものや、手術の種類によって決まるもの、「1回○万円」と固定されているものなどさまざまです。同じ病気で二度手術をしても毎回支給されるものと、一度しか支給されないものがあります。

終身保障のほうが保険料は安くなる

保険には、一生涯保障が続く「終身」と、10年、20年など一定の期間保障する「定期」という種類があります。

加入時の年齢と保障金額が同じである場合、定期のほうが保険料は安くすみます。ただ、定期の保障期間が切れて、再度保険に入り直したり、その保険を更新するという場合、その年齢から新たに保険に加入することになるので、保険料は急に高くなります。また、高齢になってくると加入できる保険の種類も限られてきますので、注意が必要です。一方、終身の場合、加入時の保険料は高くなりますが、その額が最後まで一定で続きます。このため、若いうちに契約した場合、保険料を払い終えた時点の最終的な合計金額を見ると、定期よりも終身のほうが保険料が安くなる、という計算になります。

ガンなどの先進医療の保障について

公的健康保険は病気やケガで治療を受ける際の強い味方となりますが、残念ながらすべての医療に対して有効というわけではありません。特別な医療機器を使用したり、国内で承認されていない薬を使うような治療を受ける場合、健康保険の適用を受けることができず、医療費が全額自己負担となることがあるのです。医療保険の加入を検討する際には、これらのポイントを考慮に入れて選ぶ必要があるでしょう。

医療保険契約と医療保障特約

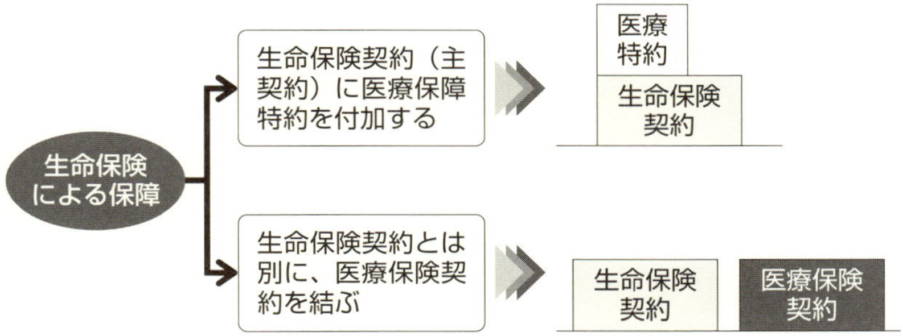

5 医療保険のルール

注意が必要な３つの要件

保険金が払われない場合を知る

医療保険においても、保険金が支払われるための要件と支払われない場合の要件があります。これらは、生命保険と同じく約款に書いてありますが、ここでは、最低限の要件について説明します。

① 入院給付金の免責

免責とは、「何日か以上、入院しないと、入院給付金の支払対象になりません」という要件です。「免責４日」という要件の場合は、「５日以上入院した場合に、５日目から入院給付金を支払う」という意味です。この場合、入院しても４日以内ならば、給付金は１円も出ません。

② 入院給付金の支払限度日数

これは、入院給付金の支払い対象となる日数の上限を定めた要件です。１回入院当たりの日数の限度と、通算した入院日数の限度の２つがあります。

注意が必要なのは、この２つの日数の計算方法です。同じ病気での入院ならば、たとえ、複数回に分けて入院しても、１回入院とみなされます。たとえば、免責がなく、１回入院当たりの限度日数が60日、通算した入院日数が730日の医療保険の場合、最初に30日間入院し、１か月間自宅療養した後に、同じ病気でさらに40日間入院した場合、入院給付金は70日分が支払われると思うのが普通の考えです。

しかし、実際は、60日分しか払われません。これは、約款に同じ病気で入退院を繰り返した場合、退院から180日以内の入院は１入院とみなすとされているからです。

この場合、１か月後に入院しているのですから、２回の入院は１回入院とみなされることになり、入院の合計日数がいくら70日でも、１回入院の限度額である60日分しか支払われないのです。

③ 手術給付金

手術の種類に応じて入院給付金の日額の10～40倍が支払われます。

注意が必要なのは、給付対象となる手術の種類が決まっていることです。対象外の手術では給付されません。

一方、多くの医療保険で、入院をしない手術でも支給対象となる手術であれば、給付金が出ることになっています。請求を忘れないようにしましょう。

6 ムダのない医療保険選び

4つのポイントを抑えて決める

どんな点に注意すればよいのか

医療保険は、たくさんの商品が出ています。どれが一番、自分に最も適した保険なのか、迷ってしまうかもしれません。ただ、実際は、以下の4つのポイントをよく検討すれば、それほど選択に悩むことはありません。

① 1日の入院でもらえる金額

5,000円か1万円かどちらかになります。給与所得者の場合は、入院中も収入が保障されますので、5,000円で十分でしょう。自営業やパートなど、入院中の収入保障がない人の場合は1万円を選択するのがよいと思われます。

② 1入院の日数

商品によって違いますが、多くは、60日か120日のどちらかです。ひとつの目安ではありますが、ガン以外の入院は60日型で十分対処できると思われます。ガンでの入院も検討する人は120日がよいかもしれません。また、ガンが気になる人には、入院日数が無制限のガン保険もあります。こちらに加入することもひとつの考えかもしれません。

③ 手術給付金

入院給付金があれば、手術給付金まで必要ない、という人もいるかもしれません。しかし、短期の入院でも、手術が必要になることがあります。この場合、思ったより医療費が多くかかるものです。保険は、もしものときを考えて加入するものなのですから、手術給付金つきの保険に加入すべきでしょう。

④ 「終身タイプ」か「更新型」か

契約期間で終身タイプを取るか、更新型をとるかは意見が分かれます。一般的には、一度、契約すれば終身まで保険料の変わらない終身タイプを選択するほうがよいとされていますが、そうとばかりは言い切れません。たとえば、30年後、40年後に医療費が高騰して、入院日額5,000円ではとても保障にならないということが起こらないとも限りません。

また、更新型は確かに更新するごとに保険料は上がりますが、保険料の金額は、終身タイプよりもずっと安いということも言えます。

場合によっては、年齢を重ねて十分な貯蓄ができたら、医療保険は止めてしまうという選択もあります。

自分のライフプランをよく考えながら、決めるようにしましょう。

7 ガン保険①

再発の危険や長期治療などガンの特性を考慮した給付をする保険

◎ガン保険のしくみを理解する

ガンは一部の人がかかる珍しい病気ではありません。既に30年にわたって日本人の死因の第1位となっており、だれでもかかる可能性がある病気です。

医学の進歩により、初期に発見されれば完治が期待できることも多くなりました。しかし、死に近い病気であるという認識は根強く、治療に長い時間を要することから、もしガンにかかったら経済的にどうなるのかという不安は大きいのも事実です。

このため、医療保険の一種である**ガン保険**という商品が注目されています。この保険はガンという病気の特性を考慮したもので、ガンという診断を受けただけで保険金が支払われるものや、長期の治療になることをみこして入院給付金の支給期間を一般の医療保険より長くしているもの、収入の減少を補てんするものなどさまざまな種類があります。

◎健康保険との関係はどうなっているのか

ガンの治療方法は世界各国で研究されており、次々に新しい薬や医療機器、手術法などが開発されています。ガンにかかってしまったら、できるだけ効果の高い方法を使って治したいところですが、このような先進医療を受ける場合、どうしても費用が高額になります。

「健康保険を使えば、たとえ高額の治療でも自己負担は3割で済みますし、高額療養費制度の適用も受けられるはず」と思うかもしれませんが、全国健康保険協会や健康保険組合が運営する公的健康保険制度は万能ではありません。先進医療の中には健康保険がきかないものも多いのです。健康保険適用外の治療を受けるとなると、経済的な負担はかなり大きくなってしまいます。

◎全額自己負担になってしまう場合とは

健康保険を適用する治療を**保険診療**、適用しない治療を**自由診療**といいます。健康保険の対象とならない先進医療は、自由診療で費用を負担するしかないということになります。

通常、ガン治療をする場合には、先進医療による治療だけではなく、一般的な治療も受けることになるわけですが、先進医療については自由診療とし、ほかの治療については保険診療として治療費を支払うことになるのかというと、実は一概にそうとは言えません。このように、自由診療と保険診療の両方を適用することを**混合診療**というのですが、現在の原則では混合診療は認められていないのです。つまり、健康保険の適用されない先進医療を受けようと思うと、他の一般的な治療も健康保険を適用せずに自由診療として費用を負担しなければならないということです。

例外として、厚生労働省が定める「選定療養」と「評価療養」に該当する治療の場合、通常の治療と共通する部分について健康保険から給付を受けられる**保険外併用療養費**という制度が設けられています。先進医療の一部も選定療養に含まれていますので、その範囲内であればある程度負担が軽減されます。しかし、選定療養と評価療養の範囲外の治療を受ける場合は、すべての治療を全額自己負担することになりますので、月に数百万円という治療費も覚悟しなければなりません。

自己負担分を保障するガン保険もある

このように、ガン治療において健康保険の適用を受けるためには制約があります。しかし、この部分を補てんするためのガン保険も存在します。たとえば自由診療で治療を受けた場合に、かかった費用を全額保障するものや、保険外併用療養費の適用は受けられたが、先進医療の部分については自己負担したという場合に、自己負担分を保障するものなどです。

このようなガン保険の場合、どうしても保険料は高くなりますが、治療を受けるときに経済的な理由であきらめたくないという場合には、加入を検討してもよいでしょう。

ガン保険にはどんなタイプがあるのか

ガン保険は、対象を「ガン」という病気に特化した医療保険の一種です。契約の形としては、他の医療保険と同様、生命保険などに付加する特約タイプと、ガン保険単独で契約するタイプがあります。保障内容には一生涯保障される終身保障タイプと一定の年齢まで保障される定期（更新）タイプがあります。契約期間で終身タイプをとるか、更新型をとるかについては意見が分かれます。一般的には、一度、契約すれば終身まで保険料の変わらない終身タイプを選択するほうがよいとされていますが、そうとばかりは言い切れません。たとえば、30年後、40年後に医療費が高騰して、入院日額5,000円ではとても保障にならないということが起こらないとも限りません。

また、更新型は確かに更新するごとに保険料は上がりますが、保険料の金額は、終身タイプよりもずっと安くなります。自分のライフプランをよく考えながら、決めるようにしましょう。

また、保険料の支払方法には月払い、半年払い、年払いなどがあります。

8 ガン保険②

契約後90日間は保障がないことが多い

保障対象にならないガンもある

「ガン保険」というからには、保障を受ける際には「ガンである」という客観的な事実が必要になります。「ガン」とは通常、体内に悪性の腫瘍などができた状態を指します。肺ガンや胃ガンなど内臓に腫瘍ができるものや骨肉腫のように骨などに腫瘍ができるもの、白血病やリンパ腫など血液や骨髄液に異常が起こるものなど発症の部位や形状はさまざまですが、たいていのガン保険では部位などに関係なく保障を受けることができます。

ただ､ガンの中でも「上皮内新生物」と呼ばれるものについては、違う扱いとなることがあります。上皮内新生物とは腫瘍細胞が深部にまで浸透しておらず、簡単な手術で根治できる可能性の高いガンのことをいいます。転移もまずなく、危険度が低いことから、商品によってはあえて「悪性腫瘍」と「上皮内新生物」を分けている場合がありますので注意してください。

支払猶予期間について

ガン保険の保障内容の一つとして、「ガンと診断されたら保険金が支払われる」というものがあります。治療にお金と時間がかかるガンという病気においては重要な保障なのですが、ガンと診断されたのが保障の開始日から90日以内だった場合、保険金を支払わないという条項が設けられている保険がほとんどですので、注意が必要です。

この条項は、**90日間不担保条項**といって、「ガンかもしれない」という疑いを持ってから保険に加入するという行為を防止するためのものです。保険会社が保険金の支払いが増加するリスクを回避するために設けているわけです。

支払われる場合にも制限がある

ガン保険の給付金には、入院給付金・通院給付金といった代表的な医療給付金があります。**入院給付金**はどんなガン保険でも基本給付に含まれていて、通算日数は無制限が一般的です。

気をつけなくてはいけないのが、**通院給付金**です。通院給付金が支給されないガン保険が結構あるのです。最近のガンの治療は入院日数が減って、通院期間が増える傾向にありますので、入院給付金が充実しているガン保険よりも、通院給付金がしっかりと受けられるガン保険のほうが最近のガン治療の実態にふさわしいと言えます。

ガン保険を選択する際の比較のポイ

ントとして、まず入院給付金の給付額をいくらに設定できるのかという点と、ガン診断前に行う検査入院までさかのぼって、入院給付金が支給されるのかどうかという点があります。入院給付額については、その人が通常の医療保険にも加入している場合は5,000円程度で十分です。ただし手術給付金や通院給付金も入院給付額をベースに支給されるので、これらの給付を充実させたい場合は入院給付額をあまり低くしないほうがよいかもしれません。自分自身の希望と商品特性をよく調べて決定する必要があります。

告知をしなくても給付金が請求できる

医療保険の請求は、通常加入者本人が行うことになっています。ガン保険の場合も同様ですが、本人が請求するとなると、ガンであることを本人に告知する必要が出てきます。しかし、中には本人の精神的負担を考慮して、告知をしたくないという場合もあるでしょう。

ガン保険の多くは、このような場合に備えて**指定代理請求制度**を利用できるようにしています。この制度は、本人のかわりに請求の手続をする人を指定しておくもので、給付金の受け取りも指定代理人が行うことができるので、本人にガンであることを急いで知らせる必要がなくなります。

ガン保険の特長

支給事由	ガンにより入院した場合や手術を受けた場合に給付金が支給される	
一般的な保険金・給付金の種類	ガン入院給付金	ガンの治療を直接の目的として入院したときに支給される。入院給付金の支払日数は無制限
	ガン手術給付金	ガンで所定の手術を受けたときに支給される
	ガン診断給付金	ガンと診断されたときに給付金が支給される
	ガン死亡給付金	ガンを原因として死亡した場合に給付金（保険金）が支給される
	死亡給付金	ガン以外の原因で死亡した場合に給付金（保険金）が支給される
待ち期間	一般的に契約日から90日などの待ち期間が設定されており、この期間中にガンと診断されても給付金は支給されない	

9 所得補償保険・収入保障保険・就業不能保険

損保会社が提供する就労不能時のための保険

収入が減った場合の保障

家庭を支える大黒柱が病気やケガで入院が必要となった場合の生活保障を目的とする損害保険に、**所得補償保険**があります。被保険者の収入が途絶えた場合に、それまでの収入の一部を保障するという保険で、損害保険の一種です。自動車保険と同様、更新制で、一般的な保険期間は１～２年です。その期間中に保険契約に定める事情で全く働けない状態になった場合は、収入の保障を受けることができます。また、保険期間内にそのような事態が起こらなかった場合には、支払った保険金の一部（20%程度のものが多い）を払い戻すという商品もあります。

所得補償保険の場合、保険期間中に事故が起こった場合に保障を受けることができるわけですから、保障期間の満了日が保険期間の満了日よりも後になるケースも出てきます。しかし、保険期間が満了していても、保障期間中は所得の保障を受けることができます。

保険料は職業と年齢によって異なる

所得補償保険の保険料は、月々の保障金額と保険加入時の加入者の年齢・職業によって決まります。月々の保障金額は自分で選ぶことができますが、現在の収入を基礎として上限が決められていることもあります。

職業は内容によって１～３級という形で分類されており、危険度の高い職業ほど保険料が高くなるというしくみになっています。たとえば１級は事務職や医師などで２級は看護師や調理師など、３級は大工や運送業者などです。

また、職業によっては、保険の加入自体が認められないこともありますので、まずは確認してみてください。

収入保障保険とは

所得補償保険と似たような名前の保険に**収入保障保険**というものがありますが、これは死亡を保障する保険ですので、所得補償保険や就業不能保険とは利用方法も全く異なります。

収入保障保険は、生命保険会社各社から販売されていて契約者が死亡した場合に年金形式で保険金を受け取れる定期保険の一種です。毎月○万円という契約が多く、通常は60歳もしくは65歳まで、または子どもが独立する年齢まで保障を確保するという形にすることが多いようです。

その名の通り一家の大黒柱に万一があった場合の収入を保障する保険と言えます。通常の死亡保障だと一括で多くの金額を受け取ることになりますが、早い段階で使い切ってしまうのが不安という場合にもこの収入保障保険は使えるでしょう。

なお、収入保障保険でも保険金を年金形式で受け取る形だけでなく、死亡時に一括で受け取るという選択も可能です。

◎就業不能保険とは

所得補償保険と同じような保険に**就業不能保険**と呼ばれるものもあります。所得補償保険の生保版です。所得補償保険は保険証券に記載されている業務に全く従事できない状態になった場合に補償がなされる保険です。たとえば外科医の方が病気やケガの後遺症で外科医の仕事に戻れないという場合、所得補償保険であれば通常、保険金の給付対象となります。

就業不能保険は「就業不能」の場合に補償がなされるものです。もし外科医の方が他の事務職などには就けるのであれば、それは就業不能とはみなされませんので保険金も受け取れません。ですので、会社員であれば就業不能保険の利用も検討できますが、医師のような特殊な技術で稼ぐ専門家については所得補償保険を利用する方が無難です。

就業不能保険で月々支給される保険金には、年収や平均月収などによって上限があります。その額は商品によっても異なりますが、「前年平均月収の40%まで」「課税所得の6～7割まで」などと定められているものが多いようです。

所得補償保険・収入保障保険・就業不能保険の比較

	所得補償保険	収入保障保険	就業不能保障保険
販売会社	損害保険会社	生命保険会社	生命保険会社
支払事由	被保険者が病気やケガにより就労不能になったとき	被保険者の死亡時、または高度障害状態になったとき	被保険者が病気やケガにより就労不能になったとき
補償・保障金額	月収の4～7割程度	年収に関係なく保障金額の設定が可能	年収によって上限が設定されているものが多い
補償・保障期間	多くの商品は1～3年程度	あらかじめ決めた保険期間満了時まで保障	あらかじめ決めた保険期間満了時まで保障
支払方法	月々の受取り	月々の受取りまたは一時金	月々の受取り

※補償・保障金額、補償・保障期間は保険会社の商品によって異なる

10 介護費用保険

介護には思った以上にお金がかかる

介護費用保険とは

介護費用保険とは、被保険者が加齢によって一人で生活できなくなり、介護が必要になったときに、その費用を補てんするための保険です。公的介護保険のサービスの対象は、65歳以上の要支援・要介護状態の人、及び40歳以上で脳卒中などにより要支援・要介護状態になった人に限られていますし、公的介護保険では、金銭を受給することはできません。

ヘルパーが来られない時間帯に別に住んでいる家族が行くという場合、交通費などがかかりますし、その時間帯、家族は働くことができませんから収入も減ります。介護保険の対象となる介護サービスでは不十分だったり、満足できないという場合には、全額自己負担で介護保険の使えない介護サービスを受けなければなりません。寝たきりや認知症など、症状が重くなればおむつなどの介護用品の使用量もふえますし、場合によっては引っ越しや住宅改修などの必要性も出てきます。

介護費用保険に加入すると、このような介護保険だけでは賄えない費用を補てんすることができるわけです。

保険会社によって商品もさまざま

介護費用保険は販売する保険会社によって内容が違います。具体的には、次のような保険金支給の種類があり、単独で扱う商品もあれば、これらを組み合わせている商品もあります。

① 年金型

要介護状態になったと認定された場合に、月々いくらという形で保険金が支払われます。

② 一時金型

要介護状態になったと認定された場合や、要介護状態から回復した場合など、所定の状態になったときに一時金を受け取ることができます。

③ 実費補てん型

介護サービスの利用にかかった費用や住宅改修費用、介護用品の購入にかかった費用など、実際にかかった費用を受け取ることができます（限度額あり）。

なお、介護費用保険の場合、「要介護状態」の認定が保険会社によって異なります。保険の給付が始まるのは、通常180日程度要介護状態が続いた後のことになります。中には、公的介護保険の要介護認定とは別に独自の基準を定めているところもありますので、注意してください。

第4章

損害保険のしくみと活用法

1 損害保険制度

偶然の事故によって生じる損害を補償する

◎損害保険とはどんなものか

生命保険は人の生命を対象として一定額の保険金を支払います。それに対して**損害保険**は偶然の事故（自然災害、火災、自動車事故など）によって生じる損害を補償するものです。

損害保険会社と保険契約を結ぶことによって、偶然の事故による損失に対し、その損失の程度に応じて保険金を受け取ることができます。

地震や津波、火災、交通事故など偶然の事故は、いつ発生するかわかりません。事故に備えて貯蓄を始めたとしても、事故は貯蓄が十分になるのを待ってはくれません。その点、損害保険に加入していれば、不幸にして事故が発生した場合には保険金を受け取り、損害つまり経済的損失を補償して埋め合わせることができます。

◎損害保険にはこんな種類がある

損害保険にはいくつかの種類があります。個人（家庭）向けの代表的な損害保険を次に紹介します。

①　自動車保険（132ページ）

自動車事故による損害にまつわる保険です。衝突、接触、盗難などの事故に対応する車両保険、他人を死亡あるいはケガをさせてしまったときの損害賠償に備える対人賠償責任保険、相手の車両や他人の家屋、電柱などに与えた損害を補償する対物賠償責任保険などがあります。

②　火災保険（106ページ）

火災による家屋の焼失を補償してくれる保険です。落雷、破裂・爆発などの損害にも適用されます。

③　地震保険（114ページ）

地震による住宅と家財の被害を対象とします。

④　傷害保険（122ページ）

偶然の事故による人の体の傷害に関する保険です。交通事故を対象とする交通事故傷害保険、旅行中の傷害事故を対象とする国内・海外旅行傷害保険、スポーツやレジャーでケガをした場合に適用される釣り保険やゴルファー保険など多くの種類があります。

◎保険の種類と保険期間・保険料

損害保険会社が損害を補償する期間を保険期間といいます。契約者が支払うお金が保険料です。保険期間と保険料は、保険の種類によって異なります。

通常の損害保険の保険期間は１年か２年で、掛け捨て型（災害や傷害に遭わなくても掛け金の払戻しを受けられないタイプの保険のこと）が一般的です。一方、貯蓄機能を備えた積立型の保険期間は３～20年、もしくはそれ以上の長期にわたるものがあります。積立型の保険料は一括払いによる割引があります。保険期間が長期であればあるほど保険料は割引されるしくみとなっています。

このようなしくみになっているため、保険期間と保険料は契約する保険の種類によって異なるのです。

契約締結後に義務が課せられる

損害保険会社と保険契約を結んで以降、保険契約者には特定の義務が課せられます。一定の事実が発生した場合に、契約者または被保険者がその事実を保険会社に通知しなければならないという**通知義務**です。通知義務には２つあります。

１つは、保険期間中に危険が変更・増加するような事実が生じたときは、その事実を保険会社に通知しなくてはならないという義務です。契約当初に比べて危険が増しているような場合は、保険会社は保険料の追徴を行います。反対に危険が減少している場合は、当初支払われた保険料より少なくてすむため、保険料の払戻しが行われます。そのため、契約者には通知する義務が生じるのです。

もう１つは、保険事故が発生した場合、その事実をすみやかに保険会社に通知しなくてはならないという義務です。これは、事故の調査、損害の拡大防止など必要な措置を手間取らないようにするために設けられたものです。

損害保険の種類

火災保険	火災や落雷などの災害による建物や家財に対する危険に備える保険
地震保険	地震・噴火・津波による建物・家財に対する損害に備える保険
自動車損害賠償責任保険	交通事故により他人を死傷させてしまう危険に備える加入が義務づけられている保険（強制保険）
自動車保険	交通事故による対人・対物・自損・同乗者などの損害に備えるために任意に加入することができる保険
傷害保険	日常生活でのケガや国内・海外旅行中に被る損害に備える保険
医療・介護保険	病気やケガでによる入院治療費、介護費用の負担に備える保険
個人賠償責任保険	他人の身体や、所有物に損害を与えた場合に備える保険

2 火災保険

火災による建物や家財などの損害を補償する

火災保険で補償される範囲

建物や家財は常に火災によって損害を被る危険にさらされています。このリスクをカバーするのが**火災保険**です。

ただし建物のみを補償する火災保険と家財のみを補償する家財保険があり、別々に契約しなければなりません。また、建物を補償する火災保険には、①専用住宅を対象とする火災保険と、②店舗や工場、倉庫など住宅以外の建物を対象とする火災保険があり、種類が異なります。

火災保険の補償範囲は広く、落雷や破裂、爆発などによる被害も補償されます。台風による強風や突風を原因とする被害も補償の範囲内です。特約をつければ、風災、雪災、水災、物体の飛来・落下、水ぬれ、盗難、持出し家財の損害などにも対応します。

損害保険はすべて「実損てん補」

火災保険だけでなく、損害保険は「実際に生じた損害のみてん補する」という考え方に基づいています。これは「保険金は実際に補償すべき損害額だけが支払われる」という意味です。

地震による火災は補償しない

注意しなければならないのは、地震によって発生する火災や津波は、火災保険だけでは補償されないということです。火災保険とセットで**地震保険**に加入する必要があります。地震保険は火災保険のオプションですので、火災保険だけに加入することはできますが、地震保険だけに加入することはできません。

また、自動車保険の場合は、地震・噴火・津波による車両損害や搭乗者傷害を補償する特約をつけなければ、地震の被害について自動車保険の保険金は支払われません。地震保険については114ページでとりあげます。

家財保険の対象は

家財保険は、家財を補償対象とする火災保険です。火災保険の一種で、実は、家財保険という名称の商品は正式にはありません。補償の対象となる「家財」ですが、家具や布団などの生活必需品だけを指すのではありません。テレビやパソコン、デジカメといった家電製品、楽器、書籍、自転車、バイク、ゴルフクラブなどの趣味の用品、貴金属など、生活に使う品物を幅広く指します。食料も家財です。

家財保険を請求する際には、補償の対象となる家財が壊れたことを証明する写真や、修理する場合は、修理費用の見積もり書などを保険会社に提出することが必要です。

地震火災費用保険金とは

火災保険の中には、地震保険ほどではありませんが、地震による家や家財道具の損害を補償している商品があります。支払われるのは地震火災費用保険金です。

地震火災費用保険金は、地震や津波、火山の噴火によって火災が起こり、家や家財道具が一定以上、焼失してしまった場合に支払われます。支払われる金額は契約している火災保険金の５％程度で限度額があるのが普通です。ただし、あくまで、火災保険が想定していない地震、津波、噴火による損害なので、火災保険金は支給されません。

地震火災費用保険金は、火災保険の商品によって特約としてつける場合と、あらかじめセットになっている場合とがあります。商品によって補償の条件や内容は違いますが、支払われる金額は、火災保険金の５％程度、上限300万円程度というのが一般的です。

ただし、火災保険の種類によって、補償条件、内容が違いますので、契約している保険会社にしっかりと問い合わせることが大切です。

火災保険の臨時費用とは

火災保険は、住宅や家財の損害分だけでなく火災に伴って発生する諸経費（費用）も補償の対象となります。

また、災害が発生すると保険をかけていた建物の修繕費用の他に、代替施設への宿泊代などがかかることもあります。たとえば、災害で損害を受けた家を修理する間、ホテルに宿泊する費用です。このような費用を**臨時費用**と言いますが、火災保険に加入していると、火災による損害保険金の30％程度を保険金とは別に臨時費用として支払ってもらえることがあるのです。

火災保険と家財保険

3 火災保険の保険金の決め方

補償されるのは現在の値段「時価」

保険料は時価評価が大事

火災保険に加入した場合、注意したいのは損害額の算定の仕方です。火災保険は契約時の金額がそのまま支払われるのではなく、「時価に対する保険金額の割合」に応じて支払われるからです。時価とは、保険の対象となっている物件の現在の値段のことです。

たとえば家を新築した際に3000万円の保険金が補償される火災保険に加入し、30年後にこの建物が全焼した場合を例に挙げて説明しましょう。

支払われる保険金は、残念ながら3000万円ではありません。建築してから30年も経てば住宅の価値が新築時より大きく下がっているからです。保険会社から仮に「時価1000万円」と算定されれば、前出した「実損てん補」の考えに基づき、支払われる保険金は1000万円になります。

しかし、これでは全焼しても1000万円の保険金しか支払われないのに、「保険金3000万円相当」の保険料を支払い続けてきたことになります。つまり、金銭的に大きな損になります。

こういった不幸なケースを未然に防ぐには、保険会社に「時価評価」を依頼して、それに基づいて保険料を減らすか、保険金額を新価に設定することが必要になります。「新価」とは「再調達価格」とも呼ばれるもので、同じものを入手する場合に必要となる金額のことです。

前述した「3000万円の保険金が補償される火災保険に加入し、30年経った住宅」のケースでは、時価は1000万円ですが、新価は物価水準が変わらなければ3000万円です。

全焼した場合、時価で契約したままなら、保険金は1000万円しか支払われません。しかし、新価で契約していれば3000万円支払われます。ただし、新価での契約は、「価格協定特約」を別途に締結するなどして、保険料を多く負担しなければなりません。

保険金額「時価の8割以上」のルール

建物の時価が3000万円でも「全焼するリスクは少ないから」という理由で保険金を1500万円にしたケースを想定してみましょう。

火災により家屋の一部が焼失し、1000万円の損害が出た場合、支払われるのは1000万円より低くなります。実際には損害額の半分程度しか保険金はおりないのです。保険会社は保険価格に対する保険金額の割合でてん補するという原則があるためです。このような考えを**比例てん補**と呼びます。

時価に対して８割未満の保険金額とした場合には、以下の計算式から得られる金額が支払われます。

$$\text{支払われる保険金額} = \text{損害額} \times \frac{\text{契約した保険金額}}{\text{時価} \times 0.8}$$

計算式によれば、保険金は625万円しか支払われないということになります。保険金額が「時価の８割以上」ない場合、損害額の一部しか保険金が支払われないというルールが適用されるのです。最近は「比例てん補」のない商品も発売されているので、契約の際に確認してみましょう。

住宅ローン利用者専用の火災保険もある

銀行や信用金庫など金融機関が自行で住宅ローンを利用している顧客向けに販売しているのが、住宅の火災を補償の対象とした**住宅ローン専用火災保険**です。

住宅ローン利用者が多数加入する結果、団体扱い（事業所などの団体で加入し、団体加入者の給与などから保険料を天引きするしくみ）割引が適用されるため保険料が割安になることと、融資期間に合わせた長期契約ができるのが大きな特徴です。また、ほとんどの商品が家財保険とあわせて加入できるようになっています。

それでも、家庭用火災保険と同じく地震・津波・噴火による火災や倒壊などの損害については保険金が支払われません（例外として地震火災費用保険金は支払いの対象となる場合があります）。

そのため、地震の被害の補償を求める場合には専用火災保険の契約と同時に地震保険に加入することになります。

再調整価格と時価

再調達価格3000万円、消耗分2000万円のケース

再調達価格（3000万）－ 消耗分（2000万）
＝ 時価（1000万）

4 住宅用火災保険の種類

補償範囲によって3タイプある

住宅専用の火災保険

住宅専用の火災保険には住宅火災保険、住宅総合保険、オールリスクタイプ（オールリスク保険）といったものがあります。

住宅専用につくられた最もベーシックな火災保険が**住宅火災保険**です。火災リスクだけでなく、落雷・破裂・爆発・風災・雪災による損害にも保険金が支払われます。ただし風災の場合、損害の箇所の数ではなく、損害額にして20万円以上以上にならなければ支払われません。

住宅火災保険よりも補償範囲が広くなっているのが**住宅総合保険**です。住宅火災保険の補償範囲にプラスして、水災、建物外部からの物体の落下・飛来・衝突、水もれ、盗難、集団的破壊行為、労働争議に伴う暴力行為などによって生じた損害にも保険金が支払われます。水災のみ「床上浸水または保険価格の30％以上の損害を受けたものに限る」などの条件があります。

さらに幅広いリスクを補償するのが**オールリスクタイプ**です。単一のリスクを個別に補償するタイプよりも、総合的に契約するほうが「保険料を安く抑えられる」というメリットもあり、近年主流になりつつあります。

大きな特徴は、従来の総合住宅保険がカバーできなかった細かなリスクに対応していることと、必要な補償と不必要な補償を選択できることです。

たとえば、従来補償しなかった外灯やベランダなど付属屋外設備も補償の範囲として選択できるのです。また、火災によって住宅に住めなくなったときに適用される宿泊費用や、持出し家具の補償などにも保険金がおりるタイプもあります。

各保険会社が独自の商品を開発しているので、加入を検討している人は複数の会社の商品を比較してみることをおすすめします。

実損額を補償するタイプもある

火災保険に限らず、損害保険は損害額を「時価額」や「新価」で算定しますが、「オールリスクタイプ」には実際の改修にかかった実損額を補償するタイプがあります。

たとえば風災による損害の場合、従来「損害額20万円以上」の損害でないと補償されませんでしたが、オールリスクタイプでは少額でも実損額が補償されことがあるのです。

5 店舗用の火災保険の特徴

店舗には店舗用の火災保険がある

店舗用の火災保険とは

火災保険のタイプは対象物件の種類で分けることができます。住宅専用の「住宅物件」、店舗や店舗併用住宅、商業施設、小規模工場などを対象とした「一般物件」、中・大規模工場を対象とした「工場物件」、倉庫を対象とした「倉庫物件」です。

このように分けられる理由は、火災によって生じる損害の度合いが異なるからです。

店舗併用住宅の場合は、店舗の占める面積が小さくても一般物件に該当するため、**店舗総合保険**という種類の火災保険に加入しなければなりません。住宅専用の火災保険に入っていても店舗に生じた火災については補償されません。

店舗用の補償範囲は

店舗用の火災保険にもいくつかの種類があり、最もベーシックなタイプの普通火災保険は、火災、落雷、爆発、破裂、風災、雪災などを補償します。

それよりも補償範囲の広い店舗総合保険は、普通火災保険にプラスして建物の外からの物体の落下・飛来・衝突・倒壊、水もれ、水災、集団・労働闘争による暴力行為などを補償の対象とします。また、加えて臨時費用もついてきます。

さらに細かい補償を備えているのが「オールリスクタイプ」です。店舗で起こりうるさまざまな損害に対応する火災保険です。一般に実損額を補償するものが多く、そのため保険料も普通火災保険や店舗総合保険よりやや高くなっています。

以上の3タイプは住宅専用の火災保険同様、地震による損害は対象外なので、別途に地震保険に加入する必要があります。

また、店舗につきものの「盗難」のリスクについては、特別なルールがあります。店舗内や住宅として使用している場所に置いた家財が盗まれた場合は保険金がおりますが、商品の万引きには対応していないのです。万引きや盗難に備えるには、店舗総合保険に加えて盗難保険を掛けておく必要があります。

店舗用の保険料は住宅用より高い

店舗用の火災保険の保険料は、住宅用の火災保険よりやや高く設定されています。店舗は人の出入りが多く、火災のリスクが住宅より高いと想定されているからです。

6 賃貸住宅に関する火災保険の特徴

入居者は家財保険と借家人賠償責任保険に加入

入居者が火災保険に加入する理由

賃貸のアパートやマンションの場合、入居者は契約の期間のみ特定のスペースを借りて住むことになります。

賃貸住宅の場合、建物の所有者はあくまでも家主（大家）ですから、建物の火災保険に加入するのは家主です。そのため、もし入居者が火事を起こして建物が焼失してしまったら、保険金は家主に支払われます。

したがって、入居者はまず家財を対象とした火災保険に入っておく必要があります。家財保険に加入しない場合、火災や天災による家財の損害をすべて自己負担しなければいけなくなるからです。

近年では「給排水管修理費用」や「ドアロック交換費用」など、特約をつけることで補償の範囲が広くなっているので、賃貸契約時に加入する家財保険に特約を付加すれば、予想しないリスクにもきちんと備えることができます。

「借家人賠償責任」つきの火災保険

失火時の責任について定めた失火法（失火の責任に関する法律）は、「故意または重過失により火災を発生させた場合以外は、近隣の家を延焼させてしまっても賠償義務は負わなくてもよい」と定めています。つまり、失火した人に重大な過失がない場合、誤って火事を起こしても出火者は隣家への賠償責任を問われないのです。

ただ、隣家に対する責任は負わなくても家主への賠償責任は負わなければなりません。隣家とは異なり、家主との間には賃貸借契約という契約関係があるためです。

家主からすれば、「貸している部屋を火事で燃やしたのだから、元通りにして返してくれ」と入居者に賠償責任を追及できるということです。

ただ、部屋を元に戻すとなると多額の費用がかかり、入居者に賠償できるだけの貯蓄がないケースが想定されます。それに備えるために入居者は賃貸契約時に**借家人賠償責任保険**（「借家人賠償責任補償」という名称を使っている保険会社もある）に加入するようすすめられるのです。加入は必ずしも強制ではありませんが、家主や不動産会社によっては賃貸契約の条件としているケースも見受けられます。

この保険は単独で契約するものではなく、おおむね家財を対象とした火災保険の特約となっているので、セットで加入することになります。

7 火災保険金が出ない場合

大規模災害の場合は保険金は出ない

出ない場合をおさえておく

火災保険の保険金が下りるのは、火災のほか、落雷や爆発で損害を被った場合です。その他の災害による損害では、保険金がもらえない場合と、条件によってもらえたり、もらえなかったりする場合とがあります。

保険金がもらえないケースは、2つです。

まず、大規模災害が原因で発生した損害です。大規模災害とは、地震、津波、火山の噴火です。これらはいずれも、災害規模が非常に大きく、被害のすべてを補償したら、損害保険会社が倒産してしまう恐れがあるため、あらかじめ補償する条件から外してあるのです。このような考えから、戦争、核燃料物質の放射能災害、革命を原因とした損害の場合も、大規模災害とみなされ、地震や津波の場合と同様、保険金は支払われません。

地震に備える保険は地震保険（114ページ）で対応することになりますが、最低限の備えとして地震火災費用保険金（107ページ）による補償という方法もあります。

故意、重過失、違法行為による損害

保険金がもらえない、もうひとつの場合とは、契約者や被保険者が故意、重過失（不注意の程度が著しいこと）、違法行為で起こした損害の場合です。

契約者による不正・不法行為による被災は補償対象になりません。火災保険の契約約款にも、契約者や被保険者といった保険金を受け取れる人が故意や重大な過失、法令違反で火事になった場合には保険金を支払わないということが明記されています。

「重大な過失」とは、たとえば、ガスコンロに火をかけっぱなしにして外出したら、火事になったというような場合ですが、個々のケースで判断される場合も少なくありません。

条件しだいで出るものもある

条件によって、保険金がもらえたり、もらえなかったりする場合もあります。「条件によって」とは、特約やあらかじめ火災保険にセットされていることによって、補償対象となる災害もあるということです。具体的には、水災、風災、雪災、ひょう災、盗難などです。これらの災害による損害は、住宅総合保険に加入していれば、補償されるのが一般的ですが、火災保険では、個々の災害ごとに補償対象になっているかどうかを確認する必要があります。

8 地震保険の特徴

火災保険とセットで入る地震災害専用の保険

地震保険の特徴

地震保険は、地震・噴火、地震による津波、これらを原因とする火災・損壊・埋没・流失による損害を補償する地震災害専用の保険です。補償の対象となるのは、居住用の建物と家財で、事業用のみの建物は対象外となります。

地震保険の大きな特徴の1つとしては、火災保険とセットでしか契約できないことが挙げられます。

2つめの特徴は、この保険が「地震保険に関する法律」に基づき、国と民間で共同運営されている、ということです。地震保険はもともと地震による被災者の生活の安定に寄与することを目的として設立された公共性の高い保険なので、国が保険金の一部を補償するしくみになっているのです。

地震は多数の人が同時に被害にあう可能性の高い災害なので、一度に多額の保険金の支払いが必要となることが予想されます。これをすべて保険会社に負担させようとすると、大震災が発生した場合、保険会社が破たんするかもしれません。そこで、民間保険会社が負う保険金支払責任の一定額以上の損害を政府が補うという形になっているのです。

3つめの特徴は、このように法律で定められた保険なので、どの保険会社で加入しても保険料や保険金の支払額は同じである、ということです。

ただ、すべての地震被害において、保険金の支払いが保証されているかというと、そうではなく、1回の地震で支払われる保険金の総額には上限があり、これを超える被害が発生した場合は、各保険加入者に支払われる保険金を減額して調整するとされています。なお、今のところ東日本大震災における地震保険の保険金支払いについては問題ないと言われています。

4つめの特徴は、保険料が建物の構造（木造、非木造）と地域（1等地～4等地の4区分）によって異なることです。等地とは所在地（都道府県）の区分のことで、地震が起きるリスクが低い地域が1等地、高い地域が4等地（東京、神奈川、愛知など）です。つまり、1等地の保険料は低く、4等地の保険料は高くなるのですが、国の措置により、同じ等地に分類されていても都道府県によっては保険料額が異なる地域もあります。

火災保険と地震保険の関係

「地震保険は火災保険とセットでしか入れない」と説明しましたが、火災保険だけ入っていて地震保険には入らないという選択はできます。しかし、この場合、地震で建物が損壊しても保険金は支払われません。また、地震を原因とする火災にあっても補償されません。

ただ、火災保険に「地震火災費用保険金」が付帯されている場合は、「保険金額の5％」「300万円」といった基準に従って保険金が支払われます（107ページ）。

なお、すでに火災保険に加入している人は契約期間の途中からでも加入できます。

火災保険をベースに保険料を決める

地震保険の保険料は、火災保険の保険金額30～50％の範囲内で決めることができます。ただし、建物は5000万円、家財は1000万円が限度です。

なお、制度割引として、建築年割引（10％）、耐震等級割引（10～30％）、免震建物割引（30％）、耐震診断割引（10％）の4種類の割引が設けられており（119ページ）、建物の建築年や耐震性能により特定の割引が適用されます。ただし、重複して割引を受けることはできません。

火災保険とは違う特約

火災保険では「新価」で保険金が支払われるように設定できます。これは「価格協定特約」と呼ばれています。しかし、地震保険には、この「価格協定特約」はなく、全損しても「時価」までの保険金しかおりません。新築より築年数の長い建物のほうが倒壊の可能性が高いため、地震に備えるニーズが高くなりますが、古い建物は時価が低いため地震保険の保険金も少なくなってしまうのです。

地震保険の補償内容

● 補償の対象
居住の用に供する建物および家財 ※　工場、事務所専用の建物など住居として使用されない建物、価額が30万円を超える貴金属・宝石、通貨、小切手・株券などの有価証券、預貯金証書、印紙、切手、自動車などは地震保険の補償の対象外
● 補償金額
火災保険の保険金額の30％～50％の範囲内で地震保険の保険金額を設定する ただし、建物・家財とも以下のように上限がある 建物：5,000万円 家財：1,000万円

9 損害区分

全損、半損、一部損の３つの区分に分類される

３つの区分がある

地震による損害を受け、保険金を請求すると、その損害は「全損」「半損」「一部損」の３つの区分に分類されます。支払われる保険金の額は、その区分によって決まります。

全損・半損・一部損の区別は次ページの図の通りです。建物と家財で判断基準が異なります。

地震保険で３つの区分による保険金の支払いが行われるのは、地震という災害の特性が考慮されているからです。地震では、一度に多数の損害が出ます。このため、一件一件細かく査定をしていては、保険金の支払いに時間がかかってしまうのです。損害を受けるのが家屋や家財など、生きていくためにどうしても必要なものが多いことを考えると、少しでも早く保険金を支払うことが求められるため、このような方法がとられています。

地震保険の保険金の支払額は、全損の場合、契約金額の100%、半損の場合契約金額の50%、一部損の場合、契約金額の５%と定められています。たとえば、建物1500万円、家財800万円の補償を受けられる地震保険に加入している場合、全損なら2300万円、半損なら1150万円、一部損なら115万円が受け取れる保険金額ということになります。

ただし、保険金の額は時価が上限となります。建物1500万円の契約をしていて、全損になっても、建物の時価が1200万円なら保険金は1200万円しか支払われないわけです。

損害の区分はどのように決めるのか

「全損」「半損」「一部損」といった区分は、保険会社から派遣される鑑定人の鑑定によって決まります。地震により損害を受けたことを保険会社に伝えると、鑑定人が現場に来て実際に損害の状況をチェックし、鑑定してくれるわけです。ただし、東日本大震災のような大規模な被害の場合、一件一件チェックしていると保険金支払いまでにかなりの時間がかかってしまいますので、航空写真などを使って「全損」の地域を決めておくなどといった対応が取られることもあります。

鑑定では、損害保険各社共通の鑑定基準が設けられており、これを使用することによって保険会社や鑑定人ごとに判断に大きな違いが出ることがないよう、配慮されています。

ただ、一度に多数の鑑定が必要になる大地震では、細かくチェックするこ

とが難しく、見落としや誤った鑑定が生じる可能性があることも否めません。このため、鑑定人が来る前に自分で損壊部分の確認をしておき、鑑定人の鑑定の際には立ち会いをするようにしたほうがよいでしょう。通常、鑑定は建物外部から行われることが多いようですが、必要に応じて内部への立入をお願いすることもできます。

◎鑑定に納得できないときは

地震保険では、鑑定の結果によって受け取れる保険金の額がかなり大きく違ってきます。「全損」なら1000万円の保険金が受け取れるところ、「半損」なら500万円、「一部損」なら50万円といった具合です。この額によって、生活再建に向けた計画も全く違うものになりますので、「鑑定後に自分で確認していて、新たな損傷箇所を見つけた」「使えると判断された家財道具が、実際には使えなかった」など、鑑定に納得がいかないという具体的な根拠がある場合には、遠慮せずに保険会社に再鑑定を依頼するべきでしょう。

地震保険の損害区分と支払金額

	判断基準		支払金額
	建　物	家　財	
全　損	①建物の土台、柱、壁、屋根などの損害額が、時価の50％以上の損害 ②焼失・流失した部分の床面積が、建物の延床面積の70％以上の損害	損害額がその家財の時価の80％以上である損害	設定した契約金額の100％（時価が上限）
半　損	①建物の土台、柱、壁、屋根などの損害額が、時価の20％以上50％未満での損害 ②焼失・流失した部分の床面積が、建物の延床面積の、20％以上70％未満の損害	損害額がその家財の時価の30％以上80％未満である損害	設定した契約金額の50％（時価の50％が上限）
一部損	①土台、柱、壁、屋根などの損害額が、時価の３％以上20％未満の損害 ②床上浸水もしくは地盤面より45cmをこえる浸水を受けたことにより損害が生じた場合で、全損・半損に至らないとき	損害額がその家財の時価の10％以上30％未満である損害	契約金額の５％（時価の５％が上限）

10 地震保険で補償されないもの

30万円を超える貴金属や美術品は補償されない

地震保険でカバーできるもの

地震保険で補償の対象になるのは、家屋と家財です。

家屋とは、居住用の家屋のことを言います。店舗や事務所であっても、住居が併設されている場合は対象となります。これには、門や塀、車庫や物置といった付属の建物も含まれます。家財とは、テレビやエアコンなどの家電製品、家具、調理器具などの生活に必要な財産のことを言います。地震そのものによってこれらに損害が生じた場合はもちろん、地震により発生した火災による焼失、津波による流失といった場合の損害も、補償の対象となります。

カバーできないもの

ただ、地震によって生じた損害がすべて補償されるかというと、そうではありません。地震保険は「全損」「半損」「一部損」の程度によって保険金が支払われますが、この区分の判断基準になるのは、「建物の主要構造部（柱や壁、床など）」の損壊の割合です。つまり、損壊の場所が門や物置といった附属建物だけで、柱や壁などの主要構造部に問題はないという場合は、補償の対象にならないということです。

また、1個または1組の価額が30万円を超える貴金属や美術品、現金や有価証券といったものは、地震保険における「家財」には含まれません。自動車も、原則として対象外となります。さらに、1台20万円のテレビが地震で落ちて壊れたという場合でも、その損害が家財総額の10%を超えない場合は補償されませんので、注意してください。

この他、地震による避難中に家財が盗難に遭ったという場合や、地震発生の翌日から10日を過ぎた後の損害については、補償の対象外となります。

なお、地震保険では、最初の地震発生日から3日（72時間）以内であれば、何度余震が起きても1回の地震とみなされます。

そのため、最初の余震の被害が一部損に該当するものであっても、3日以内の余震で建物が完全に倒壊した場合には、全損として扱われます。一方、4日以降の余震で倒壊したとしても、全損とは扱われないことになります。

11 地震保険に入るためのポイント

火災保険の方の保険料を抑えるのも一つの方法である

保険料を火災保険とセットで考える

保険料の負担が地震保険加入の障害になっている場合で、火災保険には既に加入しているという人については、火災保険と地震保険の保険料をセットで考えてみるのも一つの方法です。火災保険には、火災だけでなく爆発や水害、水漏れ、盗難など、たくさんの補償がついている場合があります。もちろん、リスクに備える意味では、補償は多いに越したことはないのですが、当然その分保険料は高くなります。

そこで、火災保険の補償内容を危険性が高く、損害額が大きくなると思われるいくつかの災害に絞り込んで保険料を抑えます。たとえば火災や水害、盗難は契約するが、雪災や物体の衝突などは起こる確率が低いので契約をやめるといった具合です。補償の選別によって抑えた保険料を地震保険の保険料にあてれば、月々の負担は変わらないということになるわけです。

保険料を安くすることも可能

地震保険の保険料は、補償額や住んでいる地域などによって異なりますが、公的な制度として運営されているため、契約条件が同じであればどの保険会社で加入しても同じ額になります。ただし、地震保険の保険料には、次のような割引制度があります。制度を利用するためには、申請が必要ですが、割引率は10～30%とかなり大きなものになりますので、要件に合致するかどうか、確認してみてください。

① 建築年数割引

対象建物が、1981（昭和56）年6月以降に新築された建物及びその収容家財である場合。割引率は10%。

② 耐震等級割引

対象建物が、住宅の品質確保の促進等に関する法律などに定められた耐震等級を有している場合。割引率は10～30%（耐震等級による）。

③ 免震建築物割引

対象建物が住宅の品質確保の促進等に関する法律に基づく「免震建築物」である場合。割引率は30%。

④ 耐震診断割引

1981（昭和56）年以前に建てられた建物のうち、地方公共団体等による耐震診断または耐震改修の結果、建築基準法における耐震基準を満たす場合。割引率は10%。

なお、割引の適用を受けられるのはいずれか一つの制度だけで、重複して適用を受けることはできません。

12 火災保険・地震保険の保険金請求

証拠書類やり災証明書が必要な場合もあるので確保しておく

火災保険の請求

火災保険を請求する時、まず、最初にやることは、保険代理店や保険会社への連絡です。なお、住宅ローンを借りた時に借入先の金融機関で契約したという人は、その金融機関が代理店となりますので、そこに連絡します。

連絡する項目は、被害の起こった日時、被害の状況、被害が起こった原因、被害の程度などです。被害の程度を証明する写真や被害後の片付けなどにかかった費用の明細などを求められることもありますので、これらの証拠書類はしっかりととっておきましょう。また、これら証明書類のほかに「り災証明書」を求められることもあります。市区町村役場や消防署など、被害の起きた原因となる災害によって証明書の入手先は変わりますので、どこに行って入手するかを保険会社から聞いておくことを忘れないでください。

その後、保険会社から鑑定人が来て、損害状況の鑑定が行われます。鑑定結果に基づいてさらに後日、保険会社から請求書などの書類が送られてきます。必要事項を記入し、送り返すと、支払われる保険金の金額が連絡されます。それで納得できれば、保険金が支払われます。最後に支払金額の明細書が届きますので、間違いないか、チェックしましょう。

保険金は契約者の口座に支払われるのが原則ですが、住宅金融支援機構から住宅ローンの融資を受けて、まだ返済中の人については、住宅金融支援機構に支払われ、ローンの返済に充てられます。

地震保険の請求

地震に遭った直後は、保険金のことを考える余裕などないかもしれません。しかし、保険金は契約者が請求して初めて支払いの手続きが開始されるものです。これは、大きな損害が生じたことをだれでも知っているような大地震においても同様なので注意してください。

たいていの保険会社では、保険金の請求の窓口としてフリーダイヤルを用意しています。最近は24時間365日対応のところも多いので、できるだけ早く連絡をとって保険金の支払いを受けるとよいでしょう。証券が見つからないなどの理由で連絡をちゅうちょする人もいるようですが、保険会社と契約者の情報さえわかっていれば、ほとんどの場合保険金を受け取ることができますので、とにかく連絡してみてください。また、被災後、契約が切れてしまっていても、被災した日が契約期間内であれば保険金を受け取ることができます。なお、地震保険の保険金の請求期限は被災した日から３年以内とされています。

地震保険に未加入でも見舞金がもらえることも

火災保険のみに加入している場合、地震による家屋の倒壊や焼失、については、保険金を受け取ることができません。ただ、加入している火災保険によっては、「見舞金」などの名目で少額ながら支払いを受けることができるものもあります。また、全労済やCOOP共済などには、「自然災害保証付火災共済」というプランが用意されています。これは、通常の火災共済に自然災害共済をプラスするというもので、掛金はその分、火災共済よりも高くなりますが、損害の割合によってある程度の共済金を受け取ることができます。

このように、たとえ地震保険に加入していなくても、保険会社や共済組合から、いくらかのお金を受け取れる可能性はあります。損害を受けたときには、わずかのお金も貴重になりますので、まずは保険証券や約款などをよくく確認しておくべきでしょう。

保険金請求の流れ

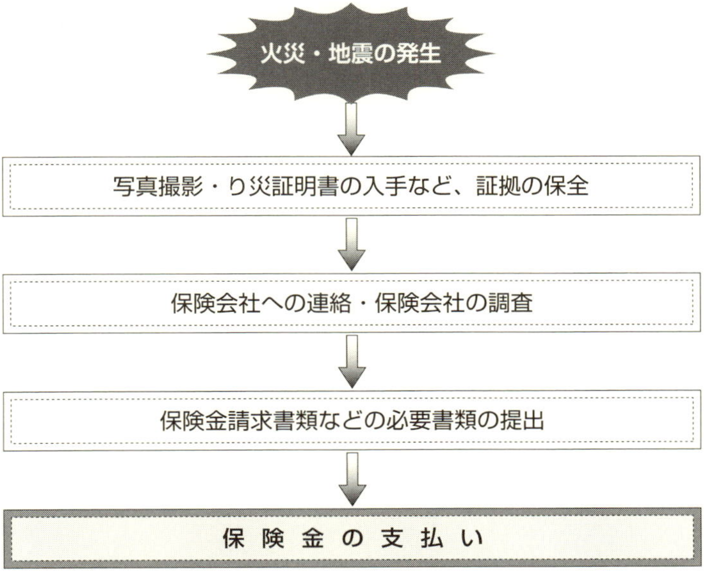

13 傷害保険の特徴

急激かつ偶然な外来の事故で被った傷害を補償

◎どんな傷害が補償されるのか

傷害保険は生命保険と同じく「物」ではなく「人」を対象としており、事故による傷害（ケガ）を補償する保険です。生命保険が人の生死を対象にしているのに対して、傷害保険は「急激」「偶然」「外来」３つの条件を満たす事故によって通院や入院をすることになった場合に保険金が支払われます。

① 急激

原因である事故から結果としてのケガまでの過程に時間的な間隔がないということです。いわば突発的な事故です。

② 偶然

保険加入者にとって「予知できないこと」を指します。自分からケンカをしかけて、逆に殴られてケガをした場合には補償から外れます。負傷することがある程度予測され、「必然性がある」と解釈されるからです。

③ 外来

３つめの条件の外来とは、ケガの原因が身体の外からの作用によることをいいます。

たとえば、脳内出血を起こして転倒した際にケガをした場合は補償されません。ケガの原因が自らの病気であり、外来性がないからです。

◎傷害保険にはいろんな種類がある

傷害保険は、以下のような種類があります。

① 普通傷害保険

最も代表的な傷害保険です。国内外を問わず、家庭や職場、通勤・通学途中、旅行中など日常生活におけるさまざまな事故による傷害を補償するものです。普通傷害保険は加入者本人のみが有効な傷害保険ですが、特約で「家族傷害保険」に入れば対象範囲を家族まで広げることができます。保険料はその分アップします。

② 交通事故傷害保険

国内外を問わず、交通事故による傷害を補償します。道路を歩行中または自転車での移動中の事故、乗り物に乗っているときの事故、駅構内での傷害事故なども対象となります。また、特約によって保険の範囲を家族にまで広げることもできます。近年登場したものに自転車事故による賠償、傷害、通院保険金を特約で補償する「自転車総合保険」もあります。

③ 国内旅行・海外旅行傷害保険

どちらも旅行を目的に家を出発してから帰宅するまでに被った傷害事故や賠償責任事故を補償する保険です。

国内旅行傷害保険では、旅行中の交

通事故やスポーツ中の事故で被ったケガなども補償されます。

海外旅行傷害保険では、特約により病気の治療費、病気による死亡、賠償責任、家族が見舞いに行くための費用なども補償されます。

④　傷害総合保険

「普通傷害保険」の補償範囲に加え、日常生活におけるほとんどの事故による傷害を総合的に補償する保険です。

たとえば、オプションとして腸管出血性大腸菌感染症（O－157）や鳥インフルエンザなどに備える特定感染症危険補償特約、旅行先でカメラを落として壊してしまった場合に補償してくれる携行品損害補償特約などがあります。また、ホールインワン費用補償特約などもあります。

⑤　スポーツ・レジャー保険

ゴルフやスキー、キャンプなど特定のレジャー・スポーツ中の事故によってケガをした場合や、誤って他人を傷つけたり、他人の物に損害を与え、賠償責任を負った場合に備える保険です。

◎女性や子供限定の保険

おもに働く女性のみを対象とした傷害保険も数多く登場しています。国内外での傷害事故、賠償責任、携行品損害などに備えるものの他に、特約でホームヘルパーの雇入れ費用を補償する保険や、ストーカー対策にかかる費用を補償する商品もあります。

子供を対象とした保険の代表がこども総合保険です。19歳未満を被保険者とし、国内外を問わず、家庭内、学校、通学途中などに起こるすべての事故による傷害を補償します。

おもな傷害保険の種類

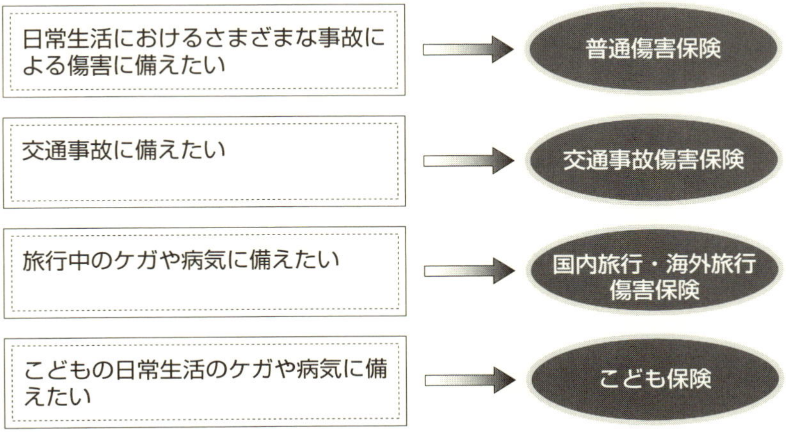

14 個人賠償責任保険の特徴

損害賠償責任をまかなうための保険

どんな事故に備える保険なのか

日常生活の中で偶然の事故で他人にケガを負わせたり、他人の物を壊したりして、損害賠償責任を負うことになった場合、被害者に支払う損害賠額をまかなうための保険が個人損害賠償責任保険です。具体的には、以下のようなケースが補償対象となります。

・マンションの洗濯機の排水ホースが外れて水もれが発生し、階下の住人に損害を与えた。
・垣根が突然崩れ、隣家の建物を壊した。
・子供が遊んでいて、他人の家のガラスを割った。
・スキーの最中に誤って他人にぶつかり、ケガをさせてしまった。
・飼い犬が他人にかみついてケガをさせてしまった。

個人損害賠償責任保険は一般に保険料が安い割に補償範囲が幅広く、かつ高額の損害賠償を補償するため、身近なリスクに備える有効な損害保険といえます。

補償が重複しているケースも

個人賠償責任保険は、家族の誰か一人が加入していれば、家族全員がほぼカバーされます。そのため、夫婦両方とも加入しているような場合、どちらかがムダになってしまいます。

加入する場合は、単独で加入するより、傷害保険や自動車保険、火災保険などに個人賠償責任特約として付帯するケースが増えています。しかし、商品によっては特約ではなく、あらかじめ組み込まれているものもありますので確認して加入するようにしましょう。

保険金が出ないケースは

個人賠償責任保険が適用されるのは、あくまでも他人に損害を与えた「偶然に起きた事故」の結果、生じた損害賠償です。したがって故意に他人を傷つけたり、故意にものを壊したりした場合や、他人への名誉棄損の損害賠償の支払いなどは対象外です。

また、地震・噴火・津波などの天災による事故、職務上の事故のほか、職務のために提供される動産、不動産の所有・使用・管理などにまつわる損害賠償責任、他人から借りているものに対する損害賠償責任についても補償されません。

具体的には、以下のようなケースは補償対象外です。

・友人や親族から借りていたものを壊してしまった場合や、レンタルビデオ店から借りたビデオを傷つけてしまった場合（借りものは対象外）。
・借家の壁を誤って傷つけてしまった（家が借家なので対象外）。
・仕事で商品を運搬中に誤って壊してしまった（職務遂行中なので対象外）。
・経営している飲食店で、誤ってお客様にやけどをさせてしまった（職務遂行中なので対象外）。
・店の看板が落ちてきて、通行人にケガをさせてしまった（職務のために供する動産・不動産に起因するものは対象外）。

その他の「賠償責任保険」

前述した保険金が出ないケースには、それぞれに対応できる保険があります。

他人から借りているものに対する損害賠償責任には受託者賠償責任保険で対応できます。この保険に加入していれば、他人から借りたものを壊したり、紛失したり、盗まれたりした場合の賠償責任について保険金が支払われます。

大家さんに対する損害賠償責任に対しては借家人賠償責任保険（112ページ）で対応できます。物件や設備の破損だけでなく、出火のリスクにも対応します。また、住居として借りている物件だけでなく、店舗として借りている物件に対しても保険金は支払われます。

自分の店舗で発生した損害賠償責任に対しては店舗賠償責任保険で対応できます。飲食店、小売店などが製造・販売した商品の欠陥により、お客様にケガをさせたり、お客様の持ち物を壊したりした場合の賠償責任について保険金が支払われます。

飲食店では、食中毒を起こしてしまった場合や、食中毒により営業停止となった期間中の営業利益にも適用されます。

事業者向けの賠償責任保険もある

事業規模が大きく、法人や団体で運営している場合には、個人向けの賠償責任保険ではなく、以下のような事業者向け賠償責任保険に加入するとよいでしょう。

・施設賠償責任保険

建物・設備・場所などの設備を所有・使用・管理している事業者が加入する保険で、施設の構造上の欠陥や管理の不備による事故が生じた場合に支払われます。

・生産物賠償責任保険（PL保険）

食品や商品をお客様に引き渡した後に、これらの製品の欠陥によって事故が起こった場合に支払われます。

・請負業者賠償責任保険

建設工事・土木工事などの工事請負業者や清掃業者などが請負作業の遂行中に起こした事故や、作業のために所有・管理している施設の欠陥や管理不備による事故が生じた場合に支払われます。

15 自賠責保険

人身事故の場合だけ保険金が支払われる

自賠責保険は強制保険である

わが国の自動車保険は、加入が強制されている**自動車損害賠償責任保険**（強制保険）と、加入が強制されていない任意保険の２本立てになっています。強制保険は、その名のとおり法律で加入が義務づけられている保険です。これに対して、強制保険でカバーしきれない部分の損害賠償金を補うのが任意保険です。任意保険には特約を追加することができます。

運転者に強制的に保険に加入させることによって、最低限の補償を確保し、被害者の保護を図ろうとする制度が強制保険です。被害者保護という制度の趣旨のため、人身損害についてだけ保険金が支給されます。物損についての保険金の支給はありません。

自賠責保険に加入していない自動車（無保険車）は公道を走ることができません。これに違反して運転すると、１年以下の懲役または50万円以下の罰金が科されます。強制保険と呼ばれるのはそのためです。

人身損害については、傷害による損害（死亡に至るまでの傷害による損害も同じ）で120万円、死亡による損害で3000万円が自賠責保険からの支払限度額とされています。

後遺障害が残った場合については、14級から１級まで等級が定められており、損害の程度によって支払限度額が定められています。支払限度額は、一定の障害に該当し、常に介護を要する後遺障害の場合は4000万円、それ以外の場合は3000万円、がそれぞれ限度額となっています。

傷害事故で賠償額が120万円を超える場合は、加害者が任意保険に加入していれば、超える額について任意保険から補てんを受けることができます。

加害者が請求するのが原則

自賠責保険は、本来は、被害者が受けた損害そのものを補うものではなく、被害者に対して損害賠償責任を負うことによって自動車の保有者と運転者（つまり加害者）が受けた損害を補うものです。

保有者や運転者は、損害賠償額について自分が被害者に対して支払いをした額の限度において、保険会社に対して保険金の支払いを請求することができます（加害者請求、131ページ）。支払われた保険金が被害者に支払われずに他に流用されることを防ぐため、まずは加害者が損害賠償金を被害者に支払うのが原則になっているのです。

負傷から請求までの流れ

交通事故で負傷し、病院などで治療を受ける場合、最初の診察のときに事故によるケガである旨を告げると、病院側では保険会社からの支払いがあることを予想してくれるため、被害者は、保険証を持っていなくても治療を受けることができます。その後、病院から保険会社に対して治療費を請求することになります。事故後に救急車で病院に運ばれ、そのまま入院した場合には、はじめから事故であることがわかっていますから、入院中の治療費や手術代については病院側から直接相手の保険会社に請求する場合もあります。

入院が長引いた場合には、病院では月ごとに治療費や入院代を保険会社に請求します。

ただ、ケガが軽い場合はとりあえず自分の保険証を使って治療費を支払い、示談が成立してから払った治療費を含めて損害賠償を受けるという方法でもよいでしょう。

自動車保険の種類

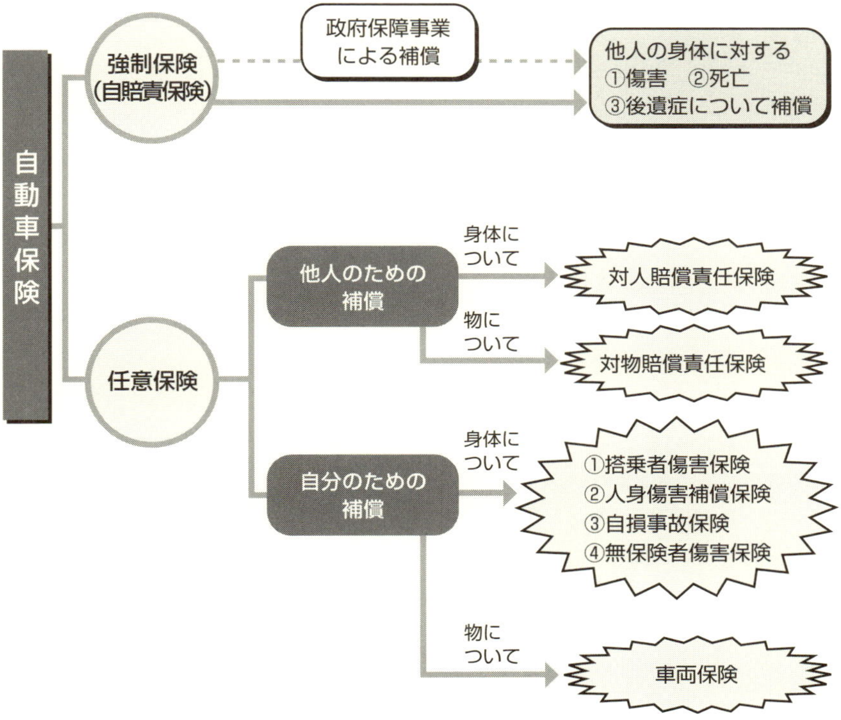

16 健康保険や労災保険の上手な活用法

必要書類をそろえて協会けんぽや健康保険組合に提出する

◎健康保険も使える

事故による負傷については健康保険を使うことができます。健康保険を使ったほうが、結果的に自己負担が少なくてすむ場合もあります。

相手に責任があるのに被害者が健康保険を使わなければいけないことに抵抗がある人もいるでしょうが、特に、入院した場合などにはかなりの治療費がかかりますので、自己負担で立て替えておくことは経済的に相当な負担になります。

また、事故後、何年も経ってからむちうち症などの自覚症状が出るとこともあるため、医師の判断を仰ぎ、健康保険を使うかどうか決めるという方法もあります。

自分にも過失があり、過失相殺（被害者にも過失がある場合に、これを考慮して損害賠償額を減額すること）されることが予想されるのであれば、相殺される部分の治療費については、最終的には自己負担になるわけですから、最初から健康保険を使うほうが有利な場合もあります。自賠責保険では、交通事故による負傷について120万円まで賠償してもらえますので、一般的には、限度額いっぱいまでを治療費にあて、120万円を超える部分の金額について健康保険を使っているようです。

◎健康保険の高額療養費の活用

健康保険（国民健康保険を含む）には、同一の月に支払った医療費が一定額を超えた場合に、申請によってその超えた部分の金額が支給されるという制度があります。この制度を高額療養費といいます（140ページ）。具体的には、70歳未満の人で一般の区分の場合には、次の算式で算出された金額を超える部分が戻ってくることになります（141ページ）。

80,100円＋（医療費－267,000円）×0.01＝自己負担限度額

たとえば、入院治療をして100万円かかったとします。この場合、健康保険の自己負担割合は3割ですから、医療機関の窓口で支払うのは30万円です。この30万円を基準として一定額が高額療養費として戻ってくるわけです。このケースの自己負担限度額は、

80,100円＋（1,000,000円－267,000円）×0.01＝87,430円

となります。したがって支払った30万円との差額である

300,000円－87,430円＝212,570円

が高額療養費として戻ってきます。ただ、所得が多い人や、逆に少ない人については別の計算式になります。また、世帯で合算して計算することができる場合もあります（140ページ）ので、もっと詳しく知りたい場合は、全国健康保険協会や健康保険組合に確認してみてください。

交通事故による負傷について健康保険を使う場合の手続きについては、①第三者の行為による傷病届、②事故発生状況報告書、③念書の３つの書類に、④交通事故証明書と⑤示談書（示談が成立している場合）を添えて全国健康保険協会の都道府県支部または健康保険組合に提出します。

労災保険の活用

業務中や通勤途上に交通事故の被害に遭った場合には、労災保険（218ページ）の給付を受けることができます。交通事故は第三者行為災害ですから、「第三者行為災害届」を労働基準監督署に提出して給付を請求します。

労災保険と自賠責保険の両方が使える場合であっても、同時に利用することはできません。そこで、労災保険の保険金のほうが先に支払われた場合は、自賠責保険からの賠償金は受けられないことになっています。

また、逆に自賠責保険の支給のほうが先であった場合は、労災保険の支給が一定期間（最大で災害発生後３年間）停止されます。このような支給調整が行われるのは、被害者といっても、損害の補てん（埋め合わせ）を二重に受けることは公平とはいえないからです。

傷害ですんだ場合ですが、労災保険の指定する医師の診察を受ければ治療費は無料で、その他の医師の場合は治療費が支給されます。さらに、仕事を休むことによって収入が減った分については、平均賃金（負傷または死亡した労働者の負傷または死亡当時の賃金）の80％が支払われます。たとえば、業務中の事故で負傷して、１か月間入院した場合であれば、１か月分の平均賃金相当額の約８割（正確にいうと、８割のうち２割の部分は社会復帰促進等事業から特別支給金として支給される）の保険金が支給されます。

また、治療が長引いた場合は、その程度に応じて休業補償に代えて傷病補償年金が支払われます。また、後遺傷害についてもその程度にしたがって、年金又は一時金が支給されます。

不幸なことに、死亡に至った場合は、遺族に対して、労災法の保険金（遺族補償年金）が支給されます。葬祭料も給付されます。

以上のように、被害者は労災保険から給付を受けることができますが、労災保険の給付があったとしても加害者の負担が軽減されるわけではありません。労災保険の保険金の分は後に国から加害者に請求されることになります。

17 自賠責保険が利用できない場合

政府に対して補償金を請求できる場合もある

常に自賠責が下りるわけではない

自動車損害賠償責任保険(自賠責)は、自動車を運転していた者に自賠責法3条の運行供用者責任を認める制度です。運行供用者責任とは、自動車を自分のために自分の支配の下で使うことができる状況にあって、自動車を運行することが自分の利益となる者（運行供用者）が負う、損害賠償責任のことです。

そのため、たとえば、盗んだ車で事故を起こした場合などには、第三者に運転を容認していたとは認められないため、原則として、車の所有者には運行供用者責任が発生せず、保険金が支給されません。ただし、キーをつけたまま路上に車を停車していて盗難にあった場合のように所有者に車の管理上の問題があった場合は、車の所有者に運行供用者責任が発生することが、判例で認められていますので、自動車の管理には注意しなければなりません。

自動車損害賠償保障事業とは何か

自賠責制度を補完する各種の社会保険制度によっても救済されない被害者のために、最終的な救済制度として、**自動車損害賠償保障事業**（政府保障事業）があります。

政府保障事業の対象となるケースのうち、重要なものは被害者が請求主体となる①ひき逃げのケース、②自賠責保険の無保険車のケース、③泥棒運転で保有者に運行供用者責任が生じないケースの3つです。

このようなケースでは、被害者は自賠責保険を扱っている保険会社（どこでもよい）を窓口にして政府に対して補償金を請求できます。

請求はどの保険会社にしてもかまいません。請求書が提出されますと保険会社から国に通知が行き、支払いのための手続きがなされます。労災保険・健保・国保の給付を受けた残りの損害額についてだけ請求することができます。給付金は、強制保険と同じで、傷害事故で上限が120万円（死亡事故は3000万円）です。給付金がおりるまでには、1年以上かかることもあります。ただし、一般の裁判と同様に過失相殺（128ページ）されますし、親族間事故については原則として救済を行わない取扱いとなっています。また、請求できるのは被害者だけで加害者による請求は認められていません。

なお、政府保障事業についての請求権の消滅時効は、被害者が、引き逃げ・無保険といった事実と損害を知った時から2年です。

18 自賠責保険の請求方法

仮渡金や内払金の請求方法についても知っておく

◎加害者請求と被害者請求がある

自賠責保険の支払を請求できるのは原則として、保険に加入している本人（加害者）です。これを**加害者請求**といいます。これに対して、たとえば、事故の過失割合について当事者間に争いがある場合や加害者が任意保険に加入していなかった場合には加害者が損害賠償金を支払ってくれないこともあります。このような場合には被害者のほうから加害者の保険会社に対して損害賠償金の支払いを請求することができます。これを**被害者請求**といいます。

被害者請求には、仮渡金請求と本請求の２つの請求方法があります。仮渡金請求は、示談成立前の損害賠償額が確定していない段階で、被害者が請求できるもので、本請求が実際に被った損害額をもとにして請求するものです。自賠責保険で支給される保険金は、損害賠償額として最低限の補償額であり、支給額の上限が決まっています。たとえば、後遺症が残った場合は最高3000万円（被害者が常時介護が必要になった場合などの一定の場合は4000万円)、負傷の場合は120万円などとなっています。

なお、かつては、休業損害や治療費などの賠償金の支払を、加害者及び被害者が10万円単位で請求できる内払金請求というのも認められていましたが、平成20年10月に廃止されています。

◎仮渡金を請求する場合

交通事故で負傷して入院した場合に、症状によっては入院期間が長期になることもあります。この間、収入がなかったり、あっても十分でなかったりすると、被害者側の生活としては苦しくなってしまいます。加害者がその間の損害賠償額を支払ってくれるようであればよいのですが、加害者としては損害額が確定していない時点では、損害賠償の支払いはしないのが一般的です。

このような場合、自賠責保険の**仮渡金**の制度を利用するとよいでしょう。この制度は損害賠償金の一部を先渡ししてくれる制度です。

死亡または一定程度の負傷をしたことの証明書があれば、損害賠償責任や損害額が確定していなくても、死亡した者につき290万円、傷害を受けた者につき５万円～40万円の仮渡金の支払いを受けることができます。請求手続きは被害者請求と同じです。請求後、１週間程度で仮渡金を受け取ることができます。

19 任意保険

さまざまな種類の保険が用意されている

◎任意保険とは

人身事故の場合、まずは自賠責保険がおります。この保険金で損害額がカバーできない場合にそれを補うのが**任意保険**です。

任意保険の支払事由は、他人の生命や身体に限定されていません。たとえば、物損事故については、自賠責保険からは保険金が支払われませんが、任意保険では支払対象となります。

任意保険では示談代行つきの自動車保険が多く利用されています。示談代行という制度は、加害者に代わって、保険会社が被害者との示談交渉にあたってくれるというものです。この示談代行サービスは強制保険にはない任意保険固有のサービスです。

任意自動車保険は対人賠償保険と対物賠償保険を中心に、搭乗者傷害保険、自損事故保険、無保険車傷害保険、車両保険などによって構成されています(127ページ)。

任意保険では以下の場合に保険金が支給されないことがあります。

① 加害者（被保険者）と被害者が一定の親族関係（父母、配偶者、子など）にある場合の事故

② 他人から預かっているものに対する賠償

③ 無免許、酒酔い運転中の事故

④ 故意・戦争・革命・内乱・地震などの天災・日本国外での事故

◎対物賠償保険が適用される場合

物損事故の場合に支給されるのが**対物賠償保険**です。

たとえば、スピードの出しすぎでカーブを曲がりきれずに住宅に突っ込んで破壊してしまったというケースでは、損壊した住宅が物損にあたります。その他、ガードレールや電柱なども同じように物損事故の支給対象です。また、相手の自動車を破壊した場合などに自動車を修理するときにも対物賠償保険が適用されます。対物賠償保険は他人の財産に与えた損害の賠償を目的とする保険なのです。

自賠責保険が、物損事故には支給されないことを考えると、対物賠償保険の保障は大切だといえます。

◎自損事故保険とは

自損事故保険とは、たとえば、電柱に衝突する単独事故などでケガや死亡した場合に支払われる保険です。その損害に対して運行供用者責任を負担する者がだれもいないことが要件です。

また、たとえば、建築中のビルの屋

上から物が落下して車両が損壊した場合のように、所有者が運転していないときに事故が起きた場合であっても、自損事故保険は適用されます。

◎搭乗者傷害保険とは

搭乗者傷害保険は、被保険自動車の運転中に運転者や同乗者が事故でケガや死亡した場合に支払われる保険です。自損事故保険と同時に支払われる場合もあります。単に搭乗中に事故に遭った場合にはだいたい支払われると考えておいてよいでしょう。搭乗者傷害保険の被保険者は、事故に遭った車に搭乗していた者です。運転者も含みます。

ただ、自損事故保険の場合と同様、暴走族の箱乗りのように、極めて異常かつ危険な方法で搭乗中の者は除かれます。

◎無保険車傷害保険とは

無保険車傷害保険は、無保険自動車との事故によって、被保険者が死亡または後遺障害を負った場合に支払われる保険です。

自動車は原則として２年ごとに車検を受けなければなりませんが、この手続きを怠り、自賠責に加入していない状態で車を運転し、事故を起こすこともあります。

このような場合、自賠責から補償は下りませんから、被害者は十分な損害賠償を受けることができないことになってしまいます。このような場合に補償してくれるのが、無保険者傷害保険です。無保険者傷害保険は車対車の事故で相手方が無保険車の場合に相手の支払うべき損害賠償額を相手に代わって支払ってくれる保険なのです。

自賠責保険と任意保険の違い

	任意保険	自賠責保険
加入の仕方	加入は自由（任意）	車の所有者は強制加入
補償の範囲	対人、対物、搭乗者、車両損害、無保険車傷害、自損などの補償	対人賠償についてだけ一定額まで補償（死亡の場合3000万円）
補償の意味	自賠責で足りない分を補てんする保険	被害者の基本的補償の確保
その他	①被保険者の範囲を限定して、保険料を安くできる（年齢制限や家族限定など） ②自賠責保険に比べて免責事項が多い	①任意保険に比べて免責事項が少ない ②被害者の過失相殺が制限される ③保険金の算出方法が定型化されている

20 積立型の損害保険の特徴

一定期間後にお金が戻ってくる貯蓄機能をもつ

どんな保険商品があるのか

積立型の損害保険の最大の特徴は、保険期間の満期時に元本に利息を加えた金額が契約者に戻ってくることです。保険料は補償保険料（掛け捨て部分）と積立保険料から構成されており、掛け捨てがある分、保険料総額よりも受け取る満期金のほうが少なくなります。

通常の損害保険の保険期間は、毎年更改する1年ものが一般的ですが、積立型の保険期間は3～20年、もしくはそれ以上の長期のものもあります。

積立型保険は分野別にいくつかの種類があります。傷害保険をベースにしたものには、普通傷害保険タイプ、年金タイプ、交通傷害タイプの他に、「こども総合保険」や「積立女性保険」のように対象別の積立保険もあります。火災保険がベースになっているものには長期総合保険、自動車保険がベースになっているものには積立型自動車保険があります。

満期返戻金のタイミングはさまざま

満期返戻金を受け取る時期は、保険会社の商品によって異なります。保険期間終了時にまとめて受け取るタイプのほか「5年ごと」という商品もあります。また、保険期間の途中で所定の返戻金が支払われる契約方法もあります。さらに、保険期間中の中途に資金を手にしたい人のために、積立保険料部分を担保にして、保険会社が契約者に一定限度まで必要資金を貸し付ける制度もあります。この場合、契約者は保険契約を継続することが可能です。

年金払積立傷害保険とは

積立型損害保険のうち、満期返戻金を年金型式で少しずつ受け取るのが**年金払積立傷害保険**です。生命保険会社が販売している個人年金保険に似た保険といえます。

給付金の受け取り方法には、5～20年の範囲で、1年ごとに受取り期間を設定する確定型と、受け取り期間を15年や20年などに設定する保証期間付有期型があります。確定型では加入者の生死に関係なく給付金が支払われますが、保証期間付有期型ではその保証期間が過ぎた後に加入者が死亡した場合、その後の給付金は支払われません。

年金払積立傷害保険は「個人年金にケガの補償がついている」と捉えることもできるため、保険料と年金受取り期間が同じであれば、個人年金よりも年金払積立傷害保険のほうが手厚い保障を受けることができるといえます。

第5章

健康保険のしくみと手続き

1 健康保険

業務外の事故で負傷した場合に治療などを受けることができる

◎健康保険とは

健康保険は、被保険者と被扶養者がケガ・病気をした場合や死亡した場合、さらには分娩した場合に必要な保険給付を行うことを目的としています。健康保険の納付内容は、次ページの図の通りです。業務上の災害や通勤災害については、労災保険が適用されますので、健康保険が適用されるのは、業務外の事故（災害）で負傷した場合に限られます。

健康保険を管理・監督するのは、全国健康保険協会または健康保険組合です。これを保険者といいます。これに対し、健康保険に加入する労働者を被保険者といいます。さらに、被保険者に扶養されている一定の親族（次ページ）などで、保険者に届け出た者を被扶養者といいます。

◎協会・健保組合が管理・監督する

健康保険は全国健康保険協会と健康保険組合が運営しています。

①　全国健康保険協会の場合

全国健康保険協会が保険者となっている場合の健康保険を全国健康保険協会管掌健康保険（協会けんぽ）といいます。保険者である協会は、被保険者の保険料を適用事業所ごとに徴収したり、被保険者や被扶養者に対して必要な社会保険給付を行ったりします。

手続きの種類によっては、全国健康保険協会の都道府県支部ではなく、年金事務所が窓口となって行われています。

協会管掌の健康保険の保険料率は、地域の医療費を反映した上で、都道府県ごとに保険料率（３～12%）が設定されます。40歳以上65歳未満の人には、健康保険料率に加えて介護保険料率がかかります。

②　健康保険組合の場合

健康保険組合が管掌する場合の健康保険を組合管掌健康保険といいます。組合管掌健康保険の場合、実務上の事務手続の窓口は健康保険組合の事務所になります。健康保険組合の保険給付には、健康保険法で必ず支給しなければならないと定められている法定給付と、法定給付に加えて健康保険組合が独自に給付する付加給付があります。

◎被扶養者も対象となる

健康保険の被保険者が配偶者や子供などの家族を養っている場合、その家族のことを「養われている者」ということで、被扶養者と呼びます。健康保険では被保険者の被扶養者についても被保険者と同じように保険の給付を受けることができます。

健康保険において被扶養者になる人は、おもに被保険者に生計を維持されている者です。生計を維持されているかどうかの判断のおおまかな基準は、被扶養者の年収が130万円未満（60歳以上の者と障害者については180万円未満）で、被保険者の年収の半分未満であるかどうかです。

年収130万円が基準ですから、たとえば、パートタイマーとして働いている主婦（または主夫）に年収が150万円ほどある場合、勤め先で社会保険に加入していないとしても、夫（または妻）の被扶養者になることができません。

被保険者の被扶養者となることができる親族については、あらかじめ範囲が決まっており、それ以外の者はたとえ現実に扶養されている場合であっても健康保険の被扶養者となることができません。

被保険者の①直系尊族（父母や祖父母）、配偶者、子、孫、弟妹については、 被保険者との間に「生計維持関係」があれば被扶養者として認められます。一方、②被保険者の３親等以内の親族で①に挙げた者以外の者については、被保険者との間に「生計維持関係」と「同一世帯」があれば被扶養者として認められます。

健康保険の給付

種　　類	内　　容
療養の給付	病院や診療所などで受診する、診察・手術・入院などの現物給付
療養費	療養の給付が困難な場合などに支給される現金給付
家族療養費	家族などの被扶養者が病気やケガをした場合に被保険者に支給される診察や治療代などの給付
入院時食事療養費	入院時に行われる食事の提供
入院時生活療養費	入院する65歳以上の者の生活療養に要した費用の給付
保険外併用療養費	先進医療や特別の療養を受けた場合に支給される給付
訪問看護療養費	在宅で継続して療養を受ける状態にある者に対する給付
高額療養費	自己負担額が一定の基準額を超えた場合の給付
移送費	病気やケガで移動が困難な患者を医師の指示で移動させた場合
傷病手当金	業務外の病気やケガで働くことができなくなった場合の生活費
埋葬料	被保険者が業務外の事由で死亡した場合に支払われる給付
出産育児一時金	被保険者及びその被扶養者が出産をしたときに支給される一時金
出産手当金	産休の際、会社から給料が出ないときに支給される給付

2 療養の給付

現物給付としての療養の給付である

◎現物支給で、自己負担部分がある

業務外の病気、ケガなどについて、病院や診療所などで診察を受けたり、手術を受けたり、入院したりしたときに受けることができる給付が**療養の給付**です。また、保険薬局で薬を調剤してもらったときも給付を受けています。療養の給付は治療（行為）という現物により支給されます。

しかし、治療費用のすべてが支給されるわけではなく、被保険者は診療を受けるごとに一部負担金を支払うことになります（次ページ）。一部負担金は、かかった医療費のうち、一定割合を負担します（定率負担）。

なお、健康保険の療養の給付の範囲は次ページの図のようになっています。

◎保険医療機関とは

ケガをしたり、病気になったりすると、保険証（健康保険被保険者証、現在はカード形式になっている）をもって病院などの医療機関に行きます。そして、その病院などの窓口に、持参した保険証を提示して、必要な治療を受け、薬をもらいます。このときかかった病院などの医療機関が保険医療機関です。すべての医療機関が保険医療機関であるわけではありません。保険医療機関には次の３つの種類があります。

①　保険医療機関または保険薬局

都道府県知事の指定を受けた病院、医院、診療所、薬局などがあります。一般的に保険医療機関というと、この①のことをさします。

①の保険医療機関または保険薬局は、全国健康保険協会管掌、組合管掌を問わず、健康保険の被保険者およびその被扶養者が利用することができます。

なお、①の保険医療機関で保険診療に従事する医師は都道府県知事の登録を受けた保険医でなければならないことになっています。保険薬局も保険調剤に従事する薬剤師は都道府県知事の登録を受けた薬剤師でなければなりません。

②　特定の保険者が管掌する被保険者のための病院、診療所または薬局で、保険者が指定したもの

健康保険組合が管掌する事業主の直営病院や会社内の診療所がこの②にあたります。

③　健康保険組合が開設する病院、診療所または薬局

健康保険組合が設営した医療機関で、その組合が管掌する被保険者とその被扶養者だけを保険診療の対象とします。

療養費とは

健康保険では、病気やケガなどの保険事故に対して、療養という形で現物給付するのが原則です。しかし、保険者が療養の給付が困難であると認めたときや、被保険者が保険医療機関・保険薬局以外の医療機関・薬局で診療や調剤を受けたことにつきやむを得ないと認められたときは、**療養費**として現金給付が行われます。

一部は自己負担する

健康保険の被保険者やその被扶養者がケガや病気をして、病院や診療所などの医療機関などで保険診療として診察、治療などを受けた場合、かかった治療費などの一定の割合を自分で負担する必要があります。療養の給付にかかった費用のうちのこの自己負担分を**一部負担金**といいます。

一部負担金の割合は、次のようになっています。

- **義務教育就学前の者**

  2割

- **義務教育就学後70歳未満の者**

  3割

- **70歳～74歳**

  2割（平成24年3月31日までは1割。現役並みの所得がある者は3割）

「現役並みの所得がある者」とは、会社員で協会けんぽや組合健保に加入している場合は標準報酬月額が28万円以上、自営業などで国民健康保険に加入している場合は住民税課税所得145万円以上です。

ただし、年収が、単身世帯は383万円未満、2人以上世帯は520万円未満であれば、申請により非該当（現役並みの所得にあたらない）とすることができます。

療養の給付の範囲

	範　囲	内　容
①	診察	診断を受けるための各種の行為
②	薬剤、治療材料の支給	投薬、注射、消耗品的な治療材料など
③	処置、手術　その他の治療	その他の治療とは、理学的療法、マッサージなど
④	居宅における療養上の管理とその療養に伴う世話その他の看護	寝たきりの状態にある人などに対する訪問診療、訪問看護
⑤	病院または診療所への入院とその療養に伴う世話その他の看護	入院のこと。入院中の看護や食事の支給は入院診療に含まれる

※業務災害・通勤災害による病気やケガの治療、美容整形、一般的な健康診断、正常な妊娠、出産などは療養の給付の対象とはならない

3 高額療養費

治療費が高額になったときの給付である

高額療養費とは

病院や診療所で医療サービスを受けた場合でも、医療費の一部については本人が負担するのが健康保険のしくみです。しかし、医学の著しい発展によって高い性能の治療具が開発されるなど、医療は日々高度化されています。

そのため、長期入院や手術を受けた際の自己負担額が高額になることもあります。自己負担額が一定の基準額を超えた場合に被保険者に給付されるのが**高額療養費**です。

高額療養費は、被保険者や被扶養者が同じ月に同じ病院などで支払った自己負担額が、高額療養費算定基準額（自己負担限度額）を超えた場合、その超えた部分の額が高額療養費として支給されます。高額療養費算定基準額は、一般の者、上位所得者、低所得者によって、計算方法が異なっています。上位所得者ほど自己負担額が高くなります。

次ページ図の総医療費（療養に要した費用）とは、同じ月に同じ病院などで支払った医療費の総額です。「同じ月に同じ病院など」とは、暦月１か月内（１日から末日まで）に通院した同じ診療科であることが必要です。したがって、たとえ実日数30日以内であっても、暦月で２か月にまたがっている場合は「同じ月」とはいえません。

世帯合算と多数該当

高額療養費には**世帯合算**という制度があります。

世帯合算は、同一世帯で、同一の月１か月間（暦月ごと）に21000円以上の自己負担額（70歳未満の場合）を支払った者が２人以上いるときに、それぞれを合算して自己負担額を超えた分が高額療養費として払い戻される制度です。世帯合算する場合もそれぞれの個人は同一医療機関で医療費を支払っていることが要件になります。

また、高額療養費には**多数該当**という自己負担限度額を軽減させる制度があります。具体的には、同一世帯で１年間（直近12か月）に３回以上高額療養費の支給を受けている場合は、４回目以降の自己負担限度額が下がります。

自己負担限度額だけの支払い

高額療養費が支給され、最終的な負担額が軽減されても、医療機関の窓口で一度支払いをしなければなりません。したがって金銭的な余裕がないと、そもそも医療を受けることができないこともあります。そのような場合には、

高額療養費の現物支給化の制度を利用することができます。

申請は、国民健康保険の場合は市区町村の窓口、協会けんぽの場合は各都道府県支部、それ以外の社会保険を使用の場合は勤め先の健康保険組合に、限度額適用認定証の申請を行い、これを医療機関に提示することによって後ほど還付される高額療養費を見越した自己負担限度額のみの支払いですみます。

高額療養費

●1か月あたりの医療費の自己負担限度額（70歳未満の場合）

被保険者の区分	医療費の負担限度額（外来・入院）
上位所得者（標準報酬月額53万円以上）	150,000円+(総医療費−500,000円)×1% 〈83,400円〉
一般	80,100円+(総医療費−267,000円)×1% 〈44,400円〉
低所得者（市区町村民税非課税世帯）	35,400円 〈24,600円〉

※同一世帯で1年間に3回以上高額療養費の支給を受けている場合は限度額は、〈〉内の金額になる

●1か月あたりの医療費の自己負担限度額（70〜74歳の場合）

被保険者の区分	医療費の負担限度額	
	外来	外来入院
一定以上所得者	44,400円	80,100円+(総医療費−267,000円)×1% 〈44,400円〉
一般	24,600円	62,100円 〈44,400円〉
低所得者2（市区町村民税非課税世帯）	8,000円	24,600円 〈24,600円〉
低所得者1（所得が一定水準に満たない者）	8,000円	15,000円 〈15,000円〉

※同一世帯で1年間に3回以上高額療養費の支給を受けている場合は限度額は、〈〉内の金額になる
※「一般」区分の自己負担限度額は、平成24年3月31日までは、外来は、12,000円、外来入院は44,400円に据え置かれています。

4 高額医療・高額介護合算療養費制度

医療費と介護サービス費の合計が上限を超えた場合、返金される

高額介護合算療養費とは

介護保険は1割の本人負担でサービスを提供してもらうことができます。ただ、医療費に加えて介護保険の費用を負担とするとなると、高額の負担を伴うケースも生じます。

そのため、毎年8月から1年間にかかった医療保険と介護保険の自己負担額の合計が一定の基準額（75歳以上の世帯で所得が一般の場合56万円）を超える人に対してはその超える分（高額介護合算療養費）を支給する制度が用意されています。

高額医療・高額介護合算療養費制度

医療について高額療養費（140ページ）、介護について高額介護サービス費の制度が用意されていますが、介護サービス費の高額負担者は、医療費の高額負担者であることも多く、それぞれの制度の自己負担上限額を負担する場合、その合計額は大きな負担となります。

そこでその自己負担を軽減する目的で、平成20年4月に**高額医療・高額介護合算療養費制度**が設けられました。この制度は、年額で限度額が設けられ、医療費と介護サービス費の自己負担額の合計が著しく高額となる場合、申請して認められるとその超過額が後から支給されます。

対象となるのは、被用者保険、国民健康保険、後期高齢者医療制度の医療保険各制度の世帯です。介護保険の受給者がおり、毎年8月1日からの1年間でその世帯が自己負担する医療費と介護サービス費の自己負担額の合計が、設定された自己負担限度額を超えたときです。

この自己負担限度額は、56万円が基本ベースとなっていますが、加入している医療保険の各制度や世帯所得によって細かく設定されています。

合算を利用するときの手続き

医療保険が後期高齢者医療制度または国民健康保険の場合は、医療保険も介護保険も所管が市区町村なので、役所の後期高齢者医療または国民健康保険の窓口で支給申請を行います。

一方、被用者保険の場合、医療保険と介護保険の所管が異なるため、まず介護保険（市区町村）の窓口で介護保険の自己負担額証明書の交付を受け、これを添付して協会けんぽなど、各被用者保険の窓口で、高額医療・高額介護合算制度の支給申請をする必要があります。

5 保険外併用療養費

保険診療と保険外診療を併用した場合の給付

保険外併用療養費とは

健康保険では、保険が適用されない保険外診療があると保険が適用される診療も含めて、医療費の全額が自己負担となるしくみとなっています（混合診療禁止の原則）。

ただし、保険外診療を受ける場合でも、厚生労働大臣の定める評価療養と選定療養については、保険診療との併用が認められています。

評価療養とは、保険適用前の高度な医療技術を用いた医療や新薬など、将来的な保険適用を前提としつつ保険適用の可否について評価中の療養のことです。

たとえば、薬価基準収載前の承認医薬品の投与、保険適用前の承認医療機器の使用、薬価基準に収載されている医薬品の適応外使用なども評価療養に含まれます。

選定療養とは、個室の病室や、予約診療や、紹介状なしの大病院受診、保険で認められている内容以上の医療行為など、患者本人が希望して受ける「特別な療養」のことです。200床以上の病院の未紹介患者の初診、200床以上の病院の再診、制限回数を超える医療行為、180日を超える入院、前歯部の材料差額、金属床総義歯、小児う蝕の治療後の継続管理などが選定療養に含まれます。

具体例

保険外併用療養費が支払われる具体的なケースについて見ていきましょう。

通常の治療と共通する部分（診察・検査・投薬・入院料など）の費用は、一般の保険診療と同様に扱われ、その部分については一部負担金を支払うこととなり、残りの額については、健康保険から保険外併用療養費という給付が行われることになります。

たとえば、総医療費が120万円、うち先進医療についての費用が30万円だった場合、先進医療についての費用30万円は、全額を患者が負担することになります。

そして、残りの90万円のうち、通常の治療と共通する部分（診察、検査、投薬、入院料など）については原則として３割の自己負担分（27万円）を除いた７割（63万円分）が保険外併用療養費として給付されます。

結局、30万円と27万円を合わせた57万円について、患者が自己負担することになります。

6 入院時食事療養費・生活療養費

入院に伴い食事の提供を受けたときの給付

入院時食事療養費とは

病気やケガなどをして入院した場合、診察や治療などの療養の給付（現物給付）の他に、食事の提供を受けることができます。この食事の提供（現物給付）としての保険の給付を**入院時食事療養費**といいます。

入院時食事療養費の給付を受けた場合、原則として１食あたり260円の自己負担額を支払う必要があります。これを**標準負担額**といいます。ただし、住民税非課税者や70歳以上の低所得者に対しては、下図のように減額措置が設けられています。

入院時生活療養費とは

入院患者は、症状が重い間は、医師や看護婦により十分な看護を受けておりますが、ある程度症状安定し、リハビリが必要となる段階で、看護が少なくなり、65歳以上の高齢者は介護を受けながら生活するようになります。そこで、介護保険との均衡の観点から、入院する65歳以上の方の生活療養に要した費用について、保険給付として**入院時生活療養費**を支給されることとなりました。

入院時生活療養費の額は、生活療養に要する平均的な費用の額から算定した額をベースに、平均的な家計における食費及び光熱水費など、厚生労働大臣が定める生活療養標準負担額（食費については１食につき460円、居住費については１日につき320円）を控除した額、となっています。この生活療養標準負担額は、低所得者は軽減されています。

食事療養についての標準負担額

	対象者区分	標準負担額（１食あたり）
1	原則	260円
2	市区町村民税の非課税対象者等で減額申請の月以前12か月以内に入院日数90日以下の者	210円
3	2の者で減額申請の月以前12か月以内に入院日数が90日を超える者	160円
4	70歳以上の低所得者	100円

7 家族療養費

療養費や入院時食事療養費を一括した給付である

被扶養者には家族療養費が支給される

被保険者の被扶養者が病気やケガをして、保険医療機関で療養を受けたときは、**家族療養費**が給付されます。

家族療養費は被保険者が受ける療養の給付、療養費、保険外併用療養費、入院時食事療養費を一括した給付です。そのため、現物（治療行為など）で給付を受けるもの（現物給付）と現金で給付を受けるもの（現金給付）とがあります。家族療養費の給付内容は、被保険者が受ける療養の給付などの給付とまったく同じものになります。

たとえば、療養の給付であれば、保険医療機関の窓口で健康保険被保険者証（カード）を提出して、診察、薬剤・治療材料の支給などを受けますが、被扶養者も保険証を提示して治療などを受けます。

現物給付として家族療養費の支給を受けることができない場合に、現金給付である家族療養費の支給を受けることができますが、家族療養費の支給を受ける場合には、被保険者に対する療養費と同様に以下の要件を満たすことが必要です。

・保険診療を受けることが困難であるとき
・やむを得ない事情があって保険医療機関となっていない病院などで診療・手当などを受けたとき

また、自己負担額（被保険者が負担する部分）も被保険者と同じように、義務教育就学後70歳未満の者については３割、義務教育就学前の者は２割、70歳以上の者は２割（ただし、平成24年３月31日までは１割、一定以上の所得者については３割）となっています。

なお、一定以上の所得者とは、70歳に達する日の属する月の翌月以後にある被保険者で、療養を受ける月の標準報酬月額が28万円以上である者の被扶養者（70歳に達する日の属する月の翌月以後にある被扶養者に限る）です。ただし、標準報酬月額が28万円以上の者であっても年収が一定額以下の場合には申請により一定以上の所得者とならないことができます。

家族療養費が支給されない者もいる

長寿医療制度（158ページ）の給付を受けることができる者には家族療養費の支給は行いません。また、介護保険法に規定する指定介護療養施設サービスを行う療養病床などに入院中の者にも家族療養費が支給されません。

8 傷病手当金

3日間の待期期間が必要である

傷病手当金とは

労働者（被保険者）が業務外の病気やケガで働くことができなくなり、その間の賃金を得ることができないときに、健康保険から**傷病手当金**が支払われます。

傷病手当金の支給を受けるには、連続して3日間仕事を休んだことが要件となりますが、この3日間はいつから数える（起算する）のかを確認しておきます。

3日間の初日（起算日）は、原則として病気やケガで働けなくなった日になります。たとえば、就業時間中に業務とは関係のない事由で病気やケガをして働けなくなったときは、その日が起算日となります。また、就業時間後に業務とは関係のない事由で病気やケガをして働けなくなったときは、その翌日が起算日となります。

休業して4日目が傷病手当金の支給対象となる初日です。それより前の3日間については傷病手当金の支給がないため、「待期の3日間」と呼ばれています。待期の3日間には、会社などの公休日や有給休暇も含みます。また、この3日間は必ず連続している必要があります。

1年6か月まで支給される

傷病手当金の支給額は、1日につき標準報酬日額の3分の2相当額です。ただ、会社などから賃金の一部が支払われたときは、傷病手当金と支払われた賃金との差額が支払われます。

標準報酬日額とは、標準報酬月額の30分の1の額です。傷病手当金の支給期間は1年6か月です。これは、支給

傷病手当金の待機期間

①

3/1	3/2	3/3	3/4	3/5	3/6	3/7	3/8	3/9	3/10
出	休	出	休	休	出	出	休	休	出

②

4/5	4/6	4/7	4/8	4/9	4/10	4/11	4/12	4/13	4/14
出	休	出	休	休	休	休	休	休	休

休業した日が連続3日間なければ待期期間が完成しない
①では、連続した休業が2日しかないため、待期期間は完成しない
②では、4月8日、4月9日、4月10日と連続した休業が3日間あるので4月10日に待期が完成、4月11日から支給される

を開始した日からの暦日数で数えます。たとえば、４月11日分から傷病手当金をもらっている場合であれば、翌年の10月10日までの１年６か月間が最長の支給期間ということになります。１年６か月間のうち、実際に傷病手当金が支給されるのは労務不能による休業が終わるまでの期間です。

なお、被保険者期間が１年以上あり、会社を退職した日に傷病手当金を受けている、または受けられる状態であるときは、退職後も受給期間が満了するまで傷病手当金を受けることができます。

◎出産手当金・障害厚生年金との調整

傷病手当金と出産手当金（148ページ）とでは、支給根拠は異なりますが、どちらも生活保障の役割で支給されます。したがって両方を同時に受給することはできません。両方の支給要件に該当するときは、出産手当金が支給され、傷病手当金は支給されません。

また、同一の傷病により傷病手当金と障害厚生年金の両方の支給要件に該当するときは、障害厚生年金が支給され、傷病手当金は支給されません。ただし、障害厚生年金の額が少なく、障害厚生年金の年額を360で除した額が、１日当たりの傷病手当金の額に満たない場合は、その差額分の傷病手当金が支給されます。

◎労災の休業補償給付との調整

傷病手当金は、業務外の傷病により支給されるもので、労災保険の休業補償給付は業務上の傷病により支給されるものです。傷病の原因は別ものですが、どちらも生活保障の役割で支給されます。したがって同時に支給要件に該当しても両方を同時に受給することはできません。両方の支給要件に該当するときは、休業補償給付が支給され、傷病手当金は支給されません。

傷病手当金の支給期間

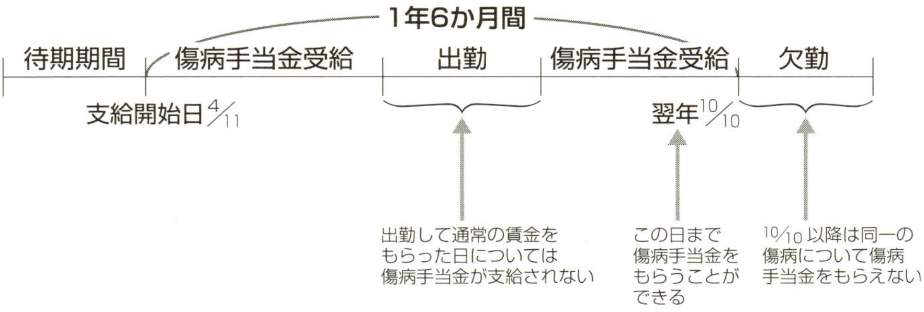
1年6か月間
待期期間
傷病手当金受給
出勤
傷病手当金受給
欠勤
支給開始日4/11
翌年10/10
出勤して通常の賃金をもらった日については傷病手当金が支給されない
この日まで傷病手当金をもらうことができる
10/10以降は同一の傷病について傷病手当金をもらえない

9 出産手当金・出産育児一時金

産前産後について支給される

出産のための給付

出産は病気やケガではありませんので、出産にかかる費用については療養(費)の給付を受けることができません。

そこで、健康保険では、出産のために仕事を休んだ場合の賃金の補てんと出産費用の補助を行っています。賃金の補てんとしての給付を**出産手当金**、出産費用の補助としての給付を**出産育児一時金**といいます。

出産手当金とは

被保険者が出産のため、休業することによって、賃金を得ることができなかった場合（または減額された場合）に支給されます。

出産手当金の支給を受けることができる期間は、出産日以前（産前）42日（双児以上の妊娠は98日）から出産日後（産後）56日までの間です。出産日当日は産前に含まれます（次ページの図参照）。出産手当金の支給額は、休業1日につき標準報酬日額（標準報酬月額の30分の1の額）の3分の2相当額です。ただ、会社などから賃金の一部が支払われたときは、出産手当金と支払われた賃金との差額が支給されます。

出産手当金の出産とは妊娠85日（4か月）以上の出産をいいます。生産、早産、死産、流産、人工中絶も含みます。

出産手当金と出産育児一時金

	出産手当金	出産育児一時金
内容	出産のため会社を休み、事業主から報酬が受けられないときに支給される手当	妊娠4か月以後（妊娠85日以後）に出産したときに支給される一時金
支給額	1日につき標準報酬日額の3分の2に相当する額	1児ごとに42万円（原則）
取得手続き	産前、産後別または産前産後一括してそれぞれの期間経過後に、事業所管轄の全国健康保険協会の都道府県支部または会社の健康保険組合に提出する	出産から2年以内に事業所管轄の全国健康保険協会の都道府県支部または会社の健康保険組合に提出する

また、実際の出産が当初の予定日より遅れた場合は、実際に出産した日までの期間について出産手当金が支給されます。つまり、出産手当金の産前の支給期間が42日（双児以上の場合は98日）よりも延びることになります。逆に出産が予定日よりも早まったときは、すでに支給された出産手当金について、産後の出産手当金である56日の一部を支給したものとみなします。予定よりも出産が早まった日数分は支給されません。

出産手当金は傷病手当金と違い、対象となる休業期間に働くことができるかどうかは関係ありません。実際に働かなかった日があれば、出産手当金の支給の対象となります。

出産育児一時金とは

健康保険の被保険者が出産したときは、出産育児一時金として被保険者またはその被扶養者である家族が妊娠4か月以後（妊娠85日以後）に出産したときに、一児につき42万円が支給されます（双児以上の場合は42万円×人数分）。

ただし、妊娠週数が22週に達していないなど、産科医療補償制度（出産時の事故で重度の脳性麻痺児が生まれた場合に補償を行う制度）が適用されない出産の場合、支給額は39万円となります。

出産手当金が支給される期間

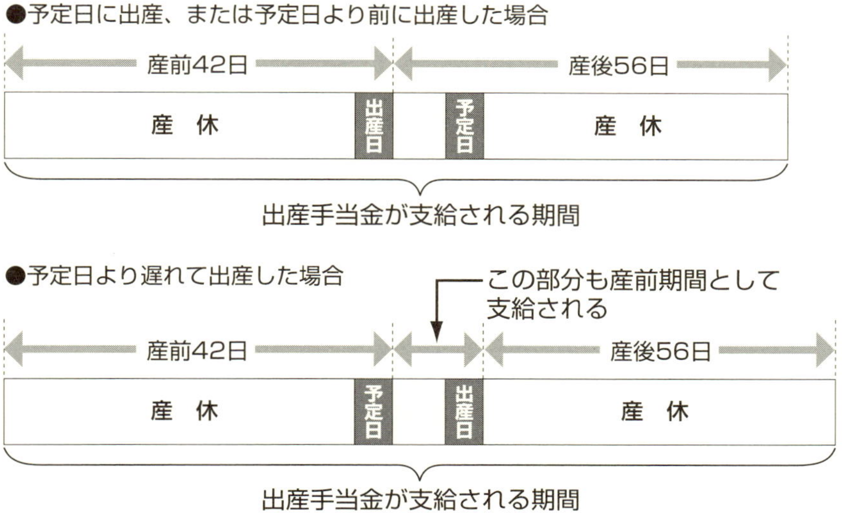

10 訪問看護療養費・移送費

自宅で療養する者への訪問看護サービスである

訪問看護療養費とは

在宅で継続して療養を受ける状態にある者について、健康保険の給付の対象となります。これを**訪問看護療養費**といいます。訪問看護療養費は、かかりつけの医師の指示に基づき、指定訪問看護事業者（訪問看護ステーションに従事する者）の看護師等による訪問看護サービスの提供を受けたときに支給されます。指定訪問看護事業者とは、厚生労働大臣の定めた基準などに従い、訪問看護を受ける者の心身の状況などに応じて適切な訪問看護サービスを提供する者です。

訪問看護療養費の支給要件は下図の通りです。

訪問看護サービスを受けた場合、被保険者は厚生労働大臣の定めた料金の100分の30の額を負担する他、訪問看護療養費に含まれないその他の利用料（営業日以外の日に訪問看護サービスを受けた場合の料金など）を自己負担します。

移送費とは

医師の指示によって、緊急に転院した場合などのように、転院にともなって必要になるタクシー代などの移動費について、健康保険から給付を受けることができます。これを**移送費**といいます。移送費は現金給付です。いったんタクシー代などの移送費を自分で支払い、後で、移送費相当額の給付を受けることになります。

移送費として受けることができる額は、低廉かつ通常の経路および方法によって移送した場合の運賃になります。

訪問看護療養費の支給要件

支給要件
- ①病状が安定していること
- ②在宅療養において、かかりつけの医師が、看護師、保健師、助産師、准看護師、理学療法士、作業療法士および言語聴覚士が療養上の世話および診療の補助をすることを認めて、指示していること

11 埋葬料・埋葬費

自殺した場合にも支給される

埋葬料・家族埋葬料とは

被保険者が業務外の事由で死亡した場合に、その被保険者により生計を維持されていた人で埋葬を行う人に対して**埋葬料**が支払われます。被保険者が自殺した場合にも支払われます。

「被保険者により生計を維持されていた人」とは、被保険者である親が死亡した場合の子などです。ただ、民法上の親族や遺族でない者でも、同居していない者であってもかまいません。

また、生計の一部を維持されていた人も含みます。健康保険の被扶養者である必要はありません。

「埋葬を行う人」とは、常識的に考えて埋葬を行うべき人をいいます。たとえば、被保険者の配偶者や子がこれにあたります。被保険者の配偶者や子がいない場合は、被保険者の兄弟姉妹やその他親戚の者などです。

埋葬料の額は、標準報酬月額にかかわりなく協会けんぽの場合、一律５万円です。埋葬料を請求するときは、「健康保険埋葬料請求書」に、死亡診断書などを添付して保険者に提出します。

また、被扶養者が死亡したときは、被保険者に対して家族埋葬料が支給されます。家族埋葬料の支給額は協会けんぽの場合一律５万円です。死産児は家族埋葬料の支給対象にはなりません。請求方法は埋葬料の場合と同じです。

埋葬費とは

身寄りのない１人暮らしの被保険者が亡くなったときのように、被保険者と生計維持関係にあった者がいないため、埋葬料を受ける者がいない場合は、実際に埋葬を行った者に**埋葬費**が支給されます。埋葬費の額は、埋葬料の金額の範囲内で、実際に埋葬に要した実費相当額です。費用には霊柩車代、霊前供物代、僧侶謝礼、火葬料などが含まれますが、参列者の接待費用や香典返しなどは含まれません。

死亡した場合の給付

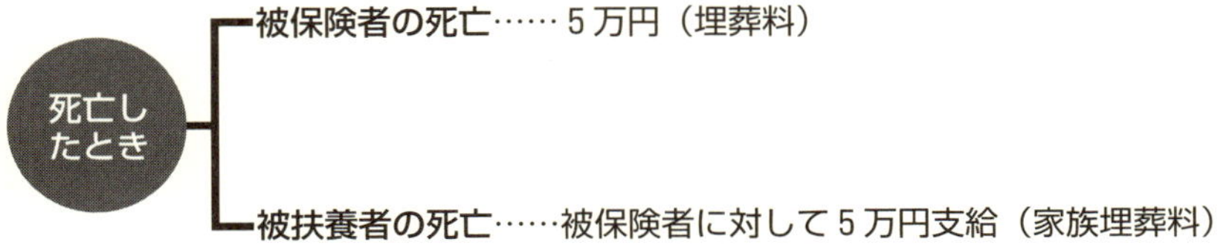

12 退職と医療保険制度

任意継続を選択しなければ国民健康保険に入ることになる

退職後の医療保険

医療保険制度には、個人で契約して加入する民間の医療保険制度（92ページ）と、公的医療保険制度があります。健康保険は、国などの保険者が「病気・ケガ・死亡・出産」に際して給付を行い、国民の健康と生活の安定を図るための制度です。医療機関の利用などを通じて受けられる最も身近な公的な医療保険制度と言えます。健康保険は会社を退職すると加入資格を失いますので、在職中に使っていた健康保険証（健康保険被保険者証）は、会社を通して返却しなければなりません。退職した日の翌日からは使えません。

現在の健康保険制度は、国民すべてが、いずれかの公的医療保険制度に加入することになっています。会社を退職した後は、国民健康保険や長寿医療制度などのいくつかの制度の中から該当するものを選ぶことになります。

退職証明書類を会社からもらっておく

従業員が退職する場合、加入している医療保険の保険者が退職者についての退職手続きを行います。保険者とは制度を運営するために、保険料を徴収したり保険給付を行ったりする事業主体のことで、健康保険の保険者には、全国健康保険協会と、企業団体等が認可を受けて設立した健康保険組合があります。退職手続きについては、全国健康保険協会管掌であれば年金事務所、組合管掌ではそれぞれの健康保険組合の事務所が窓口となり、事業主（または担当者）が手続きを行うことになります。

一方、国民健康保険の手続きの窓口は、住所地の市区町村役場です。会社の退職後、国民健康保険に加入する場合、退職日の翌日から14日以内に、住所地にある市区町村役場の国民健康保険窓口に「国民健康保険被保険者資格取得届」を提出します。添付書類として、健康保険の「資格喪失届」のコピーなど退職を証明できる書類が必要になることもありますので、退職前に国民健康保険窓口に確認し、あらかじめ会社からもらっておくようにしましょう。

保険料や給付内容をチェックする

退職後にも、加入していた保険制度に関する手続きが必要となる場合があります。念のため、全国健康保険協会や健康保険組合などの退職前の健康保険証に記載されている記号番号、年金事務所や健康保険組合の住所・電話番号などをあらかじめメモしておきましょう。

会社に勤めている間は、組合または全国健康保険協会管掌の健康保険の被保険者になっています。しかし、会社を辞めると、後にどの健康保険に入るのかを自分で決めなければなりません。

会社を退職した後は、通常、再就職して再度健康保険の被保険者となるまでの間任意継続被保険者になるか、国民健康保険へ加入することになります。

国民健康保険に加入すると、別に健康保険に加入している者を除いて本人とその配偶者、子供など家族全員が被保険者となり、それぞれに保険料がかかってきます。国民健康保険の保険料は、前年の所得に基づいて計算されます。健康保険に加入していたときと比べると、保険料が安くなることが多いようですが、給付内容が違いますし、扶養家族の人数、住宅などの資産の有無などにより、かえって保険料が増える場合もあります。

それぞれの制度によって保険料や給付内容が異なります。自分や家族の健康状態などをよく考えて決めるようにしてください。

退職後の健康保険

会社を辞めたら

- **任意継続被保険者になる**
  退職日までに継続して2か月以上被保険者期間がある場合
- **家族の被扶養者になる**
  前年の年収が130万円未満（60歳以上または障害者は180万円未満）で、家族に扶養されている場合は可能
- **特例退職被保険者になる**
  厚生労働大臣の指定する健康保健組合に加入していた人が希望する場合
- **国民健康保険に加入**
  上のいずれのケースにもあてはまらない場合は、14日以内に市区町村の窓口に申請する

13 健康保険の資格喪失後の給付

被保険者期間に一定の制限がある

◎資格喪失後に受給できる手当

健康保険では、会社を辞めた場合など、資格を喪失した後でも給付を受けることができる場合があります。

資格喪失後に受給できる給付は、以下の傷病手当金、出産手当金、出産育児一時金、埋葬料または埋葬費の4つです。ただし、任意継続期間中に傷病手当金、出産手当金の受給要件が発生しても、これらの手当金を受給することはできません。

・傷病手当金

傷病手当金は、退職の際にすでに支給を受けているか、または、支給を受けられる状態であったことが支給要件になります。

・出産手当金

出産手当金は、出産予定日（または出産日）の42日前（多胎の場合は98日前）に在籍しており、退職日に勤務していないことが支給要件になります。

・出産育児一時金

出産育児一時金を受給するには、資格喪失後、6か月以内に出産していることが要件となります。

・埋葬料、埋葬費

埋葬料、埋葬費の給付が受給できるのは、①資格喪失後3か月以内の死亡、②資格喪失後の傷病手当金・出産手当金の継続給付を受けている間または受けなくなってから3か月以内に死亡したときのいずれかです。埋葬料・埋葬費については、任意継続被保険者の資格を喪失した場合であっても、通常の資格喪失と同様の基準で受給の可否を判断します。

資格喪失後も受けられる健康保険の給付

給　付	資格喪失前の要件	資格喪失後の要件
傷病手当金	・資格喪失日の前日まで1年以上継続した被保険者期間 ・資格喪失時に受給していたか受給できる状態	
出産育児一時金	資格喪失日の前日まで1年以上継続した被保険者期間	資格喪失後6か月以内の出産
出産手当金	・資格喪失日の前日まで1年以上継続した被保険者期間 ・資格喪失時に受給していたか受給できる状態 ・出産日または出産予定日の42日前（多胎の場合は98日）に在籍	
埋葬料（費）		資格喪失後3か月以内の死亡

14 任意継続被保険者

退職後も２年間健康保険に加入することができる制度

◎任意継続被保険者とは

健康保険には、退職後も在籍していた会社の健康保険制度に加入できる**任意継続被保険者**という制度があります。

退職日まで被保険者期間が継続して２か月以上あれば、被保険者資格を喪失してから２年間、任意継続被保険者になることができます。

在職中と同様に、健康保険の給付を受けることができます。ただ、在籍中は、会社が保険料の半分を負担してくれていましたが、任意継続後は、全額を自己負担することになります。

任意継続においては、保険料に上限があるのがポイントです。上限額は保険者によって異なりますが、全国健康保険協会管掌健康保険では標準報酬月額28万円の場合の保険料が上限になります（東京都の介護保険第２号被保険者該当者の場合、平成23年４月分からは30772円）ので、在職中の保険料がこの上限を超えていた者や被扶養者の多い者は、国民健康保険を選択するよりも保険料が安くなることもあります。

◎納付が遅れると資格を失う

任意継続被保険者になるためには、退職日の翌日から20日以内に、「健康保険任意継続被保険者資格取得申出書」を保険者に提出します。

毎月の保険料は、月初めに送付される納付書で原則として毎月10日までに納付することになります。毎月の保険料の納付が１日でも遅れると、原則として被保険者資格がなくなります。

任意継続をする場合、継続期間中は保険料が変わりません。これに対して、市区町村によって運営されている国民健康保険の保険料は前年の所得などによって、毎年度変わりますので、どちらに加入すべきかを検討することが大切です。

任意継続被保険者の手続き

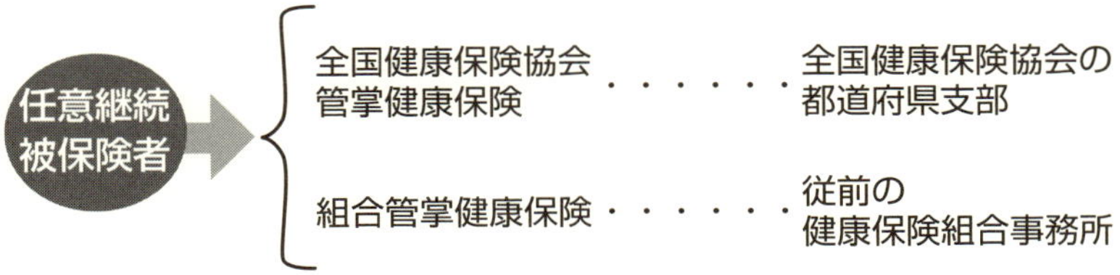

15 国民健康保険

現住所のある市区町村で国民健康保険に加入する

国民健康保険のしくみ

国民健康保険の対象となるのは、健康保険や船員保険などが適用されない農業者、自営業者、そして企業を退職した年金生活者などです。その内容は国民健康保険法に細かく定められており、日本の医療保険制度の基となっています。保険者は市区町村となります。

被保険者は現住所のある市区町村で国民健康保険に加入します。保険者は各市区町村で、保険証の交付もここで行われます。手続は原則として退職後14日以内に行います。

保険料は被保険者の収入などにより、その料率が定められています。詳しくはそれぞれの市区町村に問い合わせなければなりません。国民健康保険の自己負担額は以下の通りです。

- **小学校就学前までの被保険者**

  2割

- **小学校就学以後から70歳未満までの被保険者**

  3割

- **70歳以上の被保険者**

  1割(平成24年4月から2割の予定)

ただし、健康保険と同様、70歳以上であっても一定以上の所得がある場合には、3割負担とされています。

国民健康保険の給付

国民健康保険の給付は、基本的には会社員の加入する健康保険と同じですが、一部の給付については行われていない場合があります。保険給付などについて不服のある場合には、国民健康保険審査会に審査請求を行うことができます。審査請求は、処分が行われたことを知った日の翌日から60日以内に行います。

具体的には、以下のような給付がなされています。

① 療養の給付

被保険者が病気・ケガをした場合に行われる診察や治療のことです。

② 入院時食事療養費・入院時生活療養費

入院時に必要となる食事や生活の給付のことです。

③ 保険外併用療護費

保険がきく医療ときかない医療を併用した場合に、その保険がきく医療と共通する部分について行われる給付のことです。

④ 療養費

やむを得ない理由で被保険者証を持参しないで診察を受けて医療費を全額支払った場合などに、後から一部負担金を除いた額が現金で給付されます。

⑤　移送費

緊急に別の病院に移送された場合などに移動費用が現金で給付されます。

⑥　高額療養費

同一月に同一の保険医療機関に一定額以上の一部負担金を支払った場合、その超過分が現金で支給されます。

⑦　訪問看護療養費

主治医の指示により、訪問看護を利用した場合に、その費用が訪問看護療養費として現物給付されます。

⑧　特別療養費

保険料滞納などによって被保険者証を市区町村に返還せざるを得なくなった場合に医療機関に医療費を全額支払った際に、被保険者資格証明書の交付を受けることによって一部負担金相当額を除いた医療費が現金で給付されます。

⑨　出産育児一時金

産科医療補償制度に加入している産院で出産した場合は、１児につき42万円が支給されます。

⑩　葬祭費

市区町村によって１～５万円程度が支給されます。

退職者医療制度とは

国民健康保険には**退職者医療制度**という制度があります。厚生年金保険などの老齢給付を受けることができる年齢で、厚生年金保険の加入期間が20年以上か40歳以降の加入期間が10年以上あることが、退職者医療制度を利用するための要件です。この要件を満たすと退職被保険者になることができます。国民健康保険と退職者医療制度については、制度を運営する費用についての財源に違いはありますが、利用する被保険者にとって違いはありません。

退職者医療制度は平成20年４月に廃止されましたが、平成26年度までの間に退職する65歳未満の退職者を対象として、現行の退職者医療制度を存続させる経過措置がとられています。

医療保険の種類

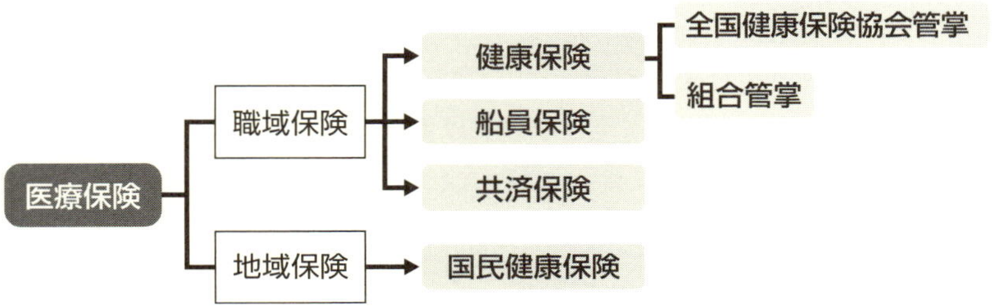

16 高齢者の医療保険制度

長寿医療制度に代わる新しい高齢者医療制度の導入が検討されている

高齢者医療確保法の制定

65歳以上の人の公的医療保険については、平成20年４月から施行されている高齢者の医療の確保に関する法律（高齢者医療確保法）により、64歳以前の人とは異なる医療保険制度が適用されています。

具体的には、65歳から74歳までの人を対象とした前期高齢者医療制度と、75歳以上（言語機能の著しい障害など一定の障害状態にある場合には65歳以上）の人を対象とした長寿医療制度（後期高齢者医療制度）が導入されています。

前期高齢者医療制度とは

前期高齢者医療制度とは、65歳～74歳の人を対象とした医療保険制度です。前期高齢者医療制度は長寿医療制度のように独立した制度ではなく、制度間の医療費負担の不均衡を調整するための制度です。したがって、65歳になったとしても、引き続き今まで加入していた健康保険や共済組合から療養の給付などを受けることができますし、自己負担額もこれまでと変わりません。

長寿医療制度とは

長寿医療制度とは、75歳以上の人に対する独立した医療制度です。国民健康保険や職場の健康保険制度に加入していたとしても、75歳になると、それまで加入していた健康保険制度を脱退し、長寿医療制度に加入することになりました。

75歳以上の人の医療費は医療費総額中で高い割合に相当するため、保険料を負担してもらうことで、医療費負担の公平化を保つことが長寿医療制度の目的です。

長寿医療制度に加入する75歳以上の高齢者は、原則として、若い世代よりも軽い１割の負担で、病院などで医療を受けることができます。利用者負担の金額が高額になった場合、一定の限度額（月額）を超える額が払い戻されます。

医療保険と介護保険の利用者負担の合計額が高い場合にも、一定の限度額（月額）を超える額が払い戻されます。

ただ、長寿医療制度については制度開始直後から制度内容をめぐって批判が噴出していました。そのため、「75歳以上」という年齢で切り分ける制度を改め、国民健康保険や健康保険制度に統合する方向で議論が進められています。

第6章

介護保険のしくみと手続き

1 介護保険制度

市区町村への申請と認定を受ける必要がある

市区町村が保険者になる

医療とともに重要な問題になるのが介護です。介護問題に対応する公的社会保険制度に**介護保険**があります。介護保険制度は、被保険者が、介護を必要とする状態になったときに必要なサービスが提供される制度です。

介護保険のシステムを運用している機関を保険者といいます。具体的には市町村や特別区です。特別区は、東京都の23区のことを言います（以降の説明で市区町村と表記した場合には、特に注記しない限り、特別区を含めます）。

原則として40歳以上の人がなる被保険者は、第１号被保険者と第２号被保険者に分かれています。65歳以上の人が第１号被保険者で、医療保険に加入している40～64歳の人が第２号被保険者です。介護保険制度では、被保険者が住んでいる市区町村がその被保険者の保険者となります。

医療保険の場合、保険の適用のある治療を受けると、病院の窓口で保険証を提出すれば、保険の適用を受けることができます。

一方、介護保険の場合には、保険証を提出すれば誰でも介護サービスが受けられる、というわけではありません。サービスを利用するには、自分から市区町村への申請を行い、要介護・要支援の認定を受ける必要があります。介護サービスを受ける必要がないと判断されれば、要介護・要支援の認定を受けることができず、介護保険を利用したサービスを受けることはできません。

認定を受けると、介護が必要な要介護状態にある場合には要介護１～５、要介護ほどではないが支援が必要な要支援状態にある場合には要支援１・２という区分にさらに分けられます。認定を受けた人が実際に受けることのできるサービスは、その区分によって異なりますが、大きく分けると介護給付と予防給付に分けることができます。

介護保険を利用する場合、介護保険を受ける本人かその家族などが、市区町村の窓口で申請の手続きを行います（176ページ）。

予防重視と地域密着型サービス

介護保険制度では、介護が必要な人へのサービスの提供だけでなく、介護が必要になる一歩手前の人が要介護状態になるのを予防するサービス（予防給付、169ページ）も提供されています。

また、介護保険では、地域密着型サービスを重視しています。

地域密着型サービスとは、身近な地域で細やかなサービスを提供するもので、市区町村が主体となって整備し、指定や監督を行うようになっています。地域密着型サービスには、認知症対応型通所介護、認知症対応型共同生活介護（通称グループホーム）、地域密着型特定施設入居者生活介護、などがあります。

地域支援事業は市区町村が行うもので、事業の内容は、介護予防事業・包括的支援事業・市区町村の判断により実施する事業・任意事業に分かれます。

介護予防・日常生活支援総合事業

平成24年４月からは、市区町村の判断により、要支援者・介護予防事業対象者向けの介護予防・日常生活支援のためのサービスを総合的に実施できる介護予防・日常生活支援総合事業を実施することができるようになります。

介護予防・日常生活支援総合事業は、地域支援事業の介護予防事業、包括的支援事業、市区町村の判断により実施する事業の３つをまとめたものとして位置づけられています。

事業の内容は、介護予防給付と似ていますが、配食や見守りを含めた総合的なサービスを提供することが可能になります。制度を導入した市区町村では、サービス利用者の状態・移行を考慮して、介護予防給付、介護予防・日常生活支援総合事業のどちらで対応するかを判断することになります。

介護サービスを利用するまでの流れ

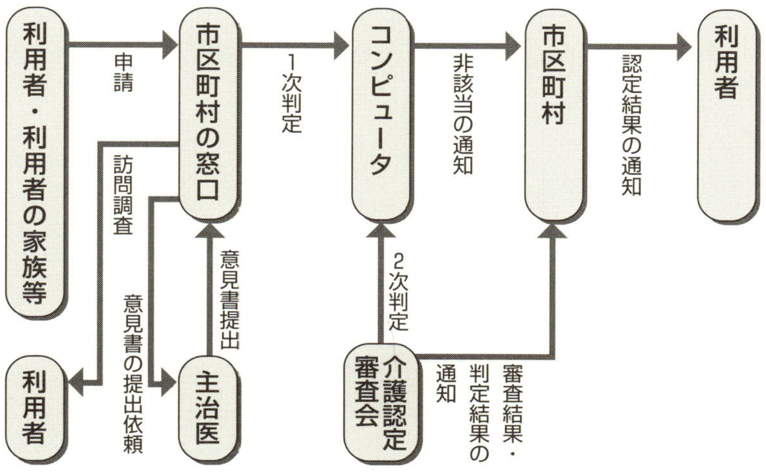

2 介護保険の被保険者

第1号被保険者と第2号被保険者の特徴を知る

◎被保険者とは

介護保険制度では市区町村が保険者となり、制度の運営を主体的に行います。一方、被保険者は、介護保険制度に加入して、保険料を納付し、サービスを受けることができます。

介護保険の被保険者は、第1号被保険者と第2号被保険者に分かれています。65歳以上の人が第1号被保険者で、医療保険に加入している40～64歳の人が第2号被保険者です。

◎第1号被保険者について

65歳以上の人は、第1号被保険者となります。介護保険の保険者は市区町村ですから、65歳になった人は自分の住んでいる市区町村の第1号被保険者となります。第1号被保険者は、自分の住んでいる市区町村が定めている保険料を納めます。一定以上の年金を受給している人は、その年金から保険料が天引きされます。一定金額以下の年金受給者は、普通徴収されます。普通徴収とは、税金を天引きされるのではなく、自分自身で納付する方法のことです。したがって、一定金額以下の年金受給者は、直接市区町村に保険料を納めることになります。第1号被保険者が納める保険料は、各市区町村が所得に応じて段階的に設定した金額で、定額制です。

第1号被保険者で介護保険の給付を受けることができるのは、要介護や要支援の認定を受けた人です。

なお、40～64歳の間、第2号被保険者ではなく生活保護を受給していた人も、65歳になったら介護保険制度の第1号被保険者となります。この場合、生活保護の生活扶助から保険料が支払われますが、実際に介護サービスを受ける場合には、生活保護による支援ではなく、介護保険制度の給付を受けることになります。

介護保険の被保険者

	40歳未満	40～64歳	65歳以上
介護保険	未加入	加入	加入
被保険者の種類	被保険者ではない	第2号被保険者	第1号被保険者

第2号被保険者について

第2号被保険者には、40～64歳で医療保険に加入している人とその被扶養者がなります。医療保険に加入している人やその被扶養者が40歳になると、自分の住んでいる市区町村の第2被保険者となります。第2号被保険者は、第1号被保険者とは異なり、自分の加入している医療保険料の徴収時に介護保険料の分を上乗せされて徴収されます。

介護保険料の負担部分については、雇用者側と折半する形となります。医療保険の被扶養者も40歳以上になると第2号被保険者となりますが、介護保険料の負担はありません。

第2号被保険者で介護保険の給付を受けることができるのは、第1号被保険者とは異なり、特定疾病によって介護や支援が必要となった場合に限られます。この場合も第1号被保険者と同様、要支援・要介護の認定を受けてはじめて給付を受けることができます。

特定疾病とは、要介護や要支援の状態の原因である身体上あるいは精神上の障害が、老化に起因する疾病のことで、筋萎縮性側索硬化症（ALS）、後縦靱帯骨化症など、政令で定められています。

第1号被保険者と第2号被保険者の特色

	第1号被保険者	第2号被保険者
対象者	65歳以上の人	40～64歳の医療保険加入者とその被扶養者
介護保険サービスを利用できる人	要介護・要支援認定を受けた人	特定疾患によって要介護・要支援状態になった人
保険料を徴収する機関	市区町村	医療保険者
保険料の納付方法	年金額が 一定以上：特別徴収 一定以下：普通徴収	介護保険料を上乗せされた状態の医療保険に納付
保険料の金額の定め方	所得段階で分けられた定額保険料（市町村が設定）	＜各医療保険＞ 標準報酬×介護保険料率 ＜国民健康保険＞ 所得割・均等割等の人数費による按分

3 介護保険を利用できる場合

予防重視のより細かい判定で制度の効率的な運用が可能になる

要支援・要介護状態とは

介護保険の場合、サービスを利用した被保険者すべてが、介護保険の給付を受けられるわけではありません。要支援あるいは要介護の認定を受けた人だけが、介護保険の給付を受けることができます。では、給付を受けるための認定基準となる要支援・要介護とはどのような状態を指すのでしょうか。

要支援者とは、要支援状態にある人で、要介護状態にある人が要介護者です。この**要支援状態**というのは、社会的支援を必要とする状態を指します。具体的には、日常生活を送る上で必要となる基本的な動作をとるときに見守りや手助けなどを必要とする状態のことです。介護保険の場合、こうした手助けが、身体上あるいは精神上の障害によって必要となっている場合が対象とされています。日常生活を送る上で必要となる基本的な動作とは、食事や排泄、入浴などです。

要支援と認定された場合、日常生活で手助けが必要となる状態を減らすため、また悪化することを防ぐために支援が必要である、と判断されたことになります。要支援者は、要支援状態の度合いによって、要支援１と要支援２に分類されます（次ページ）。

一方、**要介護状態**というのは、日常生活を送る上で必要となる基本的な動作をとるときに介護を必要とする状態です。こうした手助けが、心身上の障害によって必要となっている場合が対象とされています。要介護の場合には、介護が必要な状態の程度によって、「要介護１」から「要介護５」までの５段階に分かれています。

要介護認定等基準時間

要介護認定の１次判定で要介護状態にあると判定されなかった場合でも、１日の中で要介護状態が25 ～ 32分未満の申請者や、間接生活介助と機能訓練関連行為のための手助けを１日のうち合計10分以上必要となる申請者は、１次判定で要支援状態にあると判定されます。

こうした介護や手助けに必要となる時間は、**要介護認定等基準時間**と呼ばれ、１次判定で推計されます。要介護認定等基準時間はコンピュータで推計されたものですが、実際に介護サービスを受けられる時間ではありません。

要支援認定を受けた場合には予防給付を受けますが、要介護認定を受けた場合には介護給付を受けることができます。要介護は１～５の区分に分かれています。

なお、要介護１については、一次判定で要介護１相当と判定された人をさらに細かい基準で判定した結果、要支援２と要介護１に振り分けています。

要介護１相当の状態のうち、病気やケガによって心身の状態が安定していない状態ではない者などについては要支援２の認定を受けることになります。

要支援・要介護状態

	要介護認定等基準時間
要支援１	25～32分未満の状態 25～32分未満に相当すると認められる状態
要支援２	32～50分未満の状態 32～50分未満に相当すると認められる状態
要介護１	32～50分未満の状態 32～50分未満に相当すると認められる状態 要支援２に比べ認知症の症状が重いために排泄や清潔保持、衣服の着脱といった行為の一部に介助が必要とされる
要介護２	50～70分未満の状態 50～70分未満に相当すると認められる状態 １日に１回は介護サービスが必要となる状態の人が認定される
要介護３	70～90分未満の状態 70～90分未満に相当すると認められる状態 １日に２回の介護サービスが必要になる程度の要介護状態
要介護４	90～110分未満の状態 90～110分未満に相当すると認められる状態 １日に２、３回の介護サービスが必要となる程度の要介護状態
要介護５	110分以上ある状態 110分以上に相当すると認められる状態 日常生活を送る上で必要な能力が全般的に著しく低下しており、１日に３、４回の介護サービスを受ける必要がある状態

※　要介護認定等基準時間は、１日あたりに提供される介護サービス時間の合計がモデルとなっています。基準時間は１分間タイムスタディと呼ばれる方法で算出された時間をベースとしています。１分間タイムスタディとは、実際の介護福祉施設の職員と要介護者を48時間にわたって調査し、サービスの内容と提供にかかった時間を１分刻みに記録したデータを推計したものです。

4 事業者・施設

豊富なサービスの種類と施設の種類の特徴を把握しておく

◎指定事業者のサービスの提供

介護保険制度の特長は、利用者本人が選んでサービスを受けることができるという点です。介護保険のサービスを提供するのは、行政機関ではなく、営利法人やNPO法人といった事業者です。介護保険制度上のサービスを提供する事業者は、運営や人員基準の点で一定の要件を備える必要があります。要件を備えた事業者が介護サービスを提供するには、さらに都道府県知事の指定を受ける必要があります。

指定を受けた事業者はその提供するサービスによって、①指定居宅介護支援事業者、②指定居宅サービス事業者、③介護保険施設の3つに分類することができます。

◎指定居宅介護支援事業者

指定居宅介護支援事業者は、在宅で支援を受ける利用者にサービスを提供することをメインとしており、具体的には、利用者である要介護者の依頼を受けて介護サービスの利用計画（ケアプラン）を作成する他、すでに提供しているサービスが利用者にあっているかどうかをチェックして、必要に応じてプランの調整を行います。ケアプランの作成をメインとして行うケアマネジャーは、指定居宅介護支援事業者のもとで仕事を行っています。

◎指定居宅サービス事業者

指定居宅サービス事業者は、在宅の要介護者に対してケアプランに沿った居宅サービスを提供する事業者です。指定居宅サービス事業者は、その提供するサービス内容の種類に応じて細かく指定されます。

◎介護保険施設の3類型

介護保険施設の事業者は、施設サービスを提供します。介護保険施設は、原則として在宅で介護を受けることができない状態になった場合に利用が考えられるサービスです。たとえば、常に介護が必要な状態になった場合や、機能訓練などを受ける必要がある場合、などです。具体的には、介護保険施設は、①指定介護老人福祉施設、②介護老人保健施設、③指定介護療養型医療施設という3つの類型に分けられています。

いずれの事業者も、適切なサービス提供が行われなくなった場合には、取り消されることがあります（182ページ）。

5 利用者の負担する費用

安定した運用のためには利用者自身が利用料を負担することも必要

被保険者の保険料と利用料の上限

介護保険制度を運用するための費用は、利用者となりうる被保険者と市区町村、都道府県、国が負担しています。

被保険者の保険料の割合は、介護サービス料の全額から利用者本人が負担する1割分を除いた残りの9割のうちの半分で、残りの半分は国や都道府県、市区町村などの機関が負担します。

第1号被保険者の具体的な保険料は、国が定めた算定方法によって算出した基準額に対して各市区町村が調整し、市区町村ごとに金額を決定します。一方、第2号被保険者の保険料は原則として被保険者が加入している医療保険とともに納める形式となっています。

介護給付を受けるために認定を受けた利用者は、その認定の度合いによって受けられる給付額が異なります。このように、介護保険で利用できるサービスの費用の上限を区分ごとに定めたものを**支給限度額**といいます（月額）。支給限度額内で在宅サービスを利用した場合には、その費用の1割を利用者本人が負担します。支給限度額を超えて利用した場合には、その超えた金額は全額自己負担となります。

高額介護サービス費

在宅サービスや、施設サービスでの自己負担額が高額になってしまった場合、**高額介護サービス費**として、市区町村から払い戻しを受けることができます。ただし、入所・入院時の食費・居住費、差額ベッド代、日常生活費等の費用、住宅改修及び福祉用具購入の自己負担分は支給対象になりません。

高額介護サービス費として市区町村から払い戻しを受ける基準となる自己負担額の上限（月額）は、利用者の世帯の所得状況によって以下のように4段階に設定されています。高額介護サービス費の払い戻しを受けるためには、毎月払い戻しのための申請を行う必要があります。

① **第1段階（1万5,000円）**

生活保護受給者、世帯全員が住民税非課税でかつ老齢福祉年金受給者

② **第2段階（1万5,000円）**

世帯全員が住民税非課税でかつ課税年金収入額と合計所得金額の合計が80万円以下

③ **第3段階（2万4,600円）**

世帯全員が住民税非課税で利用者負担第2段階に該当しない場合

④ **第4段階（3万7,200円）**

第1～3段階にあたらない世帯

6 介護給付と予防給付

予防給付は介護状態の予防を目的としている

要支援の人が利用できる予防給付

介護保険制度を利用できる人は、要支援か要介護の認定を受けた人に限られます。認定を受けた人の中でも、要支援１・２の認定を受けた人が利用できるサービスは、要介護の人が受けられるサービスとは異なります。要支援認定を受けた人の場合には、要支援の状態から自立した生活ができるようにするために、あるいは要介護の状態にならないように予防するために、メニューが組まれます。要支援の認定を受けた人が受けられるサービスを予防給付といいます。

予防給付は、介護が必要となる状態を予防するためのものですから、予め計画を立ててから提供されます。この計画を予防プランと言い、地域包括支援センターの職員またはその委託を受けた者が作成します。

要支援の認定を受けた人が利用できるサービスは、在宅サービスと地域密着型サービスの一部で、施設サービスは利用できません。

在宅サービスには、訪問介護、訪問入浴介護、訪問看護、といったものがあり、予防給付の各メニューの内容は、要介護の人が受ける在宅サービスとほぼ同じですが、予防給付のサービスを利用できる場所は、通所サービスが中心となります。ただし、通所サービスを利用することが難しい場合には、訪問サービスが認められます。

地域密着型サービスには、①夜間対応型訪問介護、②認知症対応型通所介護（デイサービス）、③小規模多機能型居宅介護、④認知症対応型共同生活介護（グループホーム）、⑤地域密着型特定施設入居者生活介護（小規模の介護専用型有料老人ホームなど）、⑥地域密着型介護老人福祉施設入所者生活介護の６種類があります。要支援者が利用できるのは、②、③、④の３種類です。

なお、要支援の人の状況が悪化して要介護の認定を受けた場合には、提供されるサービスは介護給付に変更となります。

要介護の人が利用できる介護給付

介護保険制度では、常に誰かの介護を必要とする状態にあると判断されると、要介護と認定されます。認定は、どの程度介護を必要とするかによって、要介護１～５の５段階に分かれます。

要介護の人は、在宅サービスと施設サービス、それに地域密着型サービスを利用することができます。

要介護者のケアプランは、ケアマネジャーが作成します。介護給付にかかる費用のうち９割は介護保険でまかなわれますが、ホテルコストについては原則として自己負担とされています。これは在宅サービスでも施設サービスでも同じです。

介護給付の種類は下図の通りです。施設を利用する場合には施設サービス計画が作成されます。

新たなサービスの創設

平成24年４月から、新たに24時間対応のサービスである**定期巡回・随時対応型訪問介護看護**と、小規模多機能型居宅介護と訪問看護などを組み合わせた**複合型サービス**が地域密着型サービスに加わります。

定期巡回・随時対応型訪問介護看護とは、訪問介護と訪問看護のサービスを一体的に24時間体制で提供する制度です。

複合型サービスとは、複合型事業所を創設し、１つの事業所から、さまざまなサービスが組み合わせて提供するサービスです。これにより、各サービスでの調整を行いやすくなります。

定期巡回・随時対応型訪問介護看護と複合型サービスの対象者は、居宅の要介護者です。

介護給付の種類

	メニュー	
在宅サービス	訪問介護 訪問看護 居宅療養管理指導 通所リハビリテーション 短期入所療養介護 福祉用具貸与・特定福祉用具購入費支給 住宅改修	訪問入浴介護 訪問リハビリテーション 通所介護 短期入所生活介護 特定施設入居者生活介護
施設サービス	指定介護老人福祉施設 指定介護療養型医療施設	介護老人保健施設
地域密着型	夜間対応型訪問介護 認知症対応型共同生活介護 地域密着型介護老人福祉施設入所者生活介護 地域密着型特定施設入居者生活介護 小規模多機能型居宅介護 定期巡回・随時対応型訪問介護看護（平成24年４月から） 複合型サービス（平成24年４月から）	認知症対応型通所介護
ケアプラン	居宅介護支援（ケアプランの作成）	

7 在宅サービス

施設に訪問して受けるサービスと自宅で受けるサービスがある

訪問サービスとは

在宅サービスの中でも自宅でサービスを受けることができるものが訪問サービスです。

訪問サービスには、訪問介護、訪問入浴介護、訪問看護、訪問リハビリテーション、居宅療養管理指導、特定施設入居者生活介護などがあります。

それぞれのサービスの概要は下図の通りです。

通所サービスとは

通所サービスは、要介護者が都道府県から指定を受けた通所介護事業所に出向いて、サービスの提供を受けるもので、通所介護サービスと通所リハビリテーションに分けられます。

通所介護サービスは、通所介護事業所が要介護者の送迎からはじまって機能訓練の実施、社会的な交流の場の提供など、入浴や食事の提供以外のサービスも幅広く提供するものです。

通所リハビリテーションは、医師の指示に基づいて立てられた計画にそってリハビリテーションのサービスが提供されるものです。

通所リハビリテーションを行うことのできる施設は、病院や介護老人保健

要介護者が利用できる訪問サービス

訪問介護	別名ホームヘルプサービス ホームヘルパーが要介護者の自宅に出向く 要介護者の身体介護・生活援助・相談・助言
訪問入浴介護	入浴車で要介護者の自宅に出向く 入浴者にて入浴の介護を行う
訪問看護	病状は安定しているものの日常生活を送るには支障がある人が対象 要介護者の自宅に看護師などが出向く 看護師などが主治医の判断に基づいて医療的な看護を提供する
訪問 リハビリテーション	理学療法士・作業療法士が要介護者の自宅に出向く 要介護者の心身機能の維持回復、自立の手助けが目的 理学療法・作業療法などによるリハビリテーションを行う
居宅療養 管理指導	退院した要介護者の自宅に医療や栄養学の専門家が出向く 専門家は医師・歯科医師・薬剤師・管理栄養士・歯科衛生士など サービス内容は療養上の管理・指導・助言
特定施設入居者 生活介護	特定施設に入居している要介護者が対象 日常生活上の支援や介護の提供

施設といった医療機関に限られています。サービスを提供する人も、医師や理学療法士、作業療法士、言語聴覚士の他、一定の経験をつんだ看護師など、通所介護サービスに比べるとごく限られた人です。通所リハビリテーションでは、心身機能の維持や回復、自立した日常生活を行うための支援を目的としたリハビリテーションが行われます。

短期入所サービスとは

短期入所サービスは、短期入所生活介護と短期入所療養介護、があります。

それぞれのサービスの概要は下図の通りです。

短期入所生活介護と短期入所療養介護は**ショートステイ**と呼ばれることもあります。

なお、特別養護老人ホームや老人保健施設などに長期間入所する場合には施設サービスとなります。

しかし、有料老人ホームなどの特定施設の場合には、長期間入所していても在宅サービスの扱いとなります。特定施設入居者生活介護はこうした特定施設で提供される介護サービスのことです。

施設系サービスと短期入所サービス

短期入所サービス	■短期入所生活介護 別　名：ショートステイ 対　象：認知症や中重度の要介護者 目　的：要介護者を介護している家族から介護の負担を減らすこと 入所する施設：特別養護老人ホームなど 特　徴：施設に短期間入所し身体介護・日常生活の支援・機能訓練を受ける
	■短期入所療養介護 別　名：ショートステイ 目　的：家族から介護の負担を減らすこと 入所する施設：老人保健施設や指定介護療養型医療施設 特　徴：身体介護・日常生活の支援・機能訓練を受ける　医療施設の場合には医療的な処置受ける
施設サービス	特　徴：特定施設を除く特別養護老人ホーム・老人保健施設などに長期間入所する場合
特定施設入居者生活介護	条　件：有料老人ホームなどの特定施設に入所する場合 特　徴：長期間入所していても在宅サービス扱いとなる

8 施設サービス

原則として要介護者だけが施設サービスを利用できる

特別養護老人ホーム

施設サービスの中でも、常時介護を受けることに重点を置いているサービスが**特別養護老人ホーム**やケアつき有料老人ホームです。

特別養護老人ホームは短期間だけ入所してサービスを受けるショートステイの場合を除いて、要支援の人が予防給付としてサービスを受けることはできません。

なお、一般的には特別養護老人ホームや特養ホームといいますが、介護保険法上は、指定介護老人福祉施設と呼びます。

従来の特別養護老人ホームは、約4～6名の相部屋が主流でしたが、最近ではプライバシーを重視したユニット型の個室も提供されるようになりました。ユニット型の個室の場合は、大人数の相部屋よりも料金は割高となるのが一般的です。

老人保健施設

老人保健施設（老健）では、看護したり医療的な管理下で介護サービスを提供することに重点をおいています。また、医療的な視野から介護サービスを提供する一方で、機能訓練なども行い、入所している要介護者が自宅で生活できる状況をめざしています。特別養護老人ホームと同様、要支援者はショートステイで利用する以外には老人保健施設に入所することはできません。

老人保健施設の場合は、医師や看護師、薬剤師、理学療法士、作業療法士といった医療関係の専門家と介護職員が一丸となって要介護者の自宅復帰をめざしてプランを立て、サービスを提供します。介護サービスの提供を主体としている特別養護老人ホームと比べると、比較的医療関係のサービスが多く、実際の人員も介護関係の職員よりも医療的な看護関係の職員が多く配置されています。

指定介護療養型医療施設とは

指定介護療養型医療施設は、介護サービスも提供する医療施設です。通常の医療施設と比べると、介護関連の職員が多く配置されています。

医療的な体制が整っていない介護施設に入所する場合、介護サービスの点では問題がなくても、医療的な看護を受けられないのでは不安が残ります。

また、老人保健施設のように短期間集中して機能訓練などを受けることで自宅復帰が可能となるケースもありますが、長期間の療養が必要となるケースもあります。こうした高齢者を対象としているのが指定介護療養型医療施設です。

指定介護療養型医療施設に入院する際には、介護保険の適用を受ける場合と医療保険の適用を受ける場合があります。医療保険が適用される施設が医療保険型療養病床（医療療養病床）、介護保険が適用される施設が介護療養型医療施設（介護療養病床）となります。

施設サービスの種類とサービスの内容

	指定介護老人福祉施設（介護保険法上の名称）特別養護老人ホーム・特養ホーム	介護老人保健施設（介護保険法上の名称）老人保健施設・老健	指定介護療養型医療施設 療養病床
対象	在宅で生活することが難しい状態にある人 ショートステイで利用する場合を除いて要支援者の利用は不可	自宅で医療的な管理を行えない状況で入院は不要な場合 病院での治療終了後自宅に戻れるようにするために機能訓練などを行う場合 ショートステイで利用する場合を除いて要支援者の利用は不可	長期間の療養が必要な要介護者 手術・治療後、状態が安定した要介護者でそのまますぐに自宅で日常生活を行うことが難しい場合 要支援者は利用不可
サービス内容	入所時に作成されるケアプランに沿った内容 日常生活上必要となる支援・機能訓練・健康管理	医療関係と介護職員が要介護者の自宅復帰を目指して立てたプランに沿った内容 医療的な管理下での介護サービス・機能訓練	医療的な管理下で日常的な介護・機能訓練などを行う
特徴	常時介護を受けることに重点を置いているサービス ４～６人の相部屋・ユニット型の個室など	看護・医療的な管理下での介護サービスの提供に重点をおいているサービス 比較的医療関係のサービスが多い 介護関係の職員よりも看護関係の職員が多く配置 入所期間は原則として３か月に限定	介護サービスも提供する医療施設 通常の医療施設より介護関連の職員が多く配置 要介護１以上で入所（入院）可能となる 平成18年度医療制度改革で、平成24年３月をメドに廃止される予定であったが、廃止時期が６年間先送りされている

9 予防サービス

予防重視に変わったために充分なサービスが受けられないこともある

介護予防サービス

介護予防サービスは、①介護予防訪問介護、②介護予防訪問看護、③介護予防訪問入浴、④介護予防訪問リハビリテーション、⑤介護予防居宅療養管理指導、⑥介護予防通所介護、⑦介護予防通所リハビリテーション、⑧介護予防短期入所生活介護、⑨介護予防短期入所療養介護、⑩介護予防特定施設入居者生活介護、⑪介護予防福祉用具貸与、⑫介護予防福祉用具購入費補助、⑬住宅改修の13項目に分かれて提供されます。多くのメニューに介護予防という名称がついていますが、提供されるサービス内容は基本的には要介護者が受けるものとあまり違いはありません。

ただ、そのサービスを提供する目的が要介護者の場合とは異なって、介護状態の予防と現状の改善に向けられています。

地域密着型介護予防サービス

地域密着型サービスは、元々その地域（市区町村）に住む要介護者に向けて提供されるもので、認知症や一人暮らしの高齢者がなるべく住みなれた土地で生活を続けることができるようにするためにさまざまなサービスを身近な市区町村が主体となって提供するものです。

要介護認定の区分「要支援１、２」に該当する「要支援者」が受けられる地域密着型介護予防サービスは、①小規模多機能型居宅介護、②認知症対応型共同生活介護（グループホーム）、③認知症対応型通所介護（デイサービス）に分かれています。

訪問・通所・短期入所サービス

介護予防サービスのうち、要支援者のところに出向いて行われるサービスに、①介護予防訪問介護、②介護予防訪問看護、③介護予防訪問入浴、④介護予防訪問リハビリテーション、⑤介護予防居宅療養管理指導があります。

機能向上・栄養改善サービス

予防給付で選択的サービスとして提供されるサービスに、運動器の機能向上サービスや栄養改善サービス、口腔機能向上サービスがあります。

運動器の機能向上サービスは、まず３か月間分の運動器の機能向上計画が立てられ、その後１か月ごとに状況を見直し、修正などを行います。

要支援者が受けることのできるサービス

訪問‥‥要支援者のところに出向いて行われるサービス	
介護予防訪問介護	ホームヘルプサービス 要支援者宅で提供される日常生活の支援 入浴や食事、排泄などの介護を行う
介護予防訪問看護	要支援者宅で看護師などが療養上の世話や診療を補助するサービス
介護予防訪問入浴	要支援者宅に訪問した入浴車で入浴の援助を行うサービス
介護予防訪問 リハビリテーション	要支援者宅で作業療法士・理学療法士などが作業療法や 理学療法を行うサービス
介護予防居宅療養管理指導	要支援者宅で医師・歯科医などが行う介護サービスを受ける上での注意・管理についての指導
通　所‥‥要支援者が施設などに出向いてサービスを受ける場合	
介護予防通所介護	デイサービス 要支援者がデイサービスセンターなどで日常的な介護や機能訓練を受けるメニュー 入浴や食事、排泄などの介護を行う
介護予防通所 リハビリテーション	デイケア 要支援者が老人保健施設や指定介護療養型医療施設などでリハビリテーションなどを受けるメニュー
短期入所‥‥施設に短期間入所してサービスを受ける場合	
介護予防短期入所生活介護	要介護者に提供するものと同様のサービス提供を受けるメニュー
介護予防短期入所療養介護	要介護者に提供するものと同様のサービス提供を受けるメニュー
福祉用具‥‥福祉用具の貸与や購入費の補助を受ける場合	
介護予防福祉用具貸与	要介護者より貸与条件が厳しいので要注意
特定介護予防福祉用具 購入費	要介護者より支給条件が厳しいが費用は同額まで認められる
住宅改修‥‥住宅改修費用の補助を受ける場合	
地域密着型‥‥市町村が主体となって行われるサービス	
介護予防認知症対応型 共同生活介護	グループホーム 認知症の人に家庭的なケアを提供する住宅付きのサービス
介護予防認知症対応型 通所介護	デイサービス 認知症の人専用のデイサービス
介護予防小規模多機能型 居宅介護	通いを中心として訪問や施設への宿泊といった様々な形態をあわせて利用することができるサービス

10 介護保険利用の手続き

第1号被保険者は手元にある被保険者証を添えて申請する

認定から申請までの流れ

介護保険を利用する場合には、申請をしなければなりません。申請時に提出する申請書類には、申請者の主治医を記入する項目があります。この主治医は、被保険者の状況について記載した意見書を提出することになります。要介護認定の判断にあたっては、主治医の意見書は大きな影響を与えます。

要介護認定の申請を行うときには、第１号被保険者は手元にある被保険者証を添えて申請書を提出する必要があります。第２号被保険者は手元に被保険者証がありませんから、申請書だけを提出します。

必要事項を書いた申請書を提出してから30日以内に、訪問調査、主治医の意見書の提出、１次判定、２次判定という手続を経て、最終的な要介護認定が行われます。

要介護認定の結果については、申請者のもとに通知されます。このときに、申請時に提出した被保険者証も返却されます。要介護・要支援者と認定された場合には、送付されてきた被保険者証には該当する要介護度、給付限度額、今回の認定の有効期限などが記載されています。

自立と判定された場合には、被保険者証にこうした記載はされず、介護保険を利用することはできません。

誰が申請できるのか

介護保険を利用するには、要介護認定の申請をしなければなりません。要介護認定の申請は、市区町村などの介護保険制度を担当する窓口に対して行いますが、原則として本人が行わなければなりません。本人が申請できない状態の場合には、家族が申請することができます。

申請を行うことができる人は、本人と家族以外にもいます。たとえば、民生委員や成年後見人が本人の代わりに行うこともできます。

また、地域包括支援センターも本人に代わって申請することができます。サービスを提供する事業者では、指定居宅介護支援事業者や介護保険施設も代行可能です。

民生委員について

民生委員は、厚生労働大臣が委嘱しているものです。全国各地で約70～440世帯に１人の割合で配置されています。要介護認定の申請代理だけでなく、その地域の住民が福祉サービスをより受けやすくできるように支援する役割を担っています。任期は３年で、具体的には、担当する地域の住民の生活状態の把握に努め、相談を受けたり援助を行ったりします。また、福祉サービスについての情報を提供したり、行政への協力や支援も行います。

申請から認定までにかかる期間

要介護認定の申請をしてから認定されるまでの期間は30日以内とされています。更新の場合には、有効期間が切れる60日前から更新申請をすることができます。更新の時期が来ると、市区町村から更新申請の用紙が送付されますから、この用紙を更新時に提出します。

なお、介護保険の給付サービスを受けることができるのは、申請した日からです。ただ、認定結果が予想していた度合より軽かったり、非該当となった場合には、その部分についての支払は自己負担になるので注意が必要です。非該当の場合はそもそも介護保険の対象外ですから、全額を負担しなければなりません。

また、軽度の判定だった場合には、限度額も低くなるため、結果的に想定されていた介護保険の費用を超えてしまうことが考えられます。

この超えた部分については全額自己負担となりますから、認定が出る前にサービスを利用する必要がある場合には、必要最小限のサービスにとどめておく必要があります。

介護サービスを受けるまでの手続き

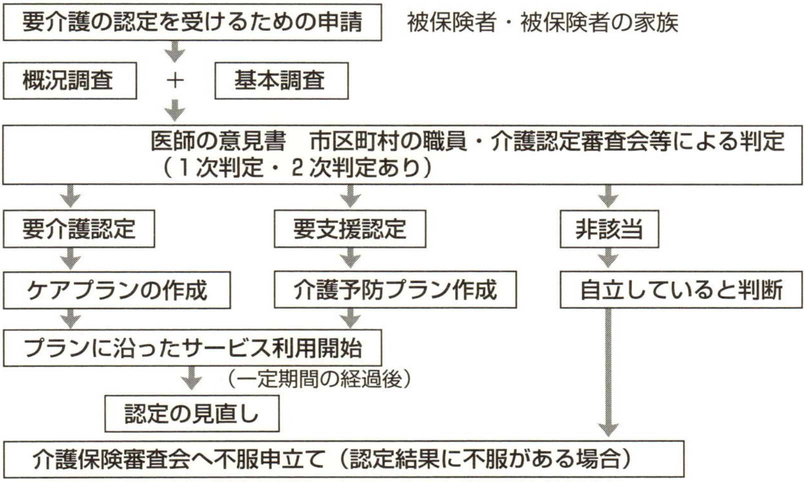

※　要介護・要支援の認定を受けてもその内容に不服がある場合は不服申立てを行うことができる

11 訪問調査

全国統一の形式で作成された調査票に基づいて行われる

訪問調査票で確認する

要介護認定の申請をすると、調査員が申請者のもとに訪れて、認定に関する調査を行います。調査は全国で行われますが、認定に差が生じないようにする必要があります。このため、調査の際には全国共通のフォーマットで書かれた認定調査票という書類が用いられます。申請者のもとに出向いた調査員は、この認定調査票に書かれている内容にしたがって、申請者の状況を確認していきます。

調査員には守秘義務が課されており、調査内容について秘密を漏らすことはありません。万が一漏らした場合には刑事罰が課せられます。

訪問調査で聞かれる内容

訪問調査は認定調査票に書かれた内容にしたがって行われます。調査票は概況調査（申請者が現在受けているサービス状況についての調査）、基本調査（身体機能、起居動作、認知機能、精神・行動障害、社会生活への適応などについての調査）、特記事項（基本調査票で判明しないことを認定調査員が訪問調査票に記載したもの）の３つに分かれています。調査票で調査する項目は全体で74項目あります。この74項目が質問事項です。

そのうち、透析やカテーテルなど特別な医療についての項目が12項目あります。それ以外は、62項目あり、寝返りや起き上がり、歩行、立ち上がりに関する質問などがなされます。この他、どの程度の視力や聴力があるのかといったことも質問されます。

新規申請と更新・区分変更申請

訪問調査は、新規に申請された場合と更新時や区分変更申請時に行われる場合があります。

新規の場合には、原則として市区町村が訪問調査を行います。実際に訪問調査を行う人は、市区町村が委託したケアマネジャーや市区町村の職員です。ケアマネジャーは介護に関する専門家ですし、市区町村の職員も介護に関する専門的な知識を持つケースワーカーや保健師、または看護師などが行っています。

一方、要介護認定の有効期間が経過したため更新する場合や、認定されている要介護度と現状があわないために区分変更申請を行った場合には、訪問調査にやってくる調査員の範囲が新規の場合より広くなります。具体的には、新規と同様に市区町村の職員や市区町村から委託されたケアマネジャーに加え、指定居宅介護支援事業者、地域密着型介護老人福祉施設、介護保険施設、その他の厚生労働省令で定められた事業者や施設などが訪問調査を行うことができます。

ケアマネジャーについて

現在では新規の申請については市区町村に委託されたケアマネジャーでなければ訪問調査を行うことができません。**ケアマネジャーは**、要支援者や要介護者の相談にのったり日常生活を送る上で必要なサービスや本人の希望などを本人の状況を把握しながら市区町村や事業者の間をとりもつ役割を果たす介護の専門家です。ケアプランを作成するのもケアマネジャーのおもな仕事の一つです。

ケアマネジャーは介護支援専門員とも呼ばれます。ケアマネジャーは5年ごとに資格の更新を行う必要があります。また、更新時には研修を受けることも義務づけられています。

ケアマネジャーについて

ケアマネジャーになる条件

- **以下の専門の資格を持っていること**
  医師　歯科医師　薬剤師　看護師　保健師　理学療法士　作業療法士
  介護福祉士　社会福祉士　精神保健福祉士　マッサージ指圧師
  はり師　きゅう師　栄養士　管理栄養士　義肢装具士　言語聴覚士
  歯科衛生士　視能訓練士　柔道整復師
- **持っている資格の実務経験が5年以上あること**
- **介護支援専門員の試験と研修を修了し、介護支援専門員の資格を持っていること**

ケアマネジャー制度の特徴

- **公正制・中立性の確保**　● **資質・専門性の向上**

①5年ごとの資格更新制度の導入
② 研修受講の義務化と研修の体系化
③ 二重指定制の導入
　各事業所に対して、所属しているケアマネジャーの届出の義務化
　各ケアマネジャーの作成したケアプランのチェック
④主任ケアマネジャーの創設

12 1次判定と2次判定

コンピュータの判定と審査会の判定により2段構えで認定する

1次判定が出るまでのしくみ

要介護認定の申請がなされると、市区町村の調査員が申請者のもとに赴いて訪問調査を行います。申請を受け付けた市区町村では、申請者の主治医が書いた意見書とともに、この訪問調査を経て作成された認定調査票をもとにして、1次判定を出します。この1次判定は、コンピュータで自動的に処理されます。

1次判定でコンピュータがチェックする項目は、訪問調査で作成された認定調査票の基本調査と特記事項、主治医の意見書に記載され内容です。そして、次の5つの分野を参照し、その行動に費やす時間がどの程度であるかを割り出します。

① 直接生活介助時間（食事・排泄・移動・清潔保持など）
② 間接生活介助時間
③ 問題行動関連介助時間
④ 機能訓練関連行為時間
⑤ 医療関連行為時間（特別な医療を除く）

要介護を判定するときの指標となる時間を要介護認定基準時間と言い、1次判定ではこれら5つの分野の行動に費やす時間について、算定します。

1次判定とはどのようなものか

1次判定では、コンピュータが処理する関係上、分野ごとに算定された要介護認定基準時間を合計し、申請者が要介護状態にあるのか、要支援状態にあるのかを判定します。要支援状態に満たなかった場合には、非該当つまり自立と判定され、介護保険の対象外とされます。

2次判定が出るまでのしくみ

要介護認定の手続では、コンピュータが認定調査票と意見書を元に出した1次判定の結果が妥当かどうかを判断し、必要に応じて変更が行われます。こうした判断を行うのは、市区町村が任命する3、4人の審査員で構成される**介護認定審査会**です。介護認定審査会が審査の結果出した判定を2次判定と言います。2次判定の審査の際には、1次判定の結果と認定調査票の特記事項、主治医の意見書が参考にされます。

また、要介護1相当の人をさらに細かく判定する役割も担っています。要介護1相当の人への給付が介護給付となるか予防給付となるかはこの2次判定で行われるのです。介護給付がふさわしいと判断されれば要介護1となり、予防給付がふさわしいと判断された場合には、要支援１・２と判定されます。

2次判定が通知されるまで

介護認定審査会では、進行役である委員長が審査を進めていきます。審査の際には、市区町村の担当者が書記をつとめ、次の５つの項目について審査し、決めるべき事柄を決定していきます。

① 申請者が第２号被保険者の場合、申請者がかかっている特定疾患について
② １次判定が妥当かを審査し、変更するかどうかを決める
③ １次判定で要介護１相当と判定された申請者に対する給付を予防給付にするか介護給付にするか、審査した上で分類する
④ 介護認定を行う場合に、その認定の有効期間を定める
⑤ 介護認定審査会の「意見」を述べる

最終的には、介護認定審査会の審査と判定に基づいて、申請者のもとに結果が通知されます。結果は、要支援者か要介護者、あるいは非該当といった形で表現されます。この通知と同時に、申請時に提出していた介護保険の被保険者証も返却されます。

認定に不服がある場合

まず、認定レベルが現状に比べて軽いと感じた場合です。この場合は、市区町村に対して区分変更申請をすることができます。区分変更申請後の認定は、訪問調査と主治医の意見書をもとに、介護認定審査会によって行われます。また、不服の申立を行うこともできます。不服の申立は、市区町村ではなく都道府県の窓口に対して行います。

認定に不服がある場合の対応策

■不服申請 ・認定結果を受け取ってから60日以内に申請 ・都道府県設置の介護保険審査会に対して申請	**■区分変更申請** ・不服申請より短期間 ・申請先は市区町村 ・状態の悪化などによって現在の介護度があわない場合に申請する制度 ・認定結果と状態があわないことを理由として再度申請
■地域支援事業の利用 ・要支援認定や要介護認定を受けられなかった場合、市町村が実施する地域支援事業を利用する	**■自費での介護サービスの利用** ・自費で民間保険会社の介護サービスを利用する ・NPO法人やボランティアの提供するサービスを利用する

13 業者の選定方法

公表されている情報や近所の評判などを参考に時間をかけて選ぶ

◎指定事業者とは

在宅サービスを提供したり施設サービスを提供する事業者のうち、介護保険の適用を受けるサービスを提供する事業者のことを**指定事業者**と言います。指定事業者には誰でもなれるわけではありません。手続上、都道府県知事に申請し、指定を受ける必要があります。都道府県知事の指定を受ける際に、次の３つの条件が満たされているかどうかが確認されます。

① 事業者が法人格を持っていること（原則）

② 人員基準を満たしていること

③ 運営基準や施設基準にそった適正な運営を継続的に行うことができること

指定事業者は、指定居宅介護支援事業者、指定居宅サービス事業者、介護保険施設の３つの種類に分かれます。

◎指定の更新拒否・取消し

一度の指定の有効期限は６年程度です。更新時に適正な事業運営が不可能だと判断された事業者については、更新が拒否されます。

また、事業者に対する指定は、不正事案（不正請求）などが発生したときは、取り消されます。

なお、平成23年６月に行われた法改正により、介護サービス事業者の指定権者である都道府県や市町村は、労働基準法など、労働法規に違反して罰金刑を受けた事業者の指定を取り消すことができるようになりました。

◎利用目的にあった施設やサービスを選ぶ

介護サービスを利用するときには、目的にあったものを選ぶ必要があります。適切なサービスかどうかを判断するためには、介護サービス事業者と施設について公表されている情報を上手に利用するとよいでしょう。公表されている情報は、全国で標準化されています。これは、厚生労働省令によって、すべての介護サービス事業者と施設のサービス情報を、全国で均一化された評価基準に基づいて公表することが義務づけられているからです。

目的にあった施設やサービスを選ぶには、公表された情報を利用するだけでなく、自分の足で歩いてみることも必要です。指定事業者のリストが市区町村の窓口に置かれていますから、そのリストから事業者を選んで実際に訪問し、対応をチェックするとよいでしょう。

なお、事業者に義務付けられている

介護サービス情報の公表制度については、平成23年６月の法改正で見直しが行われ、都道府県が必要と判断した場合に調査を実施するしくみに変更されることになりました。

在宅サービス事業者利用時のチェックポイント

配布資料	柔軟性の有無
□重要事項説明書をはじめとするサービスについての資料の有無 □配布された資料の内容の良し悪し	□サービス利用日の変更等への対応が可能かどうか
サービスの内容	**職員の配置等**
□実施されているサービス内容についての説明のわかりやすさ □自分が利用したいサービスが実施されているかどうか	□介護の専門家が何人くらい配置されているか □配置されている専門家の人数が重要事項説明書に記載されているかどうか
営業時間等	**保険対象外のサービスの明示**
□事業所の営業日と営業時間を明示しているかどうか □利用したい日時に営業しているか □祝日や日曜日、長期休暇などの営業の有無や営業時間について	□提供されるサービスへの介護保険の適用の有無について明示しているかどうか □介護保険の適用外のサービスを提供する場合にその旨を明示しているかどうか □介護保険の適用の有無についての説明がわかりやすいかどうか
利用料金についての説明	**事故発生時の対応**
□サービスの利用料金について明示されているかどうか □支払方法について明示されているかどうか □キャンセルした場合のキャンセル料について明示されているかどうか □重要事項説明書に利用料金・支払方法・キャンセル料が記載されているかどうか	□事故発生時の対応についての記載があるかどうか □事故が原因でかかった医療費等への対応についての記載があるかどうか □事故が原因でかかった医療費などの補償について明示しているかどうか □重要事項説明書に事故発生時の対応について記載されているかどうか
緊急時の対応	**苦情への対応**
□体調を崩した場合など、急を要する場合の対応についての記載があるかどうか □重要事項説明書に緊急時の対応について記載されているかどうか	□苦情・相談・意見の対応窓口の有無について □苦情・相談・意見の担当者が明示されているかどうか

14 ケアプランの作成

自分で作成することもできる

認定後ケアプランを作成する

要介護認定あるいは要支援認定を受けると、ケアプランを作成し、プランにそってサービスを利用することになります。

ケアプランは、自分で作っても問題ありません。ただ、ケアプランを立てるには専門的な知識が必要となります。このため、専門家によるアドバイスを受けるしくみが用意されています。こうしたしくみを**ケアマネジメント**（居宅介護支援事業）といいます。

ケアマネジメントを行う事業者、つまりケアプランの作成を依頼した場合に実際に作成してくれる事業者を、**指定居宅介護支援事業者**といいます。指定居宅介護支援事業者のリストは市区町村の窓口にありますから、参考にしてください。

なお、ケアプランを自分で作成する場合には、支給限度基準額の範囲内にサービスを抑える必要があります。自分で作成したプランでも、サービスを利用するために市区町村に届け出るようにします。自分でケアプランを作成した場合に注意しなければならないのは、サービス利用料については償還払い方式（いったん費用を立て替え、後で申請をして払い戻すこと）がとられていることです。したがって、サービス利用時に支払った金額について、領収書が必要となります。

ケアプラン作成の手続き

ケアプランとは、要支援者や要介護者の心身の状況や生活環境などをもとに、利用する介護サービスの内容などを決める計画のことです。

在宅サービスについてのケアプランのことを居宅サービス計画と言い、施設サービスの場合には施設サービス計画と言います。

ケアプランは、たとえば月曜日の15時～16時に訪問介護のサービスを受ける、というように1週間単位でスケジュールが組まれます。サービスの種類と提供を受ける日時については、1週間単位ですが、実際に要介護者や要支援者の行動予定を考える際に基準となる時間については、1日24時間単位で考えます。

ケアプランの種類

要支援認定を受けた人がサービスを受けるために立てるプランを**介護予防ケアプラン**といいます。要支援者への介護予防のケアマネジメントを担当するのは地域包括支援センターで、プラン作成を担当するのは、支援センターの保健師などです。

要介護認定を受けた人向けのプランには、居宅サービス計画と施設サービス計画があります。

施設に入所する場合には、入所先の施設がケアプランを作成します。施設に入所する場合のケアプランは、施設サービス計画とも呼ばれていて、その施設に所属するケアマネジャーが作成します。

ケアプラン作成からサービス利用まで

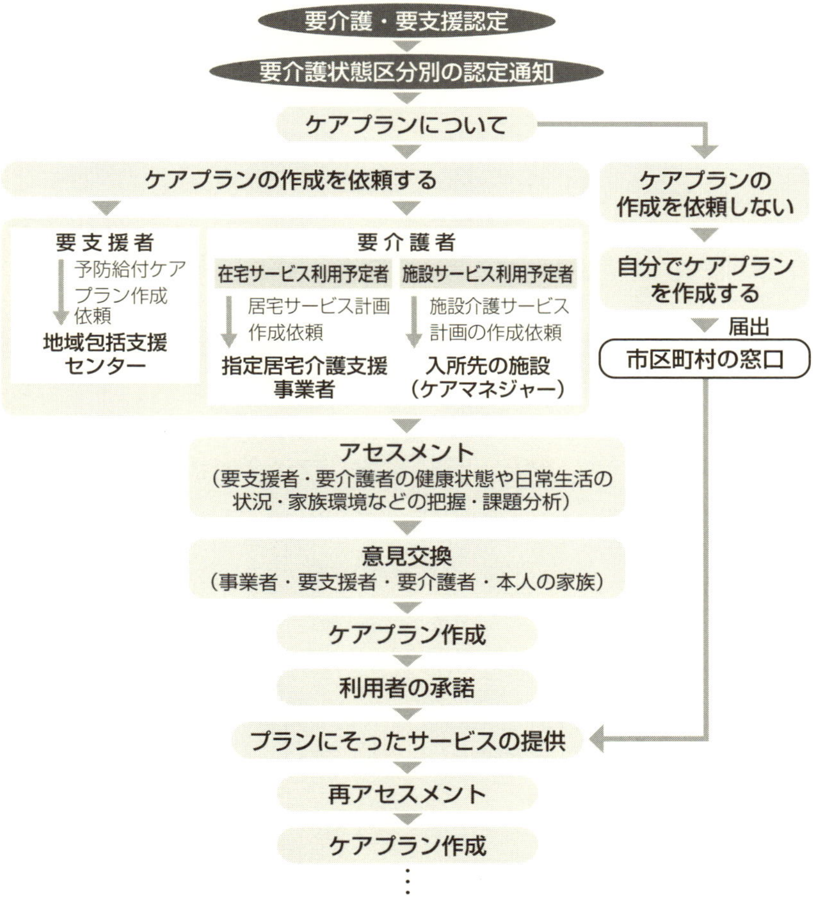

15 契約締結の際の注意点

トラブルを事前に回避すべきチェックポイントがある

◎重要事項説明書について

介護サービスを利用するには、要支援者や要介護者とサービスを提供する事業者との間で契約を結ぶ必要があります。ただ、契約内容である介護サービスに関する内容やサービスの質などについては、利用するまではわかりにくいのが実情です。また、専門知識を豊富に持つ事業者と比べて、利用者側は無知なことが多く、実質的には対等な条件での契約を交わしているとは言えない事情があります。

こうしたことから、事業者側は重要事項についての規程を定めることを義務づけられています。**重要事項**とは、事業の目的や運営方針、スタッフの職種・職務内容・配置人数、サービス内容、利用料金や費用、営業日と営業時間、サービスを提供する地域、緊急時や事故発生時の対応方法などです。

また、事業者は、契約に先立って重要事項説明書を利用申込者に渡した上で説明することを義務づけられています。**重要事項説明書**には、重要事項を定めた運営規程の概要、スタッフの勤務体制、サービス選択時に有効な情報などが記載されています。契約書については特に形式などは決められていませんが、各自治体などがホームページで公開しているので、参考にしてみて下さい。

◎サービス内容と費用について

契約を結ぶ際には、重要事項説明書と契約書をよく読んで、問題がないかを確認する必要があります。特にサービス内容に関する事柄と料金や費用については、しっかりと確認するようにしましょう。具体的には、サービスの内容と種類についてやサービスを提供する日時の他、土日祝日・深夜・早朝などの対応の可否などが挙げられます。

また、利用者負担金について、金額と内容が明らかにされているかどうか、また利用料金や費用の金額、支払方法、キャンセル料についても確認するようにします。キャンセルについては、キャンセルするための条件などがないかをチェックする他、ホームヘルパーの変更の可否、事故発生時の対応方法と賠償金についてのとりきめ、苦情や相談・意見の申し入れ先についても確認しましょう。

◎不当表示や解約や更新についてチェックする

契約書や重要事項説明書に実際の内容と一致していない表記がなされていないかも注意しましょう。たとえば施設に入所する場合に、どんな状況下でも終身契約であることをうたっておきながら、実際には状況が変わると他の施設に移らなければならないような場合です。

また、医師や医療スタッフが常駐していることを売りにしている施設が、実は、その施設に入居している人も施設で配置されている医師や医療スタッフの中に含めているような場合も不当表示にあたります。

解約や更新についてもチェックが必要です。まず、利用者負担金や利用料金の支払を滞納した場合の取扱を確認します。猶予期間が設けられていない場合などは要注意です。また、滞納の結果、サービスが停止されたり、違約金を支払わなければならない旨の記載がある場合も、内容をよく吟味する必要があります。

サービスの利用者側から契約を解除することができるかどうかも重要です。解除できる場合でも、違約金を支払わなければいけない、といった条件がついていないかを確認しましょう。また、身体上・財産上の損害を受けた場合に、事業者が損害を賠償することが明示されているかどうかも必ず確認するようにしてください。

契約の更新についてもよく確認しましょう。入居時にはわからなかった不満点などが出てきた場合には、更新する前によく考える必要があります。まずは改善を求めるようにし、事業者側の対応をチェックします。対応をチェックすることで、その事業者との契約を更新するかどうかの判断材料とすることができます。改善策が示されなかった場合には、他の事業者に変更するのも一つの方法です。

◎更新時に注意すること

サービス利用中に問題があった場合にはそのつど、苦情や意見を申し入れますが、更新時にもう一度それまでの利用状況を振り返ってみるとよいでしょう。通常の生活ではささいなことであるとして特に申し入れなかったことでも、更新時には改善を求め、少しでもよい状況でサービスを受けられるようにすることが大切です。特に契約については難しい内容も多いため、当初想定していた内容と実際のサービスが異なるということは十分ありえます。

このような場合には、改善策を求め、それがかなわなかった場合には、事業者を変えることも検討しましょう。

16 苦情の申立て

サービスを提供する事業者に対して苦情を申し立てることができる

苦情を申し立てる場合

実際に苦情を申し立てる場合には、次のような手順を踏みます。まずは、不満点や契約と異なる内容などについての現状を把握し、自分が事業者に求める内容を明確にします。その上で、サービスを提供する事業者に対して苦情を申し立てます。

苦情を受けた事業者の改善策が功を奏した場合には、この段階で解決する場合があります。解決しなかった場合には、市区町村の介護保険を担当する窓口に申し出ます。申し出を受けた市区町村は、該当する事業者に対して、指導したり助言を与えるといった対応をとります。

また、苦情があったことは、市区町村から国民健康保険団体連合会（通称国保連）に報告されます。

苦情について

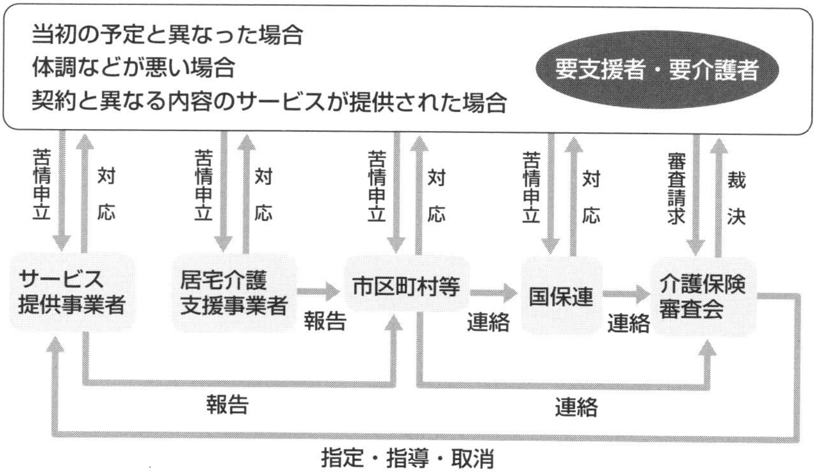

第7章

年金のしくみと手続き

1 年金制度

家の構造によって給付額が変わる

老齢・障害・死亡に備えている

公的年金には国民年金、厚生年金、共済年金の３種類があります。いずれも、国の法律に基づいて加入が義務づけられています。職業によって加入する年金制度が決まります。

公的年金に加入する理由は、３つの社会的なリスクをカバーするためです。具体的には、「老齢」「障害」「死亡」です。「死亡」は人として生まれた限り、誰でも必ず直面するリスクです。「老齢」は長生きすれば必ず直面しますし、「障害」も誰もが直面する可能性のあるリスクです。これらのように誰もが直面する可能性のあるリスクをカバーする保険が**公的年金**なのです。

３階建ての家のイメージ

公的年金には職業によって国民年金、厚生年金、共済年金の３つがありますが、これらは名前が違うだけでなく、実は、給付される金額をはじめ、構造も違うのです。

公的年金の構造はよく家にたとえられます。公的年金の加入は義務ですので、一定の年齢以上の国民はひとりに一軒の「年金の家」を持っていると考えられます。国民年金は平屋の家です。厚生年金は２階建て、共済年金は３階建ての家です。厚生年金と共済年金の１階部分は国民年金と同じ作りになっていますが、この家の所有者は国民年金にさらに２階、３階部分を加えた金額の年金が支給されます。厚生年金保

3階建ての年金構造

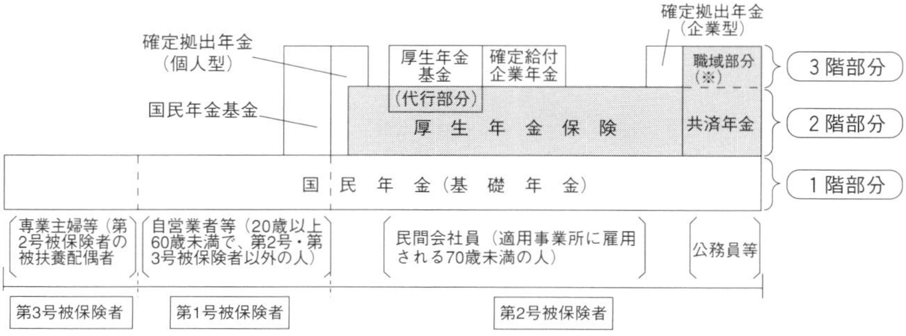

険の2階部分を厚生年金、共済年金保険の2階部分を共済組合と言います。

また、任意の制度として、国民年金の家の所有者は2階を建て増すことができます。これを国民年金基金と言います。建て増すには、国民年金に加えて、国民年金基金の掛け金を支払わなければなりません。

一方、厚生年金の家の所有者は、3階を建て増すことができます。3階建てになれば、2階建てよりさらに多くの年金をもらうことができます。この3階部分は、厚生年金基金と言います。

共済年金の場合は加入した時にすでに3階建てになっています。3階部分は、職域年金と言います。厚生年金基金は会社の意思で導入するかどうかが決まりますが、職域年金は、共済年金の加入者であれば、全員が自動的に加入していることになります。

被保険者の種類は3種類

厚生年金には厚生年金に加入している会社の会社員、共済年金には公務員などが加入します。公的年金制度は、国民年金（基礎年金）をすべての人が加入する年金制度として位置づけているため、厚生年金の加入者は、国民年金についても被保険者（第2号被保険者）として扱われることになります。

国民年金だけに加入している人を第1号被保険者、厚生年金・共済年金の加入者を第2号被保険者、第2号被保険者に扶養されている配偶者を第3号被保険者といいます。

第3号被保険者は保険料の負担なしに最低限の年金保障を受けることができるもので、おもに会社員・公務員世帯の専業主婦（または主夫）が対象となります。

年金の種類と給付の種類

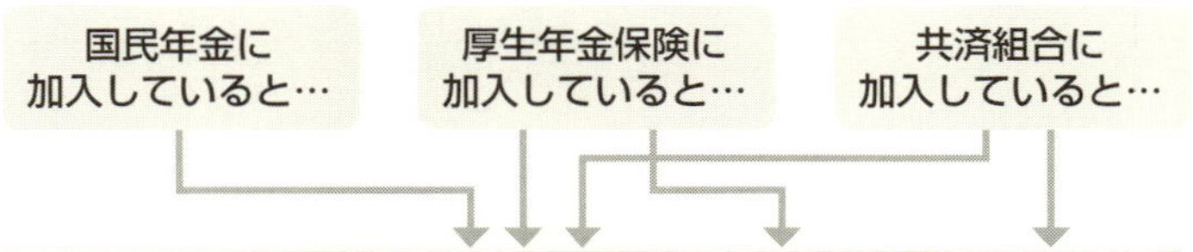

	国民年金	厚生年金保険	共済組合
年をとったとき	老齢基礎年金	老齢厚生年金	退職共済年金
障害状態になったとき	障害基礎年金	障害厚生年金	障害共済年金
亡くなったとき	遺族基礎年金	遺族厚生年金	遺族共済年金

給付には一定の要件がある

2 年金の保険料が支払えない場合の手続き

収入が一定の基準以下であれば支払が減額・免除される

年金保険料の免除制度

保険料が給料から天引きされる会社員（第２号被保険者）には保険料が払えないという事態は発生しません。これに対して自分で保険料を納付する国民年金の第１号被保険者については、諸事情により保険料を払えないという事態が生じます。そのような場合には**保険料免除制度**が利用できます。免除には法定免除と申請免除があります。

法定免除とは自分から申し出なくても保険料が免除されることが法律で決まっている場合です。障害年金をもらっている人や生活保護を受けている人が該当します。

申請免除は所得が少なくて保険料の支払いが困難な人が申請して認められると保険料を免除されるというものです。申請免除には、全額免除、４分の３免除、半額免除、４分の１免除の４種類があります。

若者のための支払猶予制度

若者のための年金保険料の支払猶予制度として、**学生納付特例制度**があります。学生であっても、20歳以上であれば年金保険料の支払義務がありますが、ふつうの学生は収入がなく、毎月１万円以上保険料を支払うというのは困難であるケースが多いでしょう。このような場合に利用すべきなのが学生納付特例制度です。

申請をせず放置しておくと、追納期間（２年）が過ぎてしまい、将来損をすることになるので、きちんと申請しましょう。

また、学生でなくても20代というのは経済的に苦しいのが通常です。特に、将来もらえるかどうかもわからない年金についての年金保険料の支払など、平然と怠ってしまう可能性があります。このような若年者が将来不利益を被らないようにするために、30歳未満の人のための**若年者納付猶予制度**という保険料の支払猶予制度が設けられています。就職して保険料を納められるようになったら10年前までさかのぼって納付することができます。

年金保険料の免除・支払猶予の申請先

免除申請の申請先は、住所地の市区町村役場の、国民年金担当の窓口です。前年度の収入が次ページの表のように一定基準以下だと免除申請が通るのですが、失業した直後などは前年度の収入は在職中のものであることが多く、免除申請が認められる基準以下になっていないことが大半です。

このときに提出を求められるのが「失業状態を証明する公的な証明書」です。公的な証明書とは雇用保険の離職の証明書、または住民税特別徴収（住民税を給与から天引きして会社が納付してくれる方法）から普通徴収（本人が直接市区町村に住民税を納める方法）への変更納税通知書です。

免除申請の申請時期

申請免除の承認期間は、申請免除と若年者納付猶予制度については「7月から翌年6月」が1つのサイクルとなっています。サイクルの期間内であればいつでも申請することができるので、申請した月より前の月についても遡って免除を受けることができます。ただし、7月に申請する場合に限って、前年7月から前月の6月分までの期間（前サイクル分）についても申請することができます。したがって、前サイクルの分についても免除も希望する場合には7月に申請するようにします。

また、翌年も引き続き免除等を受けたい場合には、原則として、毎年申請の更新をする必要があります。

なお、不慮の事故や病気が発生してから申請を行っても、障害基礎年金の受給資格要件に算入されないので注意しなければなりません。

年金保険料の免除制度

法定免除 → 障害基礎年金を受給している人や生活保護の生活扶助を受けている人などが、法律上当然に保険料免除となる

申請免除 → 所得が少なくて生活が困難な人などが、申請により保険料免除や猶予となる。全額免除・半額免除・4分の3免除・4分の1免除・若年者納付猶予・学生納付特例がある

	法定免除	申請免除				
	全額免除	全額免除	4分の3免除	半額免除	4分の1免除	学生納付特例・猶予
年金への反映（～H21.3）	6分の2	6分の2	6分の3	6分の4	6分の5	なし
年金への反映（H21.4～）	8分の4	8分の4	8分の5	8分の6	8分の7	なし
追納できる期間	10年以内					

免除・猶予の対象となる所得の目安

世帯員数	免除対象となる所得（収入）の目安			
	全額免除 若年者納付猶予	4分の3免除	半額免除	4分の1免除
4人世帯（夫婦・子2人）	162万円	230万円	282万円	335万円
2人世帯（夫婦のみ）	92万円	142万円	195万円	247万円
単身世帯	57万円	93万円	141万円	189万円

3 老齢基礎年金

老後にもらえる給付である

加入期間は25年以上必要である

老後に年金を受給するためには年金制度の加入期間が最低でも25年以上なければなりません。ただし、老齢給付の「25年」という期間はあくまでも原則で、年金制度の変遷により損をする人がでないようにするために、生年月日ごとにいくつもの経過措置（制度の導入・改正により不利になる人が出ないようにするための特別の措置）が用意されています。

加入期間には国民年金、厚生年金保険、共済組合の公的年金で保険料を納めた期間（保険料納付済期間といいます）がすべて含まれます。会社員の妻（配偶者）は自分では納めていませんが、納めたものとして扱われます。

また、保険料免除期間、合算対象期間もあわせてカウントします。保険料免除期間とは、経済的な理由などで国民年金第1号被保険者としての保険料が支払えず、保険料の支払いの全部または一部を免除された期間のことです。

合算対象期間とは、昭和61年3月以前に、国民年金への加入が任意だった者（専業主婦など）で国民年金に加入しなかった期間などです。受給資格期間をみるときにはこの期間も含めますが、実際の年金額計算には含めませんから、年金額にも反映されません。この期間を通称、**カラ期間**といいます。

たとえば、保険料納付済期間が22年、合算対象期間が10年、未納期間が8年という人の場合、保険料納付済期間だけでは25年の受給資格要件を満たしていませんが、合算対象期間の10年間については受給資格期間としてカウントすることができるため、加入期間は32年間として計算され、年金をもらえることになります。

老齢基礎年金のしくみ

老齢基礎年金は国民年金から支給される年金で、老齢給付の土台となる年金です。25年以上の加入期間（経過措置あり）で受給資格を得たすべての者に支払われます。

① 受給額

老齢基礎年金の年金額は、「何か月保険料を払ったか」で決まります。20歳から60歳まで、40年間のすべての月の保険料を払った場合が満額で、1年につき78万8900円（平成23年度価格）がもらえます。なお、実際の支給額は次ページの計算式によって求めます。

② 支給時期

老齢基礎年金は、本来65歳から支給されるものです。しかし、希望することで支給時期を60歳～64歳までの間で早めにしたり、66歳～70歳の間で遅くしたりすることができます。受給開始を早めることを**繰上げ支給**といい、支給額は減額されます。逆に、支給時期を遅くすることを**繰り下げ支給**といい、支給額は増額されます。

減額や増額は終身続きます。いったん繰上げ受給を選ぶと、同じ減額率の年金が一生涯ずっと続きます。後で取り消すことはできません。その他にも、障害基礎年金や寡婦年金（213ページ）がもらえないといったデメリットがありますので、慎重に検討する必要があります。

老齢基礎年金の額を計算してみよう

20歳から60歳までの40年間の保険料の納付状況が、「保険料納付済期間：18年、未納期間：4年、全額免除期間：12年（平成21年3月以前）、半額免除期間：6年（平成21年3月以前）」という人の老齢基礎年金の額を具体的に計算してみましょう。

保険料納付済期間が216か月（18年×12か月）、全額免除の期間が48か月（12年×12か月×1／3）、半額免除の期間が48か月（6年×12か月×4／6）、未納期間の4年は受給額に反映されませんので、合計312か月となります。したがって計算式にあてはめると、老齢基礎年金の受給額は、以下のようになります。

78万8900円×312／480＝51万2785円

計算にあたって端数が生じますが、100円未満の端数については、50円未満は切り捨て、50円以上は100円に切り上げという処理をするため、51万2800円となります。

老齢基礎年金の計算例

$$788{,}900\text{円}\times\left\{\frac{\text{保険料納付済期間}+\left(\text{保険料全額免除期間}\times\frac{2}{6}\right)+\left(\text{保険料4分の3免除期間}\times\frac{3}{6}\right)+\left(\text{保険料半額免除期間}\times\frac{4}{6}\right)+\left(\text{保険料4分の1免除期間}\times\frac{5}{6}\right)}{480\text{か月（40年×12か月）}}\right\}$$

（平23年度価格）

→ 昭16.4.1以前生まれの人には生年月日による経過措置がある

※1）若年者納付猶予・学生特例納付は免除期間に含まれない

※2）国庫負担割合の引き上げにより、平成21年4月以後の期間については、計算式に使用する数字を、全額免除期間：$\frac{4}{8}$、4分の3免除期間：$\frac{5}{8}$、半額免除期間：$\frac{6}{8}$、4分の1免除期間：$\frac{7}{8}$、に変えて計算する

4 老齢厚生年金

給料が高かった人ほどたくさん老齢厚生年金をもらえる

◎老齢厚生年金のしくみ

会社員はほとんどの場合、厚生年金に加入することになるので、老後は老齢基礎年金に加えて老齢厚生年金を受給することができます。

① 被保険者

正社員だけでなく、正社員の通常勤務に比べて4分の3以上の労働時間および勤務日数で働くパートやアルバイトも厚生年金の被保険者となります。

② 保険料

厚生年金の保険料は、給与や賞与を一定の標準報酬ごとに区分けして、国が定めた保険料率をかけて算出します。

③ 65歳を境に2つに分かれる

老齢厚生年金は、60歳から受給できる60歳台前半の老齢厚生年金と65歳から受給する本来の老齢厚生年金の2つに分けて考える必要があります。

法律上の老齢厚生年金の支給開始時期は将来的には完全に65歳からになりますが、現在は支給時期を段階的に遅らせている状況にあり、生年月日によっては60～64歳の人にも特別に支給される年金として、老齢年金が支給されています（198ページ）。

④ 受給要件

老齢基礎年金の受給資格期間（25年間）を満たした人で、厚生年金の加入期間が1か月以上ある人は1階部分の老齢基礎年金とあわせて、本来の老齢厚生年金をもらうことができます。

一方、60歳台前半の老齢厚生年金を受給するためには厚生年金の加入期間が1年以上あることが必要です。

◎特別支給の老齢厚生年金の金額

60歳台前半でもらう特別支給の老齢厚生年金については、65歳からの老齢基礎年金に相当する部分（定額部分といいます）については、納付月数に応じて、65歳からの老齢厚生年金に相当する部分（報酬比例部分といいます）については、現役時代の報酬を基に支給額が決められることになります。

① 定額部分

実際に支給される定額部分の金額は以下の計算式で求めます。

定額部分の金額＝1か月当たりの給付額（単価）×生年月日に応じた率×加入月数×スライド率（0.981：平成23年度）

老齢基礎年金と同様に、加入月数が多いほど受給金額が多くなるしくみとなっており、現役時代の収入の多寡は影響しません。生年月日に応じた率は、生年月日が昭和21年4月2日以降であれば「1」です。給付額は1676円で、平成23年度のスライド率は0.981とされています。仮に40年間（480か月）会社勤めをしたとすると、定額部分の金額は、78万9200円となります。

② **報酬比例部分**

報酬比例部分の算出方法をもっともシンプルに表すと以下のようになります。

> **報酬比例部分の金額＝標準報酬月額×加入月数×乗率（×スライド率）**

標準報酬月額とは、現役時代の給与を一定の金額ごとに区分けしてあてはめた金額です。このように、報酬比例部分は、現役時代の給料が多いほど金額が増えるしくみとなっています。

ただ、年金制度の改正のためにもらえる年金が減額されないように、以前の年金額を使ってよいというしくみ（従前額保障）が採られていることもあり、実際のところ、報酬比例部分の計算は非常に複雑です。

老齢厚生年金の受給額

65歳からの本来の厚生年金の受給額は前述の特別支給の老齢厚生年金報酬比例部分の計算式と同様です。65歳からもらえる本来の老齢厚生年金の支給額は老齢基礎年金と異なり、納めた保険料の額で決まります。つまり、現役時代に給料が高かった人ほどたくさん老齢厚生年金をもらえるしくみになっています。

報酬比例部分の年金額の算出方法

報酬比例部分の金額(原則)

平均標準報酬月額 $\times \left(\frac{9.5}{1,000} \sim \frac{7.125}{1,000} \right) \times$ 被保険者期間の月数（平成15年3月以前）

＋

平均標準報酬額 $\times \left(\frac{7.308}{1,000} \sim \frac{5.481}{1,000} \right) \times$ 被保険者期間の月数（平成15年4月以降）

※ただし、従前額保障により、平成12年改正前の計算式で計算した方が金額が高額になるときにはその金額が報酬比例部分の金額となる
平均標準報酬月額に乗じる乗率は生年月日によって異なり、昭和21年4月2日以降に生まれた人については、1000分の7.125、1000分の5.481となる

5 老齢厚生年金の支給開始時期

将来は完全に65歳からの支給になる

支給時期は今後65歳になる

もともと厚生年金保険は60歳（女性は55歳）から支給されていましたが、昭和61年の改正で、すべての年金の支給開始年齢を国民年金の支給開始年齢である65歳に合わせることにしました。

ただ、いきなり65歳にしてしまうのではなく、生年月日によって若くなるほど段階的に年金を遅くしていき、最終的には平成37年（女性は平成42年）に厚生年金保険、国民年金ともに65歳からの支給となる予定です。この段階的に遅くなっていく、65歳前に支給される厚生年金のことを**特別支給の老齢厚生年金**といいます。

特別支給の老齢厚生年金は原則として報酬額に関係のない定額部分と報酬額によって受給額が変わってくる報酬比例部分という２つの部分で成り立っています。まず、定額部分の支給を段階的に遅らせて、それが完了したら今度は報酬比例部分の支給を段階的に遅らせていきます。

なお、女性は男性より５年遅れのスケジュールとなっています。

これは、以前女性の年金が男性より５年早い55歳から支給されはじめていたことに配慮したものです。

また、厚生年金保険の障害等級３級以上に該当する者や、44年以上の長期にわたって厚生年金保険に加入している者は、特例として、60歳から「報酬比例部分」だけでなく「定額部分」も合わせてもらえることになっています。

支給時期の繰り上げ・繰り下げ

男性の場合、昭和36年４月２日以降生まれ、女性の場合、昭和41年４月２日以降生まれの人は60歳台前半の老齢厚生年金を受け取ることができなくなります。そのため、これらの人は65歳からの老齢厚生年金を繰り上げて受給することが可能です。また、平成19年４月からは65歳からの老齢厚生年金を繰り下げる制度も創られたため、この制度を利用して支給時期を遅らせることもできます。

なお、任意加入被保険者は繰り上げ支給の請求ができません。

また、昭和16年４月１日以前に生まれた人は国民年金の加入者（任意加入者及び第２号被保険者を含みます）である間、繰上げ支給の請求をすることができません。

年金の支給開始時期

定額部分の支給開始時期引き上げスタート

男性	女性	支給開始	65歳
昭和16.4.1以前生まれ	昭和21.4.1以前生まれ	60歳 報酬比例部分 / 定額部分	老齢厚生年金 / 老齢基礎年金
昭和16.4.2～昭和18.4.1生まれ	昭和21.4.2～昭和23.4.1生まれ	報酬比例部分 / 61歳 定額部分	老齢厚生年金 / 老齢基礎年金
昭和18.4.2～昭和20.4.1生まれ	昭和23.4.2～昭和25.4.1生まれ	報酬比例部分 / 62歳 定額部分	老齢厚生年金 / 老齢基礎年金
昭和20.4.2～昭和22.4.1生まれ	昭和25.4.2～昭和27.4.1生まれ	報酬比例部分 / 63歳 定額部分	老齢厚生年金 / 老齢基礎年金
昭和22.4.2～昭和24.4.1生まれ	昭和27.4.2～昭和29.4.1生まれ	報酬比例部分 / 64歳 定額部分	老齢厚生年金 / 老齢基礎年金
昭和24.4.2～昭和28.4.1生まれ	昭和29.4.2～昭和33.4.1生まれ	報酬比例部分	老齢厚生年金 / 老齢基礎年金

報酬比例部分の支給開始時期引き上げスタート

男性	女性	支給開始	65歳
昭和28.4.2～昭和30.4.1生まれ	昭和33.4.2～昭和35.4.1生まれ	61歳 報酬比例部分	老齢厚生年金 / 老齢基礎年金
昭和30.4.2～昭和32.4.1生まれ	昭和35.4.2～昭和37.4.1生まれ	62歳 報酬比例部分	老齢厚生年金 / 老齢基礎年金
昭和32.4.2～昭和34.4.1生まれ	昭和37.4.2～昭和39.4.1生まれ	63歳 報酬比例部分	老齢厚生年金 / 老齢基礎年金
昭和34.4.2～昭和36.4.1生まれ	昭和39.4.2～昭和41.4.1生まれ	64歳 報酬比例部分	老齢厚生年金 / 老齢基礎年金
昭和36.4.2以降生まれ	昭和41.4.2以降生まれ		老齢厚生年金 / 老齢基礎年金

6 加給年金と振替加算

配偶者が65歳になると振替加算に替わる

◎厚生年金保険独自の給付である

加給年金とは、厚生年金の受給者に配偶者（内縁関係も含む）や高校卒業前の子がいるときに支給されるものです。支給額も大きく、国民年金にはない厚生年金保険独自のメリットです。「子」とは、具体的には、18歳になった後最初の３月31日までにある者、または20歳未満で障害等級１級・２級に該当する者で、どちらも未婚の場合をいいます。

ただ、加給年金は、配偶者が65歳になって配偶者自身の老齢基礎年金がもらえるようになると支給が打ち切られます。その後、加給年金は配偶者自身の老齢基礎年金に振替加算という年金給付に金額が変わり、加算されて支給されることになります（次ページ）。

◎加給年金の対象と支給要件

加給年金の支給対象者は、次の要件に該当する者です。

① 年金を受け取っている者（特別支給の老齢厚生年金の場合は、定額部分の支給があること）

② 厚生年金保険の加入期間が20年以上ある者

③ 一定の要件を満たす配偶者や子の生計を維持している者

なお、②の加入期間20年以上というのは原則であり、これには特例があります。生年月日に応じて、男性で40歳（女性は35歳）を過ぎてからの厚生年金保険加入期間が15年～19年あれば受給資格が得られます。

③の「一定の要件を満たす配偶者」とは次の者です。

a 配偶者について、前年度の年収が850万円未満であること（ただし、現在の年収が850万円以上でも、所得額がおおむね５年以内に850万円未満になると認められる場合など、

加給年金がもらえる条件

妻の条件 ➡
①厚生年金に20年以上加入した年金をもらっていない
②65歳未満である
③年収850万円未満である

＋

夫の条件 ➡
①厚生年金に20年以上加入している
②生計維持している配偶者がいる

一定の場合には支給される）

b　配偶者がすでに老齢年金などを受給している場合は、その年金の加入期間が20年未満であること

bの要件により、配偶者が長期在職（加入期間20年以上かそれと同等とみなされるもの）、または障害を給付事由とする年金を受給している場合は、支給が停止されます。

妻の老齢基礎年金に上乗せされる

振替加算は、加給年金の対象となっていた妻自身が老齢基礎年金をもらいはじめるときに上乗せ支給されます。

ただ、加給年金ほどの額はもらえません。年齢が若いほど少なく、昭和41年4月2日以降生まれはゼロになります。これは昭和61年4月の年金大改正ですべての国民が強制加入（国民皆年金）となったため、昭和61年以降に20歳を迎える者は自分の老齢基礎年金が理論的には満額もらえるはずだからです。

なお、老齢厚生年金または特別支給の老齢厚生年金を受けている者が昭和9年4月2日以降生まれの場合は、生年月日に応じて配偶者の加給年金額に特別加算があります。

加入期間が短くても老齢年金がもらえる人もいる

数多い経過措置の中のひとつに**中高齢の特例**があります。

昭和61年4月に年金の大改正がありましたが、その前までは、厚生年金保険や共済組合では加入期間が20年、または男性で40歳（女性は35歳）から15年の加入期間があれば老齢年金がもらえる制度でした。

しかし、法律が変わったからといって、急にすべての人を対象にして「加入期間25年が必要だ」と変更するわけにはいきません。そのため、厚生年金保険や共済組合に加入している者につき、生年月日によって15～19年の加入期間でも25年間加入したものとみなして老齢年金を支給する特例を設けたのです。

加給年金と振替加算の例

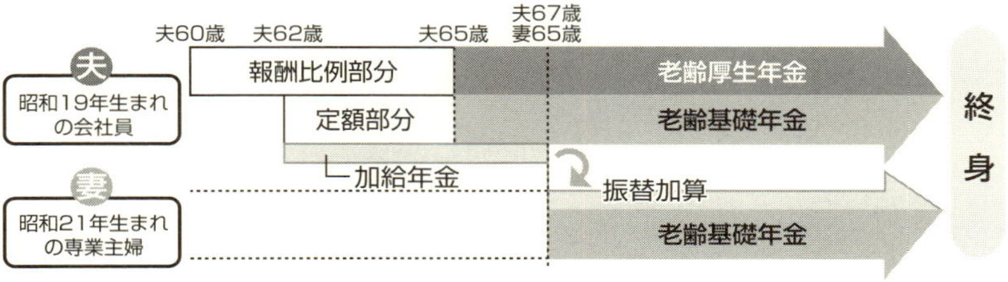

7 老齢厚生年金と受給額の調整

他に収入がある場合、年金額が減額されることもある

高齢者が働いている場合

年金受給者がまだ会社などで働いていて給与を得ている場合など、年金受給者に収入がある場合、その人の給与収入に応じて減額されます。これを**在職老齢年金**といいます。

60歳台前半の在職老齢年金

60歳代前半の在職老齢厚生年金のしくみは、基本月額と総報酬月額相当額の合計額が28万円を超えているかと、総報酬月額相当額が46万円を超えているかを基にして判断します。基本月額とは、受給している老齢厚生年金額（加給年金を除く）を12で割った月額換算した額のことです。総報酬月額相当額とは、年金受給者が勤務先から受け取る賃金と過去１年間に受け取った賞与の合計額を12で割った額のことです。

年金受給者が働いていても総報酬月額相当額と基本月額の合計額が28万円に達するまでは年金の全額が支給されます。

総報酬月額相当額と基本月額の合計額が28万円を上回る場合は、総報酬月

60歳台前半の老齢厚生年金のしくみ

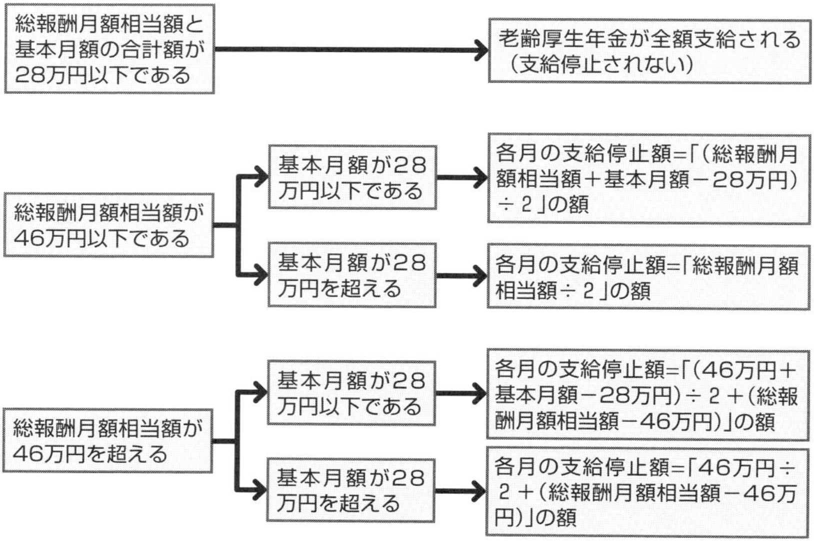
総報酬月額相当額と基本月額の合計額が28万円以下である
老齢厚生年金が全額支給される（支給停止されない）
総報酬月額相当額が46万円以下である
基本月額が28万円以下である
各月の支給停止額=「（総報酬月額相当額＋基本月額－28万円）÷２」の額
基本月額が28万円を超える
各月の支給停止額=「総報酬月額相当額÷２」の額
総報酬月額相当額が46万円を超える
基本月額が28万円以下である
各月の支給停止額=「（46万円＋基本月額－28万円）÷２＋（総報酬月額相当額－46万円）」の額
基本月額が28万円を超える
各月の支給停止額=「46万円÷２＋（総報酬月額相当額－46万円）」の額

額相当額の増加分の半額に該当する年金額が停止されます。

総報酬月額相当額が46万円を超える場合は、さらに総報酬月額相当額が増加した分だけ年金が支給停止されます。

60歳から64歳までの在職老齢年金については、収入によっては全額カットされる可能性もあります。

60歳代後半の在職老齢年金

65歳以上の人が老齢厚生年金を受給しながら会社勤めをする場合も受け取る賃金の額に応じて老齢厚生年金の額が減額されます。ただし、調整のしくみは60歳台前半の在職老齢年金とは異なり、基本月額と総報酬月額相当額との合計が46万円を超える場合に、その超えた分の半額に相当する年金額の支給が停止されます。

厚生年金の被保険者は原則として70歳未満の者ですが、70歳を過ぎても厚生年金が適用される事業所に雇用され、健康保険の被保険者となっている場合には同様のしくみで年金額が調整されます。

「65歳以降」の在職老齢年金については給与収入がある場合に支給が停止されるのは老齢厚生年金だけであり、老齢基礎年金の方は全額が支給されます。60歳台前半の在職老齢年金と異なり、その人が受け取る年金の全額が支給停止されるということはありません。

雇用保険との調整

年金の受給が可能になった後も働く意思がある場合、年金とともに、雇用保険の基本手当を受給することができる人がいます。両方受給できる者については、原則として、雇用保険の基本手当をもらっている間は老齢厚生年金がストップするというしくみになっています。

60歳代後半の老齢厚生年金のしくみ

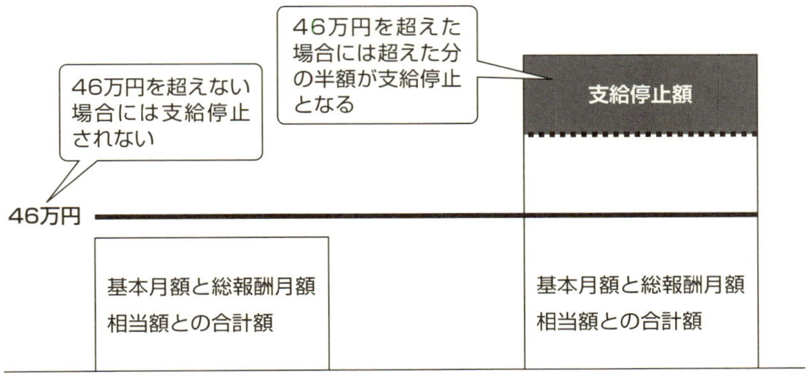

8 60歳を過ぎても年金に加入できる制度

任意加入制度や高齢任意加入制度を利用する

満額に近づける方法がある

老齢基礎年金は最低でも25年加入して保険料を納付するか免除等の手続をしないと年金を１円も受け取れないしくみになっており（194ページ）、60歳になって初めて年金を受給できないことを知る人もいます。

ただ、まだ年金を受給できないことが確定したわけでありません。

60歳以降、年金をもらう資格ができるまで国民年金に加入できる制度があるからです。20歳から60歳までは国民年金は強制加入ですが、60歳以降は自分から申し出て、引き続き国民年金に加入するため、この制度のことを**任意加入制度**といいます。任意加入制度には次の２種類があります。

①　高齢任意加入

年金をもらうための資格期間が足りない人、または最低資格期間の25年は満たしたが、年金額をもっと増やしたいという60歳以上65歳未満の人が加入できます。60歳以上65歳未満の人が対象です。たとえば60歳までに36年分の加入期間しかない人は60歳になって以降４年間任意加入することで、年金額を40年間の満額にすることになります。

②　特例任意加入

年金をもらうための資格期間が足りない人だけが加入でき、年金をもらう資格ができるとそこで終わりになる制度です。65歳以上70歳未満の人が対象です。昭和40年４月１日以前に生まれた65歳以上70歳未満の人で、日本国内に住所がある人や日本国内に住所はないが、日本国籍をもつ人が加入できます。

70歳後の厚生年金の加入

自営業者ではなく、会社員であれば厚生年金保険の加入者になります。厚生年金の場合、国民年金とは異なり、70歳まで強制加入することになります。

ただ、70歳になっても25年の加入期間という要件を満たしていない場合には、70歳後も引き続き厚生年金に加入できる**高齢任意加入**という制度を利用することができます。事業主がこれまで通り保険料を半額負担することに同意してくれた場合には保険料の半額を負担すればよいのですが、事業主が同意しなかった場合には高齢任意加入制度を利用する高齢者が保険料を全額自己負担しなければなりません。

9 老齢年金をもらうための手続き

裁定請求という手続きを行う

老齢年金受給の請求

年金は受給要件がそろっても請求手続きをしなければ、いつまでたってももらうことはできません。年金の請求手続きのことを**裁定請求**といいます。所定の書類に記入するだけでなく、いくつもの添付書類もあります。事前に何が必要かを確認しておき、スムーズに手続きが進められるようにしたいものです。

請求時に提出するもの

請求手続きに必要な裁定請求書は、通常、受給年齢の3か月前に日本年金機構から送られてきます。添付書類のうち、戸籍謄本や住民票は受給権が発生した日以降に取得したものが必要です。法律上は、誕生日の前日にその年齢に到達したとみなされるため、受給権の発生した誕生日の前日以降に戸籍謄本などをとるようにしましょう。有効期限は3か月です。

雇用保険に加入している人は、添付書類に雇用保険被保険者証があります。この被保険者証は非常に小さく、紛失している人も少なくありません。再交付手続きは、在職中の場合は会社に申し出ます。すでに退職している場合は、自分で住所地の公共職業安定所（ハローワーク）で手続きをします。雇用保険に加入していないなど、雇用保険被保険者証が提出できない場合は、その事由書を提出します。

なお、添付書類には、ケースによっては他にも必要となるものがあります。

老齢年金の受給手続きを行う請求手続き先

	年金加入状況	請求手続き先
厚生年金	最後の加入制度が厚生年金	会社を管轄する年金事務所
	最後の加入制度が国民年金	住所地を管轄する年金事務所
	最後の加入制度が共済組合	住所地を管轄する年金事務所 (共済組合の分は共済組合へ請求する)
国民年金	国民年金第3号被保険者期間のみ	住所地を管轄する年金事務所
	国民年金第1号被保険者期間のみ	市区町村役場

※各地の年金相談センターでは、管轄を問わず受け付けてくれる

10 障害給付がもらえる場合

3つの要件をすべて満たす必要がある

障害が残ったときに受け取れる

障害年金は、病気やケガで障害を負った人に対して給付される年金です。国民年金の加入者が障害を負った場合の給付を**障害基礎年金**と言います。厚生年金加入者の場合は、**障害厚生年金**と言います。厚生年金加入者の場合、老齢給付と同じく、障害基礎年金と障害厚生年金の両方を受給することができます。

ただ、障害基礎年金は、障害が最も重い障害等級１級か、次に重い２級でないと支給されないのに対し、障害厚生年金には１級と２級の他、３級と障害手当金（208ページ）があります（障害手当金は一時金であるため、年金と総称して、「障害給付」と呼ばれることもあります）。

そのため、障害等級１級、２級に該当せず、障害基礎年金を受給できない人であっても、３級の障害厚生年金や障害手当金を受給できることが可能です。

障害年金をもらうための要件

障害基礎年金は、次の３つの要件を満たしている場合に支給されます。

① 病気やケガで診察を最初に受けた日（初診日）に

・国民年金に加入している

または、

・過去に国民年金の加入者であった60歳から65歳の人で、日本国内に在住している

② 初診日から１年６か月を経過した日または治癒した日（障害認定日）に障害等級が１級または２級に該当する

③ 初診日の前日に以下の保険料納付要件を満たしている

・初診日の月の前々月までに国民年金の加入者であったときは、全加入期間のうち、保険料の納付期間と免除期間が３分の２以上を占める

これらの条件を噛み砕いて言いますと、障害基礎年金をもらえる人は、国民年金の加入者か、老齢基礎年金をまだ受け取っていない60～65歳の人で、一定の条件の下で障害等級が１級か２級と認定され、さらに国民年金の保険料の滞納が３分の１未満の人ということになります。

ただし、③の滞納に関する規定では、特例として初診日が平成28年３月31日以前の場合、初診日の月の前々月までの直近１年間に保険料の滞納がなければ受給できることになっています。

初診日に年金に加入していること

障害年金を受け取れるかどうかの基準を見ると、「初診日」が重要であることがわかります。３つの条件のすべてに初診日という言葉があるからです。

たとえば、初診日に厚生年金に入っていたか、国民年金に入っていたかで、２階部分を受け取れるか受け取れないかが決まるわけですから、転職、独立といった場合には注意が必要です。

障害認定日に障害等級に該当する

障害年金を受け取るには、障害等級が１級、２級、もしくは３級（障害厚生年金のみ支給）と認定されなければなりません。認定には、等級を認定する基準と、その等級をいつの時点で認定するかというルールを決めておく必要があります。

等級を認定する基準には、政令で定められた「障害等級表」と「障害認定基準」という客観指標があります（障害等級表の等級は、障害のある者が持っている障害手帳に記載されている等級とは別個のものです）。いつの時点で認定するかという点については病気やケガが治癒または初診日から１年６か月経過したときと定められています。これを「障害認定日」と言います。

「治癒した」とは、一般的なイメージで言う「治る」ということとは違い、障害の原因になる病気やケガの治療行為が終わることです。「完治した」という意味ではありません。

保険料をきちんと納付していること

障害年金も、老齢年金と同じく、保険料をきちんと納めている人しかもらえません。病気やケガで診察を受けて、障害が残りそうだということで慌てて滞納分を払いに行っても、時すでに遅しで、給付対象になりません。日頃から保険料はしっかりと払うようにしなければなりません。

障害の程度

重い障害 （1級障害）	やや重い障害 （2級障害）	やや軽い障害 （3級障害）	軽い障害 （一時金）
常時介護を要する人	常時ではないが随時介護を要する人	労働が著しく制限を受ける人	聴力や視力、言語に障害があるなど生活に制限を受ける人
1級障害基礎年金 1級障害厚生年金	2級障害基礎年金 2級障害厚生年金	3級障害厚生年金	障害手当金

11 障害年金の受給金額

等級に応じて一律、家族の扶養手当もある

1級は2級の1.25倍もらえる

障害基礎年金は、加入期間の長短に関係なく障害の等級によって定額になっています。支給額は、平成23年度は、1級が98万6100円（2級の125％にあたる）、2級が78万8900円（老齢基礎年金の満額と同額）です。それに18歳未満の子（または一定の障害をもつ20歳未満の子）がいる場合は、子1人につき22万7000円（3人目からは7万5600円）が加算されます。いずれの場合も、障害認定日から一生支給されます。

障害厚生年金は、1級障害の場合は老齢厚生年金の1.25倍、2級障害の場合は老齢厚生年金と同一の金額が支給されます。障害の程度や収入に応じた金額が支給されるのが原則です。障害厚生年金の支給額は、その人の障害の程度や収入に応じて異なった金額となります。障害厚生年金の額を計算する場合、平成15年4月以降の期間とそれより前の期間とで、計算方法が異なります（次ページ）。

また、障害基礎年金には生計を維持している子供がいる場合、障害厚生年金には生計を維持している配偶者がいる場合、加算があります。

障害手当金とは

病気やケガで初めて医師の診療を受けた日（初診日）において被保険者であった者が、その初診日から起算して5年を経過する日までの間にその病気やケガが治った日に、一定の障害の状態に該当した場合に支給されます。

障害手当金の支給額は、障害厚生年金3級の支給額の2倍相当額が支給額（最低保障額115万3800円、平成23年度価格）になります。障害手当金の額には物価スライドは適用されませんが、本来の2級の障害基礎年金の額の4分の3に2を乗じて得た額に満たないときは、最低保障額を見直します。

障害の重さが変わる場合もある

障害認定日以降、障害の重さが変わる場合もあります。以下の5つのケースが生じた場合、改定が行われます。

①　事後重傷

障害認定日には、障害等級1～3号に該当しなかったが、後に症状が悪化して、1～3号に該当するようになったケース。

②　増進改定

障害認定日に障害等級2～3級に該当し障害年金を受給していたが、後に症状が悪化して1～2級に該当するよ

うになったケース。

③ 「初めて２級障害」に該当

障害認定日には障害等級が２級より下だったが、基準障害が発生したことで今までの障害と併せて２級以上の障害になったケース。

④ 併合認定

障害認定日に１級か２級の人（現在は３級に軽減した人も含む）に新しく１～２級の障害が発生したケース。

⑤ 併合改定

１～２級の人（現在は３急に軽減した人も含む）に新たに３級以下の障害が発生したケース。

障害給付の受給額

自営業者・専業主婦（夫）（1号・3号被保険者）→ 障害基礎年金

会社員（2号被保険者）→ 障害基礎年金・障害厚生年金

（平23年度価格）

	障害基礎年金		障害厚生年金	
	定　額	子の加算	報酬比例の額	配偶者の加算
1級障害	986,100円（老齢基礎年金×1.25）	18歳未満の子 2人目まで1人につき 227,000円 3人目から1人につき 75,600円	※報酬比例の年金額 ×1.25	65歳未満の配偶者 227,000円
2級障害	788,900円（老齢基礎年金と同額）		※報酬比例の年金額	
3級障害			※報酬比例の年金額（最低保障額591,700円）	
一時金			※報酬比例の年金額 ×2（最低保障額1,153,800円）	

※報酬比例の年金額 ＝ ① ＋ ②

※被保険者月数が300か月未満のときは、300か月として計算する。
この場合、以下の式で計算する

$$(①+②) \times \frac{300}{全被保険者月数}$$

①平15.3までの期間

$$平均標準報酬月額 \times \frac{7.125}{1000} \times 平15.3までの被保険者月数$$

②平15.4以降の期間

$$平均標準報酬額 \times \frac{5.481}{1000} \times 平15.4以降の被保険者月数$$

※老齢厚生年金算出時と同じ従前保障あり

12 遺族給付

老齢年金や障害年金とは違った受給要件がある

夫が死亡した妻子の生活保障

公的年金の加入者、老齢年金、障害年金の受給者が死亡したとき、残された家族に対して支給されるのが**遺族給付**です。先立った人の家族の生活を保障することが目的です。

遺族給付の中でも中心的な役割を果たすのが、遺族に年金形式で支給される遺族年金です。遺族年金には、遺族基礎年金、遺族厚生年金、遺族共済年金があります。

遺族基礎年金と、遺族厚生年金・遺族共済年金の両方の受給要件を満たしていれば、両方もらえます。

遺族年金を受給するためには

遺族年金を受給するためには以下の３つの要件を満たすことが必要です。

①　死亡したのがいつか

まず、遺族年金を受給するためには、死亡した人が次ページ図の要件１を満たしていなければなりません。

②　一定の遺族がいること

遺族基礎年金と遺族厚生年金とでは遺族の範囲が大きく異なっています。双方の年金に共通しているのは、年金を受けるべき生計維持されていた遺族が１人もいなければ、遺族給付が支給されないということです（次ページ図の要件２）。

遺族基礎年金をもらえる遺族は限られています。対象は、被保険者または被保険者であった者の死亡の当時、その者によって生計を維持されていた子のいる妻、または子です。「子」とは、18歳未満の子、もしくは１、２級障害がある20歳未満の子のことを意味します。そのため、夫が死亡したが夫婦の間に子がいなかった場合は支給の対象とはなりません。

これに対して、遺族厚生年金が支給される遺族の範囲は遺族基礎年金よりも広範です。夫や父母も支給対象になります。ただ、決められた優先順位の最先順位の人にだけ支給され、上位の権利者が受給した場合は、下位の権利者は受給権が消滅します。

このように、遺族厚生年金の方が受給できるケースが広いため、遺族基礎年金はもらえないが、遺族厚生年金はもらえるというケースもあります。

なお、妻については、法律上の婚姻関係にない内縁の妻でも、夫婦関係の実態があれば、年金上は、妻と認めてもらえるので、遺族年金を受給できます。

③　きちんと納めていること

保険料納付要件は、死亡日の前日に

おいて保険料を納めるべき期間のうち、保険料納付済期間と保険料免除期間の合計が３分の２以上あることです。

ただし、障害等級１、２級の障害厚生年金の受給者、老齢年金の受給者または受給資格を満たしているものは、納付要件を満たしているとして扱われます。また、平成28年３月31日までは、特例として、死亡日の月の前々月までの１年間に滞納がなければ受給することができます。要するに、死亡した人が生前にきちんと保険料を納めていないと、遺族は遺族年金を受け取れないことになります。

遺族の年収

遺族年金の受給要件として、上記の要件の他に、受給権者の経済力があります。妻に十分な収入があるのであれば年金の受給を認めなくてもよいからです。具体的には、前年の年収が850万円（所得では655万5000円）未満だったことが必要です。

遺族給付を受給するための要件

要件1	遺族基礎年金	遺族厚生年金
亡くなったのがいつか	・国民年金に加入中 ・60 歳以上 65 歳未満で日本在住 ・老齢基礎年金受給中 ・老齢基礎年金の受給資格がある	・厚生年金に加入中 ・厚生年金に加入中に初診日があった傷病が原因で５年以内に死亡 ・障害厚生年金の１・２級の受給者 ・老齢厚生年金受給中 ・老齢厚生年金の受給資格がある

要件2	遺族基礎年金		遺族厚生年金		
遺族の範囲（生計維持関係にあること）	※子または子のある妻のみ	死亡当時の年齢	※遺族厚生年金には優先順位がある		死亡当時の年齢
	子のいる妻	18歳未満の子のいる妻	1位	配偶者	（妻の場合）年齢は問わない（夫の場合）55歳以上
	子	18歳未満		子	18歳未満
年収850万円未満であること			2位	父母	55歳以上
			3位	孫	18歳未満
			4位	祖父母	55歳以上

※表中の「18歳未満」は18歳に達して最初の３月末日までをいう。また20歳未満で１・２級の障害の子も含む
※表中の「55歳以上」は55歳から59歳までは支給停止。60歳からの受給となる

13 遺族年金の受給金額

基礎年金の本体部分は78万8900円、子供の数に応じて加算される

遺族基礎年金の年金額

遺族基礎年金は、子（18歳未満もしくは1、2級障害で20歳未満の子供のこと）のいる妻、または、18歳未満もしくは1、2級障害で20歳未満の子ども（親が死亡している場合）が受給することができる年金です。これは、遺族基礎年金が子育て支援を目的とする年金だからです。夫が死亡したとしても、18歳未満もしくは、1、2級障害で20歳未満の子供がいない場合、妻は遺族基礎年金を受給することはできません。

遺族基礎年金の金額は、「本体部分」と「子供扶養のための加算」部分で構成されます。本体部分は、老齢基礎年金と同じ金額、年間78万8900円（平成23年度現在）となり、子供扶養のための加算は、第1子と第2子が22万7000円、第3子以降が7万5600円（いずれも平成23年度現在）となっています。

子供が18歳以上になった場合など、支給要件から外れた場合は、年金の受給権は消滅します。

また、妻、つまり、母親がいない場合は、子供が受給します。1人の場合は、本体部分（78万8900円）だけ、2人の場合は、1人分の加算がつくという具合に増額していきます。

遺族厚生年金の年金額

遺族基礎年金の金額は、前述したように定額であるため、わかりやすいのですが、会社員の妻がもらえる遺族厚生年金の金額については、夫がいつ死亡したかによって計算のしかたが異なります。

夫が老齢厚生年金の受給中、もしくは老齢厚生年金の受給資格を得た後に死亡した場合には、夫が加入していた期間の実期間を基に年金額を計算します（これを長期要件といいます）。

これに対して、死亡した夫が、①厚生年金の被保険者（現役の会社員）、②厚生年金の被保険者であった者で、被保険者期間中に初診日のある傷病で初診日から5年以内に死亡した、③障害等級1級または2級の障害厚生年金の受給権者であった場合には、加入月数が1か月以上あれば、加入月数を300か月（25年）あったとみなして計算します（これを短期要件といいます）。

また、遺族厚生年金は、「報酬比例」というしくみがとられており、死亡した人が支払っていた保険料が多いほど、遺族がもらえる遺族厚生年金も多くなります。

14 遺族厚生年金のさまざまな特例

受給額が少なくなり過ぎないようにしている

中高齢寡婦加算とは

会社員の妻で、夫が死亡したときに40歳以上65歳未満の場合、子供がいなくても、「2階部分」のほかに厚生年金から給付があります。これを**中高年寡婦加算**と言います。子のいない妻は遺族基礎年金を受け取ることができないため、通常は、2階部分である遺族厚生年金しか受け取ることができないはずですが、遺族厚生年金しか受け取ることができないと受給金額が少なくなってしまうケースも多かったため、このような制度を作ったのです。中高齢寡婦加算の加算額は59万1700円（平成23年度現在）です。

経過的寡婦加算とは

遺族厚生年金の中高齢寡婦加算を受給している妻は、65歳になると自身の老齢基礎年金の支給が開始されるため、それまで支給されていた中高齢寡婦加算の受給権が消滅することになります。

しかし、昭和31年4月1日以前生まれの妻については、中高齢寡婦加算にかえて**経過的寡婦加算**が支給されることになっています。経過的寡婦加算の加算額は、妻の生年月日によって決まり、昭和2年4月1日までに生まれた人は59万1,700円受給できますが、一定の年齢ごとに減額し、昭和31年4月2日以降生まれの人はゼロです。

子のいる妻の場合と子のいない妻の場合

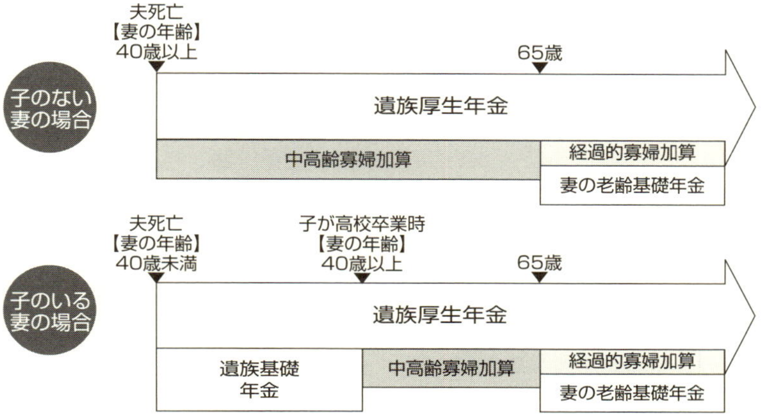

※子がいる妻は、子が高校卒業し遺族基礎年金を受給できなくなってから中高齢の寡婦加算を受給する

15 遺族年金をもらえない場合

失権は永遠に、支給停止はある理由で一時的に支給が止まること

失権と支給停止の２つがある

遺族年金を受給できなくなる場合には、**失権**と**支給停止**があります。

両方の違いは、失権が永遠に年金を受給する権利を失うことであるのに対して、支給停止は、ある理由で年金の支給が止まっている状況を指すという点です。支給停止の場合、支給が停止される理由が消滅すれば、支給は再開されるのです。

遺族基礎年金が失権するケース

遺族基礎年金の失権事由としては、妻と子に共通するものとして、死亡、婚姻したとき（事実上婚姻関係の場合を含む）・直系血族（自分の祖父母等）または直系姻族（配偶者の直系血族）以外の者の養子になったとき、があります。

また、妻特有、子特有の加算事由もあります。

遺族基礎年金の支給停止

遺族基礎年金の支給停止要件には、労働基準法による遺族補償が受けられる、子供に生計を同じくする父母がいる、といった事由があります。

遺族厚生年金の失権・支給停止

受給権者が次のいずれかに該当したときに消滅します。

①　すべての受給権者に共通の失権事由

・死亡したとき
・婚姻したとき（事実上の婚姻関係を含む）
・直系血族および直系姻族以外の者の養子（事実上の養子縁組を含む）になったとき
・離縁によって死亡した被保険者または被保険者であった者との親族関係が終了したとき

②　子または孫特有の失権事由

・18歳に達した日以後の最初の３月31日が終了したとき（一定の障害がある場合を除く）
・障害等級１級または２級に該当する障害の状態にある子のその事情がやんだときまたは20歳に達したとき（18歳年度末までの者を除く）

③　父母、孫、祖父母特有の失権事由

・被保険者の死亡時に胎児だった子が生まれたとき

なお、労働基準法の遺族補償が行われるとき（６年間支給停止）、などについては、遺族厚生年金が支給停止されます。

16 第1号被保険者のための特別な遺族給付

「寡婦年金」と「死亡一時金」で、年金保険料がムダになるのを防ぐ

自営業の夫が死亡したとき

会社員が死亡したときには、妻は遺族基礎年金をもらえる子供がいなくても遺族厚生年金をもらえますが、自営業の夫が死んだ妻の場合、同じ環境では遺族基礎年金をもらうことができず、国民年金保険料がムダになってしまうことになります。そこで、このような不公平を起こさないために**寡婦年金**、**死亡一時金**という制度が設けられています。寡婦年金、死亡一時金のことを遺族給付と言います。

寡婦年金とは、結婚10年以上の妻の場合、60歳から65歳まで夫がもらったと考えられる老齢基礎年金の４分の３が支給される制度です。

寡婦年金をもらう要件がそろっていない場合にもらえるのが、死亡一時金です。支給を受けるには、国民年金第1号被保険者として保険料を３年以上、納めている必要があります。死亡一時金は、最も優先順位の高い遺族に一時金として支給されます。

寡婦年金の支給要件と死亡一時金の支給要件の両方を満たしている人の場合、どちらかを選択して受け取ります。

妻がまだ60歳未満の場合、寡婦年金のほうが有利ですが、夫が死亡した時の妻の年齢が65歳に近い場合は、死亡一時金のほうが有利といえます。

寡婦年金が支給される要件

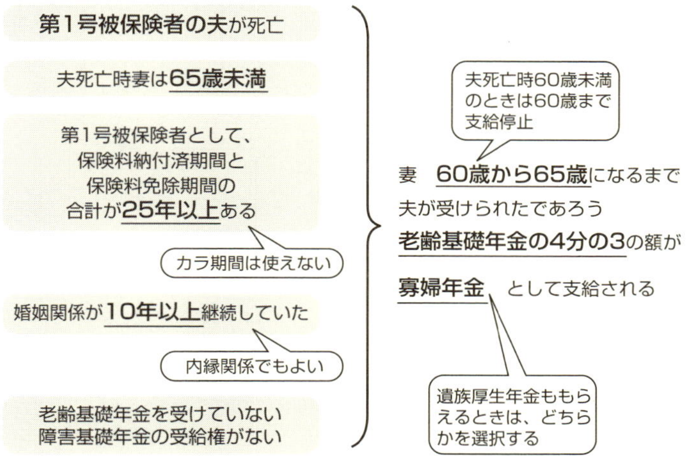
第1号被保険者の夫が死亡
夫死亡時妻は65歳未満
第1号被保険者として、保険料納付済期間と保険料免除期間の合計が25年以上ある
カラ期間は使えない
婚姻関係が10年以上継続していた
内縁関係でもよい
老齢基礎年金を受けていない
障害基礎年金の受給権がない
夫死亡時60歳未満のときは60歳まで支給停止
妻 60歳から65歳になるまで
夫が受けられたであろう
老齢基礎年金の4分の3の額が
寡婦年金 として支給される
遺族厚生年金ももらえるときは、どちらかを選択する

17 共済年金

おもに公務員や私立学校の教職員が加入する年金保険制度である

老齢厚生年金との違いは何か

共済年金は、公務員や私立学校の職員などが加入する公的年金です。厚生年金とほぼ同じしくみですが、大きな違いが2点あります。

1点目は、厚生年金が2階部分までなのに対して、共済年金は3階部分があるということです。これを**職域加算**と言います。共済年金独自の上乗せ給付部分で、厚生年金における厚生年金基金にあたります。厚生年金基金が各企業の独自判断で設置されるのに対して、共済年金は、加入すれば自動的に職域加算が付与されるわけです。職域加算は、共済年金の加入期間によって乗数が変わります。

2点目は、「特別に支給される年金（65歳より前から支給される年金）」の支給開始年齢の引き上げ方の違いです。厚生年金の場合、男性と女性とでは5年の開きがあります（198ページ）。しかし、共済年金は男性・女性ともに同じスケジュールで支給開始年齢の引き上げが始まっています。対象となるのは、昭和16年4月2日以降に生まれた人からです。

障害厚生年金との違いは何か

障害共済年金と障害厚生年金は給付内容についてはほとんど同様のしくみがとられています。ただ、支給要件などの若干の違いがあります。また、障害共済年金については、共済年金独自の職域加算部分があるなど、厚生年金にはない制度が用意されています。

遺族厚生年金との違いは何か

遺族共済年金は、受給条件、遺族の範囲、中高齢寡婦加算、経過的寡婦加算といった面では、遺族厚生年金とほぼ同じです。しかし、遺族共済年金だけにあるメリットがあります。それは、①遺族になる夫、父母、祖父母について受給の年齢制限がない、②保険料を納めていたかどうかは受給の要件にならない、③「転給」という制度がある、④3階部分の給付が加算されるという点です。

③の「転給」は、年金を受給している人が死亡すると、次の順位の遺族に受給権が移るという制度です。遺族厚生年金では、受給している人が死亡した場合、支給は終了しますが、遺族共済年金では、たとえば、妻と母が遺族で、妻が遺族共済年金を受給していたが、死亡してしまった場合、母が代わって年金を受け取ることができます。

第8章

労災保険のしくみと手続き

1 労災保険

仕事中にケガをしたときの補償である

仕事・通勤中の事故を補償する

労働者災害補償保険（労災保険）は、仕事中や通勤途中に発生した労働者のケガ、病気、障害、死亡に対して、迅速で公正な保護をするために必要な保険給付を行うことをおもな目的としています。また、その他にも負傷労働者やその遺族の救済を図るためにさまざまな社会復帰促進等事業（被災労働者の社会復帰の促進、被災労働者やその遺族の援護、適正な労働条件の確保などを目的として行われる事業のこと）を行っています。労働基準法では、労働災害に対するさまざまな補償はすべて事業主が行うと規定しています。

しかし、どのような場合においても労災事故における補償責任を事業主に負わせていたのでは、事業主にとって酷なケースも生じます。また、事業主によっては労災事故に対する補償能力が十分でない者もあります。そのため、被災労働者に対する災害補償を公平、確実に行うために、保険制度を採用し、確実に災害補償が行われる労災保険というしくみをつくったのです。つまり、労災保険は、事業主が負っている労働基準法上の災害補償を保険という方法によって代行しているといえます。

事業主の災害補償責任に対する保険であるという性格上、労災保険の保険料は全額事業主が負担することになっています。

事業所ごとに加入する

労災保険は事業所ごとに適用されるのが原則です。本社の他に支店や工場などがある会社については、本店は本店だけで独自に労災保険に加入し、支

労災保険事業

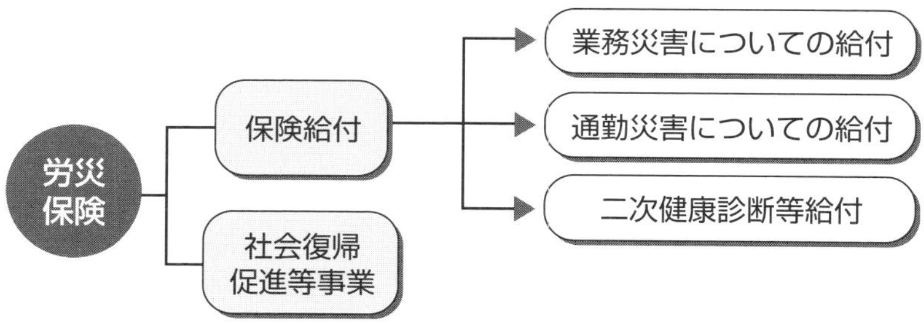

店は支店で本店とは別に労災保険に加入することになります。

ただ、支店や出張所などでは労働保険の事務処理を行う者がいないなどの一定の理由がある場合は、本店（本社）で事務処理を一括して行うこともできます。

1人でも雇ったら適用される

労災保険は労働者を1人でも使用する事業を強制的に**適用事業**（労災保険が適用される事業）とすることにしています。つまり、労働者を雇った場合には自動的に労災保険の適用事業所になります。届出があってはじめて労災保険が適用されるわけではありません。

暫定任意適用事業とは

労災保険は、労働者を1人でも使用する事業について適用事業とします。しかし、労災保険料が全額事業主負担であることを考えると、すべての事業を強制的に労災保険に加入させるのにはムリがあります。また、労災事故（仕事中の事故）が起きにくい事業や、起きたとしても、比較的軽いことが予想される事業も中にはあります。

そこで、個人経営の事業で一定の事業に限っては、労災保険への加入を強制しないことにしました。労災保険への加入が任意となっている事業を**暫定任意適用事業**といいます。暫定というのは「当分の間」という意味です。労働者保護の観点からは、将来的にはすべての事業について労災保険に加入するようにすべきであることから、暫定ということになっています。暫定任意適用事業は下図の①～③までの個人経営の事業になります。

なお、会社などの法人については、規模などに関係なくすべて労災保険に加入することになります。

暫定任意適用事業

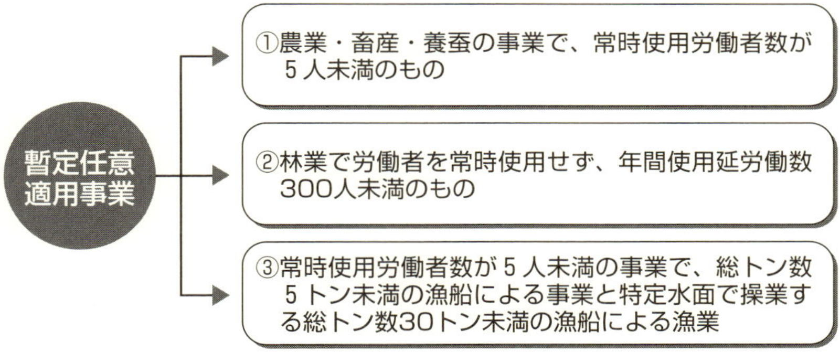
暫定任意適用事業
①農業・畜産・養蚕の事業で、常時使用労働者数が5人未満のもの
②林業で労働者を常時使用せず、年間使用延労働数300人未満のもの
③常時使用労働者数が5人未満の事業で、総トン数5トン未満の漁船による事業と特定水面で操業する総トン数30トン未満の漁船による漁業

2 労災保険の適用範囲

就労形態に関係なく適用される

すべての労働者に適用される

労災保険は労働者保護のための保険です。原則として事業所ごとに適用されます。適用される労働者について、正社員やパート、日雇労働者などの雇用形態は関係ありません。不法就労の外国人でも、労働災害があった場合は労災保険の適用を受けることができます。

ただ、代表取締役などの会社の代表者は、労働者ではなく使用者であるため、労災保険は適用されません。工場長や部長などの兼務役員については、会社の代表権をもたないので労災保険が適用されます。労働者に該当するかどうかは、使用従属関係があるか、会社から労働の対価として賃金（給料や報酬など）の支払いを受けているかの2つによって決まります。派遣労働者の労災保険については、派遣元の事業主の保険関係で適用することになります。

個人事業主などは特別加入できる

本来労災保険が適用されない会社の代表者や個人事業主などであっても、現実の就労実態から考えて一定の要件に該当する場合には、例外的に特別に労災保険から補償を受けることができます。この制度を**特別加入**といいます。特別加入することができる者は、次の①〜③の３種類に分けられています。

① **第１種特別加入者**

中小企業の事業主（代表者）とその

特別加入者の種類

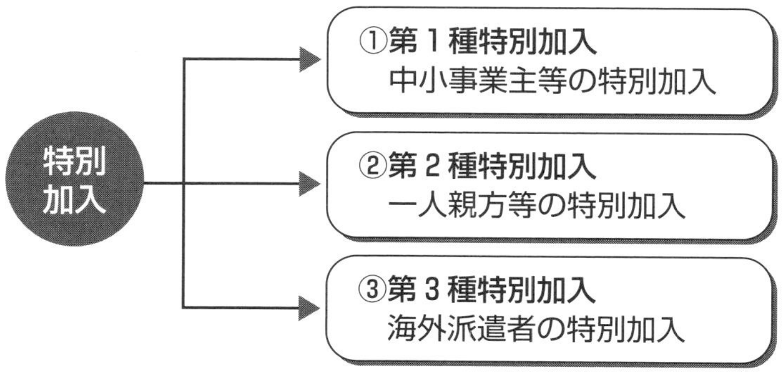

家族従事者、その会社の役員が第１種特別加入者となります。

ただ、中小企業（事業）の範囲を特定するために常時使用する労働者の数に制限があり、業種によって下図のように異なっています。

第１種特別加入者として特別加入するためには、ａその者の事業所が労災保険に加入しており、労働保険事務組合に労働保険事務を委託していること、ｂ家族従事者も含めて加入すること、が必要です。

②　第２種特別加入者

第２種特別加入者はさらに、ａ一人親方等と、ｂ特定作業従事者の２種類にわかれています。

ａ　一人親方等

個人タクシーや左官などの事業で労働者を使用しないで行うことを常態としている者のことです。

ｂ　特定作業従事者

介護作業の従事者など、災害発生率の高い作業（特定作業）に従事している者が特定作業従事者となります。

第２種特別加入者の特別加入のための要件は、ａとｂ共通で、所属団体が特別加入の承認を受けていることと家族従事者も含めて加入することのいずれも満たすことです。

③　第３種特別加入者

海外に派遣される労働者（一時的な海外出張者を除く）については、日本国内の労災保険の効力がおよびません。ただ、以下の条件を満たした場合に限り、労災保険に特別加入することができます。

①　開発途上国などの地域に技術協力事業を行う団体から海外に派遣されて業務に従事する者

②　国内において事業を行う事業主から国外で行われる事業に派遣されて従事する者

海外派遣者が第３種特別加入者に該当するための要件は、派遣元の国内の事業について労災の保険関係が成立していることと、派遣元の国内の事業が有期事業でないことのいずれも満たすことです。

第一種特別加入をするための要件

業　　種	労働者数
金融業・保険業・不動産業・小売業	50人以下
卸売業・サービス業	100人以下
その他の事業	300人以下

3 業務災害・通勤災害

業務遂行性と業務起因性によって判断する

業務災害とは

労働者の仕事（業務）中に起きた事故によるケガ、病気、障害、死亡のことを**業務災害**といいます。業務上の災害といえるかどうかは、労働者が事業主の支配下にある場合（＝業務遂行性）、および、業務（仕事）が原因で災害が発生した場合（＝業務起因性）、という２つの基準で判断されます。業務上の災害といえるかどうかの判断は労働基準監督署が行います。

①　労働時間中の災害

仕事に従事している時や、作業の準備・後片付け中の災害は、原則として業務災害として認められます。

なお、用便や給水などによって業務が一時的に中断している間についても事業主の支配下にあることから、業務に付随する行為を行っているものとして取り扱い、労働時間に含めることになっています。

②　昼休みや休憩中の災害

事業所での休憩時間や昼休みなどの業務に従事していない時間については、休憩時間などに業務とは関係なく行った行為は、個人的な行為としてみなされますから、その行為によって負傷などをした場合であっても業務災害とはなりません。

ただ、その災害が事業場の施設の欠陥によるものであれば、事業用施設の管理下にあるものとして、業務災害となります。

③　出張中の災害

出張中は事業主のもとから離れていますが、事業主の命令を受けて仕事をしているわけですから、事業主の支配下にあります。そこで出張中の災害については、ほとんどの場合、業務中に発生したものとして、業務災害となります。ただ、業務時間中に発生した災害であっても、その災害と業務との間に関連性が認められない場合は、業務遂行性も業務起因性も認められず、業務災害とはなりません。たとえば、就業時間中に脳卒中などが発症し転倒して負傷したケースなどが考えられます。脳卒中が業務に起因していると認定されなければ、たとえ就業時間中の負傷であっても、業務災害にはなりません。

通勤災害とは

通勤災害とは、通勤途中に発生した災害のことです。たとえば、労働者が通勤途中の駅の階段で転び、ケガをした場合などです。労災保険法の７条では、通勤について、「労働者が就業に関し、住居と就業の場所との間などを合理的な経路および方法により往復することをいい、業務の性質を有するものを除くものとする」と定めています。

つまり、通勤とは、仕事に従事するために労働者が住居と仕事場（会社や工場などの実際に勤務する場所）との間を合理的な経路と方法で往復することなのです。

また、複数の事業場で就労している者の事業所間の移動および単身赴任者の赴任先住居と帰省先住居間の移動についても通勤に含まれます。

「寄り道」には適用されない

たとえば、帰宅途中にパチンコ店に立ち寄り、小1時間ほどパチンコをした場合、パチンコ店に入った時点から後については、通勤として認められません。これに対して、帰宅途中、選挙のため投票所に立ち寄る場合などは、日常生活上必要な行為とみなされますから、投票を終えて通常の経路に戻った時点からは通勤となります。

このように通勤途中で通勤とは無関係な目的のため通常の通勤経路からいったん外れることを**逸脱**といいます。

また、通勤途中で通勤とは無関係の行為を行うことを**中断**といいます。逸脱・中断の間とその後は、日常生活上必要な行為である場合を除き、通勤には含みません。

逸脱・中断の取扱い

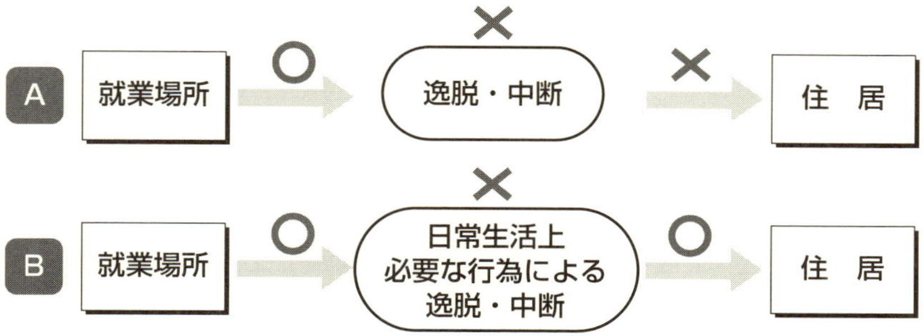

○印は通勤の範囲として認められるもの　×印は通勤の範囲として認められないもの

Aになる例

- パチンコ店に入る
- 映画を見るため映画館に入る
- 居酒屋で酒を飲む
- 雀荘でマージャンをする

Bになる例

- 選挙のため投票しに行く
- 病院に診察を受けに行く
- 食堂・クリーニング店に立ち寄る
- 髪をカットするために理容室に立ち寄る

4 労災保険の補償内容

必要に応じた8つの給付がある

労災保険の給付内容は

業務上または通勤途中の事故や病気などの保険事故に対応して、8つの保険給付があります。業務災害の場合の給付の名称に「補償」という言葉がつくことを除けば、通勤災害の場合の給付と内容は基本的に同じです。

① 療養（補償）給付

業務上または通勤途中の負傷・疾病によって療養を必要とする場合に給付されます。治療を行うという現物給付の「療養の給付」と、現金給付の「療養の費用の支給」の2種類がありますが、「療養の給付」が原則です。「療養の給付」では、労災指定病院で治療を受ければ、原則として傷病が治ゆするまで必要な療養を受けることができます。

「療養の費用の支給」は、労災指定病院以外で療養を受けた場合に、そのかかった費用を支給するというものです。治療費だけでなく、入院の費用、看護料、移送費など、通常療養のために必要なものは全額支給されます。

② 休業（補償）給付

業務上または通勤途中の負傷・疾病による療養のために休業し、賃金を受けない日の第4日目以降から支給されます。

休業1日について給付基礎日額の60%が休業（補償）給付として支給されます（この他、社会復帰促進等事業から給付基礎日額の20%が特別支給金として支給）。給付基礎日額とは、原則として、災害発生日以前3か月間に被災した労働者に支払われた賃金総額を、その期間の総日数で割って算出されます。

③ 傷病（補償）年金

療養開始後1年6か月を経過しても治ゆせず、傷病等級（第1級～第3級）に該当するとき、給付基礎日額の313日～245日分の年金が支給されます。

④ 障害（補償）給付

傷病が治ゆしたときで、一定の障害が残った場合に障害等級に応じて支給されます。第1級～第7級の場合は給付基礎日額の313日～131日分の障害（補償）年金、第8級～第14級の場合は給付基礎日額の503日～56日分の障害（補償）一時金が支給されます。

⑤ 遺族（補償）給付

業務上または通勤途中の死亡に対して支給され、遺族（補償）年金と遺族（補償）一時金の2つがあります。年金は、労働者の死亡当時その収入によって生計を維持していた一定の範囲の遺族に支給されます。

一時金は、その年金受給権者がいない場合に一定の範囲の遺族に対して給付基礎日額の1000日分が支給されます。

⑥　葬祭料（葬祭給付）

葬祭を行った者に対し支給されます。「31万5000円＋給付基礎日額の30日分」と「給付基礎日額の60日分」のいずれか高い方が支給額です。

⑦　介護（補償）給付

一定の障害により傷病（補償）年金または障害（補償）年金を受給し、かつ、現に介護を受けている場合に月を単位として支給されます。

⑧　二次健康診断等給付

一言で言うと、過労死予防のための給付です。労働安全衛生法に基づく定期健康診断等のうち、直近の一次健康診断で、脳・心臓疾患に関連する一定の項目について異常の所見が認められる場合に、労働者の請求に基づき、二次健康診断と特定保健指導を行います。

◎社会復帰促進等事業

労災保険では、各種の保険給付の他に被災労働者の社会復帰の促進、被災労働者やその遺族の援護、適正な労働条件の確保などのサービスも行っています。これが社会復帰促進等事業です。社会復帰促進等事業は大きく社会復帰促進事業、被災労働者等援護事業、安全衛生・労働条件確保事業の３つの事業に分かれています。

労災保険の給付内容

目　的	労働基準法の災害補償では十分な補償が行われない場合に国（政府）が管掌する労災保険に加入してもらい使用者の共同負担によって補償がより確実に行われるようにする	
対　象	業務災害と通勤災害	
業務災害（通勤災害）給付の種類	療養補償給付（療養給付）	病院に入院・通院した場合の費用
	休業補償給付（休業給付）	療養のために仕事をする事ができず給料をもらえない場合の補償
	障害補償給付（休業給付）	身体に障害がある場合に障害の程度に応じて補償
	遺族補償給付（遺族給付）	労災で死亡した場合に遺族に対して支払われるもの
	葬祭料（葬祭給付）	葬儀を行う人に対して支払われるもの
	傷病補償年金（傷病年金）	ケガや病気の場合に年金の形式で支給
	介護補償給付（介護給付）	介護を要する被災労働者に対して支払われるもの
	二次健康診断等給付	二次健康診断や特定保健指導を受ける労働者に支払われるもの

5 労災保険の特色と申請手続き

「被保険者」という概念がないのが他の保険制度の大きな違い

労災の給付は誰が申請するのか

労災保険法に基づく保険給付等の申請ができるのは、本人かその遺族ですが、労働者がみずから保険給付の申請その他の手続を行うことが困難な場合には事業主が手続きを代行することができます。そのため、実際には会社が手続きを代行して労災申請するケースが多いのですが、たとえば「会社が不当に労災の証明に協力してくれない」というような場合には、本人がその旨の事情を記載して労働基準監督署に書類を提出することになるでしょう。

また、労災給付を受けるためには所定の手続きをすることが必要です。要件を満たす場合には、労災の給付とともに、社会保険の給付を受けることも可能です。

申請手続き

労働災害が発生したときには、本人またはその遺族が労災保険給付を請求することになります。保険給付の中には傷病（補償）年金（224ページ）のように職権で支給の決定を行うものもありますが、原則として被災者ないし遺族の請求が必要です。労災の保険給付の請求は、２年以内（障害給付と遺族給付の場合は５年以内）に被災労働者の所属事業場の所在地を管轄する労働基準監督署長に対してしなければなりません。

労働基準監督署は、必要な調査を実施して労災認定した上で給付を行います。なお、「療養（補償）給付」については、かかった医療機関が労災保険指定病院等の場合には、「療養の給付請求書」を医療機関を経由して労働基準監督署長に提出します。その際、療養費を支払う必要はありません。

しかし、医療機関が労災保険指定病院等でない場合には、いったん、医療費を立て替えて支払わなければなりません。その後「療養の費用請求書」を直接、労働基準監督署長に提出し、現金給付してもらうことになります。

被害者などからの請求を受けて支給または不支給の決定をするのは労働基準監督署長です。この決定に不服がある場合には、都道府県労働基準局内の労災保険審査官に審査請求をすることができます。審査官の審査結果にさらに不服があるときは厚生労働省内の労働保険審査会に再審査請求ができます。

労働保険審査会の裁決にも不服がある場合は、その決定の取消を求めて、裁判所に行政訴訟を起こすことになります。

労災隠しは犯罪である

労災が発生した場合、事業主は会社管轄の労働基準監督署に「労働者死傷病報告」を提出しなければなりません。

故意に「労働者死傷病報告」を提出しない場合や、虚偽の内容を記載した労働者死傷病報告を所轄労働基準監督署長に提出すると、「労災隠し」として犯罪になるので注意しなければなりません。

メリット制とは

労働災害の発生状況について、建設業などの同じ業種の各事業所間で比べてみると、労働災害の発生していない事業所と過去に何度も労働災害が発生している事業所とがあります。このように同じ業種であっても、事業主の労働災害防止の努力によって、各事業所間で労災発生率は大きく異なってきます。そこで、事業主の労働災害防止のための努力を労災保険率に反映させるために設けられている制度が**メリット制**です。平たく言うと、一定限度まで労災の発生を抑えた事業主に対しては労災保険の料率を下げる措置がとられます。逆に、一定の割合以上労災が発生した事業主については労災保険料率を上げる措置がとられることになります。

労災認定の申請手続き

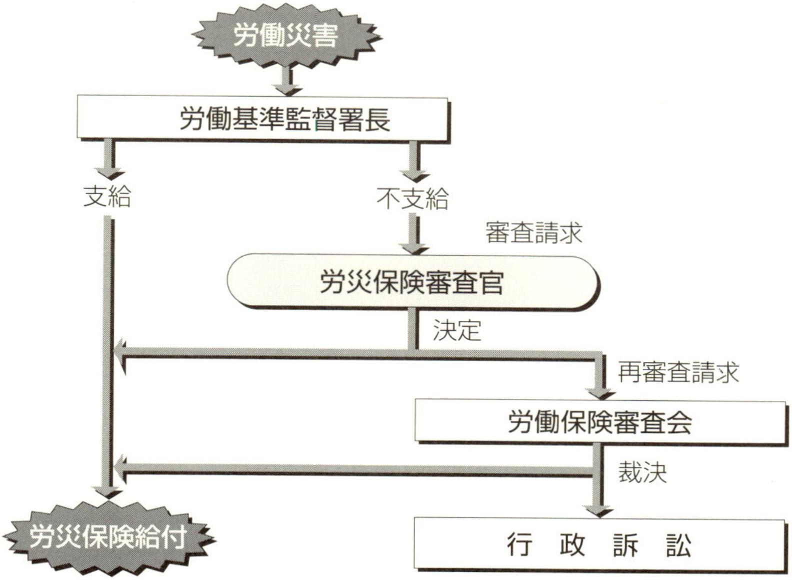

6 第三者行為災害と求償・控除

求償と控除によって給付額を調整する

第三者行為災害とは

保険給付の原因となる事故が第三者（政府、事業主と労災保険の受給権者以外の加害者）の行為によって生じたもので、第三者が被災労働者または遺族に対して損害賠償の義務を負っているものを**第三者行為災害**といいます。

たとえば、会社の営業で外回りをしていて横断歩道を渡っているときに車にはねられた、マイカー通勤者が出勤途中に追突されてケガをした、社用で文房具店に向かうために道路を歩行していたら、建設現場から飛来してきたものにあたって負傷したといったようなケースです。

第三者行為災害については、被災労働者や遺族は、労災保険に対して保険給付の請求権を取得すると同時に、第三者に対して民事上の損害賠償請求権を取得することになります。

しかし、同一事由で両者から二重の損害のてん補（補償）を受けるとなると、被災労働者や遺族は実際に発生した損害額より過剰な利益を受けることとなります。そこで、第三者行為災害の場合には、労災保険の給付と民事上の損害賠償とは支給調整されることとされています。

求償と控除による給付額を調整

具体的な調整方法は、被災労働者や遺族がどちらの請求権を先に行使するかによって違ってきます。

①　求償

先に労災保険の給付請求権を行使した場合、政府は、保険給付の価額の限度で被災労働者や遺族が第三者に対してもつ損害賠償請求権を取得することになります。考え方としては、第三者の行うべき損害賠償を政府が肩代わりしたということで、政府が労災保険の給付額に相当する額を第三者（交通事故の場合は保険会社など）から返してもらうわけです。このように政府が取得した損害賠償請求権を行使することを求償といいます。

②　控除

被災者が第三者から先に損害賠償を受けたときは、政府は、その価額の限度で労災保険の給付をしないことができます。これを控除といいます。控除される範囲については、労災保険の給付と同一事由のものに限定されています。つまり、加害者から治療費や休業損害（休業により得ることができなくなった利益）を受けた場合は、労災保険で同一事由の療養（補償）給付や休業（補償）給付は、その価額で控除されることになります。

ただ、精神的苦痛に対する慰謝料は、同一事由による給付とはいえないため、加害者から受けていても控除されません。

また、保険給付に上乗せして支給される特別支給金も控除の対象にはなりません。特別支給金とは、労災保険の社会復帰促進等事業（225ページ）から支給されるもので、保険給付とは異なる性質をもつためです。

たとえば、労災保険から休業(補償)給付が支給される場合の支給額は給付基礎日額の100分の60とされていますが、これとは別に休業特別支給金が同様に100分の20支給されます。加害者から休業損害を受けた場合、特別支給金としての100分の20の部分については控除されないということです。

自賠責保険などとの調整

第三者行為災害は、業務災害、通勤災害ともに発生する可能性がありますが、特に通勤災害では、自動車事故によるものが少なくありません。この場合、労災保険の給付と加害者が加入していた自賠責保険など（自動車損害賠償責任保険または自動車損害賠償責任共済）の保険金とが調整されることになります。

労災保険と自賠責保険との調整についても「求償」と「控除」の関係は、基本的には同じです。労災保険と自賠責保険等のどちらを先行させるかについても、被災労働者や遺族が選択することができます。

第三者行為災害届を提出する

第三者行為災害が発生し、労災保険の給付を受ける場合、所轄の労働基準監督署に、「第三者行為災害届」と必要な添付書類（交通事故証明書など）を提出します。提出しない場合は、給付が一時差し止められることもあります。

求償と控除

損害賠償の調整

①求償

労災保険の給付を先に行った場合に、労災保険で給付した分の金額を災害の加害者から返してもらうこと

②控除

被災労働者が労災保険の給付がなされる前に加害者から損害賠償を受けた場合に、賠償を受けた額の範囲で国が労災保険の給付をしないこと

7 被災した場合の労災認定

仕事中に被災した場合に、労災と認定されるケースもある

仕事中に地震によりケガをした

仕事中に自然災害が発生し、それが原因でケガをした場合には、労災と認定されないことが一般的です。**労災**は、業務に起因するケガについて保障を行うものですが、災害によるケガは、業務に起因するものとは言えないからです。

ただ、東日本大震災において、厚生労働省は、仕事中に地震や津波に遭ってケガをした場合には、通常、地震によって建物が倒壊したり、津波にのみ込まれるという危険な環境下で仕事をしていたと認められるため、業務災害として労災保険給付を受けることができるとの見解を示しています。また、震災により行方不明となった場合ついても、死亡が判明した場合、あるいは、行方不明となった時から１年後に死亡とみなされた場合（民法31条）に、労災保険の遺族補償給付（遺族補償年金または遺族補償一時金）の請求ができるとしています。

通勤災害についても、地震や津波により自宅が倒壊や流失したために避難所で生活をしている人は、避難所が「住居」と扱われるため、「住居」から会社へ向かう際の災害は通勤災害として認められます。

今後起きる災害について、東日本大震災と同様な取扱いがなされるとは限りませんが、仕事中に被災してケガをした場合に、労災と認定されるケースがあります。まずは労働基準監督署に相談しましょう。

遺族補償年金と遺族補償一時金

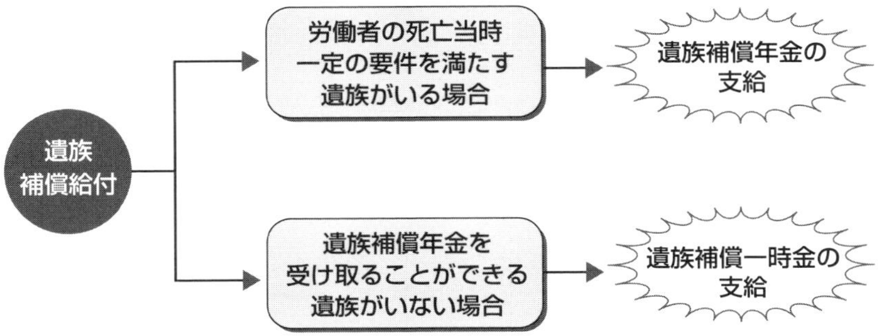

第9章

雇用保険のしくみと手続き

1 雇用保険給付の全体像

雇用保険はハローワークで手続きをする

どんな保険なのか

雇用保険とは、労働者が失業している期間について、国でなんとか面倒をみようという趣旨でできた公的保険制度です。

雇用保険にはさまざまな給付がありますが、雇用保険の給付のうち、失業等給付は、大きく求職者給付、就職促進給付、雇用継続給付、教育訓練給付の4つに分けることができます（次ページ）。

① 求職者給付とは

求職者給付とは、被保険者が離職して失業状態にある場合に、失業者の生活の安定をはかるとともに求職活動を容易にすることを目的として支給される給付です。中心となるのは一般被保険者に対する基本手当ですが、被保険者の種類（234ページ）に応じてさまざまな内容の給付が行われます。

② 就職促進給付とは

失業した場合に雇用保険から給付を受けることができる所定給付日数は人によって差があります。そのため、熱心に求職活動を行った結果、所定給付日数がまだ残っているうちに次の働き口が見つかる人もいるでしょう。逆に、自分の所定給付日数がなくなるまで支給を受けてから、本腰を入れて職探しをはじめる人もいます。これでは、熱心に求職活動を行った人とそうでない人との間で不公平が生じることになってしまいます。そこで、所定給付日数を多く残して再就職が決まった人には、一定の手当（再就職手当や就業手当）を支給することになっています。

③ 雇用継続給付とは

高年齢になると労働能力も低下し、それにともなって給料も下がる場合があります。また、子供ができたため仕事を休んで育児に専念する人もいます。その結果、給料がもらえなくなってしまう場合もあります。このような場合に、同じ職場で働き続けられるよう、雇用保険で一定の給付を行っています。これが雇用継続給付で、失業を予防するための給付ということができます（246ページ）。

④ 教育訓練給付とは

仕事をする上では一定の資格が必要な場合もあります。また、何らかの資格や特技があれば、給料や待遇などの面で有利になることもあります。そのため、資格をとるためや知識・技能などを身につけるために勉強した場合の支出について一定の援助をしてくれる制度が教育訓練給付です（250ページ）。

失業等給付の種類

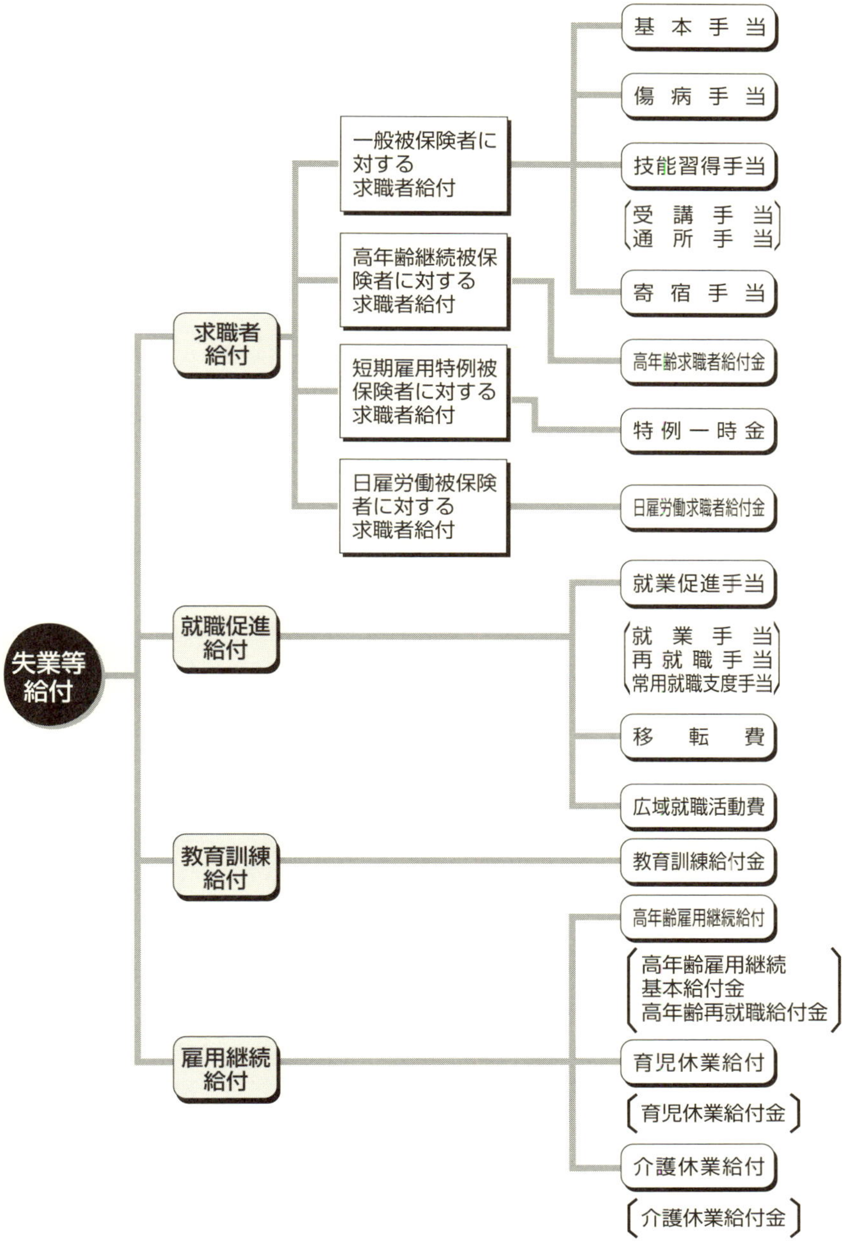
失業等給付
求職者給付
一般被保険者に対する求職者給付
基本手当
傷病手当
技能習得手当
(受講手当 通所手当)
寄宿手当
高年齢継続被保険者に対する求職者給付
高年齢求職者給付金
短期雇用特例被保険者に対する求職者給付
特例一時金
日雇労働被保険者に対する求職者給付
日雇労働求職者給付金
就職促進給付
就業促進手当
(就業手当 再就職手当 常用就職支度手当)
移転費
広域就職活動費
教育訓練給付
教育訓練給付金
雇用継続給付
高年齢雇用継続給付
(高年齢雇用継続基本給付金 高年齢再就職給付金)
育児休業給付
(育児休業給付金)
介護休業給付
(介護休業給付金)

2 雇用保険の給付を受ける対象

被保険者にもさまざまな種類がある

被保険者の種類は４種類

雇用保険の給付の支給対象となる（受給資格者）のは、雇用保険の制度に加入している事業所（適用事業所）で、一定期間（被保険者期間）、雇用保険の被保険者（雇用保険に加入している人のこと）として働いていた人だけです。被保険者には、次の４種類があります。

①　一般被保険者

次の②～④までの被保険者以外の被保険者で、ほとんどの被保険者がこれに該当します。一般被保険者とは、１週間の所定労働時間が20時間以上で、31日以上雇用される見込みのある者のことです。いわゆるフリーターやパートタイム労働者も、この要件を満たせば雇用保険の被保険者になります。

②　高年齢継続被保険者

同一の事業主の適用事業に、65歳に達した日の前日から引き続いて65歳に達した日以降の日に雇用されている者です。ただ、③と④に該当する者は除きます。

③　短期雇用特例被保険者

冬季限定の清酒の醸造や夏季の海水浴場での業務など、その季節でなければ行えない業務のことを季節的業務といいます。季節的業務に雇用される者のうち、雇用期間が４か月以内の者及び週の労働時間が30時間未満の者を除いた者が短期雇用特例被保険者として扱われます。

ただ、④に該当する者は除きます。また、短期雇用特例被保険者が同一の事業主に１年以上引き続いて雇用された場合は、１年経ったときから短期雇用特例被保険者から一般の被保険者に切り替わります。

④　日雇労働被保険者

雇用保険の被保険者である日雇労働者のことです。日雇労働者とは、日々雇い入れられる者や30日以内の短い期間を定めて雇用される者のことです。

失業等給付をもらうための要件

雇用保険の中心は求職者に給付される求職者給付ですが、求職者給付の支給を受けるためには、被保険者の種類ごとに以下のような被保険者期間の要件を満たしていなければなりません。

①　一般被保険者

基本手当をもらうためには、①離職によって、雇用保険の被保険者資格の喪失が確認されていること、②現に失業していること、③離職日以前の２年間に通算して12か月以上の被保険者期間があること、の３つが要件になります。

③の要件については、特定受給資格者（238ページ）については、離職日以前の1年間に通算して6か月以上の被保険者期間があるかどうかで判断します。

各月の賃金支払基礎日数（基本給の支払の対象となっている日数のことで、有給休暇や休業手当の対象となった日数も加えられる）が11日以上の月を被保険者期間1か月とします。なお、各月ごとに区切った結果、端数が生じた場合、その期間が15日以上であり、賃金支払基礎日数が11日以上であれば、2分の1か月としてカウントします。

②　高年齢継続被保険者

離職日以前1年間に被保険者期間が6か月以上あることが必要です。

③　短期雇用特例被保険者

離職の日以前1年間に被保険者期間が6か月以上あることが支給要件となります。なお、被保険者期間は一般被保険者と同様に、離職日からさかのぼって、1か月中に賃金支払の基礎となった日数が11日以上ある月を1か月として計算します。

◎安易な離職は認められない

退職勧告を受けたのではなく、会社に恒常的に設置されている早期退職優遇制度に応募する場合、特定受給資格者（238ページ）とは扱われないので、基本手当を受給するためには12か月以上の被保険者期間が必要です。

1つの会社に1年いなかったという場合については、以前に勤めていた会社での被保険者期間を通算することも可能ですが、かつて勤めていた会社の離職時に基本手当の受給資格を満たしている場合には、通算することができなくなります。

たとえばX社に数年勤務し、受給資格を取得後、Y社に転職し6か月経過後に社内に恒常的に設置されている早期退職制度に応募した場合、Y社の被保険者期間だけでは12か月という要件を満たしません。そこで、X社に勤務していた頃の被保険者期間を通算したいところですが、X社離職時に受給資格を取得しているため、X社に勤務している時代の被保険者を通算することはできなくなるのです。

パートタイマーの取扱い

1週間の所定労働時間	将来の雇用の見込み	
	31日未満	31日年以上
20時間以上	×	通常の被保険者
20時間未満	×	×

※×印のところに該当する者は被保険者とならない

3 失業等給付の受給額

基本手当の日額は賃金日額に基づいている

◎離職前６か月の賃金が基準

失業等給付は、人によって「もらえる額」が違います。

一般被保険者の受ける基本手当は、離職前６か月間に支払われた賃金に基づきます。失業している１日あたりにつき賃金日額をもとにして計算した基本手当日額、だいたい離職前の賃金（賞与を除く）の平均と比べて50％～80％の金額が支給されます。

賃金日額×賃金日額に応じた給付率（原則50～80％）

ここでいう**賃金日額**とは、何でしょうか。これは原則として離職前６か月の間に支払われた賃金の１日あたりの金額で、時給や日給でもらっていた場合には、別に最低保障の計算を行います。賃金日額は、原則として退職前６か月間の給与の総額÷180日で計算します。ただし、時給制・日給制・出来高払い制などで働いている人など、180で割ってしまうと、賃金日額が少なくなってしまう人については、「退職前６か月間の給与の総額÷６か月間の労働日数×100分の70」で算定した金額と、原則の計算方法を比較して高い方の金額を賃金日額とします。

次に、**基本手当日額**ですが、これは賃金日額のだいたい50％～80％の間の額で、年齢と賃金日額によって異なるのが普通です。

年齢と賃金日額によって異なるということは、世帯として生活費が多く必要であると見込まれる年齢層には多く給付するということです。所得の低かった人には給付率が高くなっており、反対に所得の高かった人の給付率は低くなっています。

たとえば、離職時の年齢が30歳以上45歳未満で賃金日額が2330～4649円の場合、給付率は８割と設定されているので、1864円～3719円が基本手当日額となります（平成23年８月１日改定）。基本手当日額は毎年８月１日に改定が行われています。

一般の離職者に対する給付率は賃金に応じて50～80％ですが、60歳以上65歳未満の人への給付率は45％～80％と下限が低く設定されています。

◎高年齢継続被保険者への給付

高年齢継続被保険者とは、65歳になる前から雇用されていた事業所に、65歳に達した後も引き続き雇用されている人のことです。高年齢継続被保険者に支給される給付を**高年齢求職者給付**

金といいます。

65歳以降に離職した高年齢求職者の場合は、一般被保険者と支給方法が異なります。65歳以上の高年齢継続被保険者が失業した場合は、受給できる金額は、65歳前の基本手当に比べてかなり少なくなり、基本手当に代えて、基本手当の50日分（被保険者として雇用された期間が1年未満のときは30日分）の給付金が一括で支給されます。

また、高年齢継続被保険者の失業の認定（失業していることを確認する手続きのこと）は、1回だけ行われます（一般の被保険者は失業期間の28日ごとに1回行うことになっています）。認定日の翌日に再就職しても、もらった高年齢求職者給付金は返還する必要がありません。

短期雇用特例被保険者への給付

短期雇用特例被保険者とは、季節的業務（夏季の海水浴場での業務など）に雇用される者のうち、雇用期間が4か月以内の者及び週の労働時間が30時間未満の者を除いた者のことです。短期雇用特例被保険者に支給される求職者給付を**特例一時金**といいます。その名のとおり一時金（一括）で支給されます。

特例一時金の支給を受けようとする者は、離職の日の翌日から数えて6か月を経過する日までに、失業の認定を受けなければなりません。

特例一時金を受けるための手続きは、一般の被保険者が基本手当を受けるための手続きと同じです。つまり、離職票を持って公共職業安定所に行き、求職の申込みをすることになります。特例一時金の支給額は、当分の間、基本手当の日額の40日分に相当する額になります。

ただ、失業の認定日から受給期限（支給を受けることができる期限のこと）までの日数が40日未満の場合は、受給期限までの日数分だけが支給されることになります。

雇用保険の賃金日額の計算式

$$\text{賃金日額の原則} = \frac{\text{6か月間に支払われた賃金総額}}{\text{180日}}$$

$$\text{基本手当日額} = \text{賃金日額} \times \text{給付率}$$

4 失業等給付の受給日数

受給期間は原則として１年間

◎所定給付日数はケースごとに異なる

失業者に支給される求職者給付（基本手当）はどのくらいなのか確認しておきましょう。給付日数は離職理由、被保険者であった期間、労働者の年齢によって決定されます。

次ページの図の一般受給資格者とは、定年退職や自己の意思で退職した者のことです。また、特定受給資格者とは、事業の倒産、縮小、廃止などによって離職した者、解雇など（自己の責めに帰すべき重大な理由によるものを除く）により離職した者その他の厚生労働省令で定める理由により離職した者のことです。

就職困難者とは、身体障害者、知的障害者、刑法などの規定により保護観察に付された者、社会的事情により就職が著しく阻害されている者（精神障害回復者など）に該当する者のことです。

具体的には、失業理由が自己都合か会社都合かによって、本人が受ける基本手当の所定給付日数が変わってきます。自己都合で辞めた人より倒産・解雇などが原因で離職した人の方が保護の必要性が高いので、給付日数も多めに設定されているのです。一般受給資格者は離職時等の年齢に関係なく、被保険者であった期間に応じて、90日から150日の給付日数となります。

一方、特定受給資格者と認定された場合、退職時の年齢と被保険者期間に応じて、90日～330日の給付が受けられます。たとえば被保険者であった期間が20年以上の38歳の人で、自己都合で辞めた場合の基本手当の給付日数は150日です。一方、倒産・解雇などによる退職者であれば270日となります。

◎受給期間（受給期限）がある

求職者給付には受給期間（または受給期限）があります。この期間を過ぎてしまうと、たとえ所定給付日数が残っていても、求職者給付の支給を受けられなくなります。

①　受給期間

一般被保険者が受ける給付を基本手当といいます。基本手当は離職の日の翌日から１年間にかぎり受給することができます。この期間を受給期間といいます。ただし、所定給付日数330日の者は離職の日の翌日から１年と30日、360日の者は離職の日の翌日から１年と60日がそれぞれ受給期間となります。

②　受給期間が延長されるケース

受給期間の間に一定の理由（241ページ）により、引き続き30日以上働くことができなかったときは、その働くことができなかった日数だけ受給期間を延長することができます。延長できる期間は最大で3年間です。つまり、原則の1年間と延長できる期間をあわせると最長4年間が受給期間になるということです。

もし、働くことができない期間が15日以上30日未満の場合には傷病手当を受けることができます。基本手当をもらう代わりに傷病手当をもらうことになり、その分基本手当は少なくなります。

③　高年齢求職者給付金と特例一時金の受給期限

高年齢求職者給付金（236ページ）と、特例一時金（237ページ）についても、受給できる期限（受給期限）が定められています。

高年齢求職者給付金の受給期限は離職日の翌日から1年間、特例一時金の受給期限は離職日の翌日から6か月間です。なお、高年齢求職者給付金と特例一時金については、基本手当で認められている受給期間延長（241ページ）の制度はありません。

基本手当の受給日数

●一般受給資格者の給付日数

<table>
<tr><th>被保険者であった期間
離職時等の年齢</th><th>1年未満</th><th>1年以上
5年未満</th><th>5年以上
10年未満</th><th>10年以上
20年未満</th><th>20年以上</th></tr>
<tr><td>全年齢共通</td><td colspan="3">90日</td><td>120日</td><td>150日</td></tr>
</table>

●特定受給資格者の給付日数

<table>
<tr><th>被保険者であった期間
離職時等の年齢</th><th>1年未満</th><th>1年以上
5年未満</th><th>5年以上
10年未満</th><th>10年以上
20年未満</th><th>20年以上</th></tr>
<tr><td>30歳未満</td><td rowspan="5">90日</td><td rowspan="3">90日</td><td>120日</td><td>180日</td><td></td></tr>
<tr><td>30歳以上35歳未満</td><td rowspan="2">180日</td><td>210日</td><td>240日</td></tr>
<tr><td>35歳以上45歳未満</td><td>240日</td><td>270日</td></tr>
<tr><td>45歳以上60歳未満</td><td>180日</td><td>240日</td><td>270日</td><td>330日</td></tr>
<tr><td>60歳以上65歳未満</td><td>150日</td><td>180日</td><td>210日</td><td>240日</td></tr>
</table>

●障害者などの就職困難者

<table>
<tr><th>被保険者であった期間
離職時等の年齢</th><th>1年未満</th><th>1年以上</th></tr>
<tr><td>45歳未満</td><td rowspan="2">150日</td><td>300日</td></tr>
<tr><td>45歳以上65歳未満</td><td>360日</td></tr>
</table>

5 受給日数の延長

就職できないときは給付日数が延長されることがある

◎給付日数が延長されることもある

基本手当の支給は、離職時の年齢、離職事由、被保険者期間、就職困難者か否かにより給付日数の上限が設けられています。しかし社会情勢、地域性あるいは求職者本人の問題により、なかなか就職することができず、所定の給付日数だけでは保護が足りないこともあります。このような場合、所定給付日数を延長して、基本手当が支給されます。これを**延長給付**といいます。

延長給付には、以下の４種類があります。

①　訓練延長給付とは

職業訓練を受け、職業能力を向上させることが就職につながると判断されたときに、受給資格者が公共職業安定所長の指示により、公共職業訓練等を受講する場合に、①90日を限度として、公共職業訓練を受けるために待機している期間、②２年を限度として、公共職業訓練等を受けている期間、③30日を限度として、公共職業訓練等の受講終了後の期間について、失業している日については所定給付日数を超えて基本手当が支給されます。

②　広域延長給付とは

広域延長給付は、失業者が多数発生した地域において、広い範囲で職業の紹介を受けることが必要と認められる受給資格者について、90日分を限度に所定給付日数を超えて基本手当が支給されます。なお、受給期間も90日間延長されることになります。

③　全国延長給付

全国延長給付は、全国的に失業の状況が悪化した場合には、一定期間すべての受給資格者に対し90日を限度に所定給付日数を超えて基本手当が支給されます。なお、受給期間も90日間延長されることになります。

④　個別延長給付とは

個別延長給付は、厚生労働大臣が指定する地域で、倒産や解雇などの理由により離職された場合（特定受給資格者）や期間の定めのある労働契約が更新されなかったことにより離職された場合に支給されます。離職日において45歳未満の者で、公共職業安定所長が知識、技能、職業経験その他の実情を考慮して再就職支援を計画的に行う必要があると認めた場合は、給付日数が60日（所定給付日数が270日、330日の場合は30日）延長されます。

なお、個別延長給付は、暫定措置のため離職日が平成24年3月31日までの方が対象になります。

6 受給期間の延長と傷病手当の受給

妊娠・出産、育児、ケガ・病気、看護などの場合である

受給期間は延長できる

雇用保険の失業等給付は、働く意思と働ける状況にある者に支給されるものです。

そこで、出産や病気など一定の理由で働けない場合、失業等給付の支給を先送りすることができます。これを**受給期間の延長**といいます。

受給期間を延長できる理由は、以下のとおりです。

① 妊娠および出産
② 病気や負傷
③ 育児
④ 親族の看護（6親等以内の血族、配偶者、3親等以内の姻族の看護に限る）
⑤ 事業主の命令による配偶者の海外勤務に同行
⑥ 青年海外協力隊など公的機関が行う海外技術指導による海外派遣（派遣前の訓練・研修を含む）

これらの理由によって、すぐに職業に就くことができない場合は、働くことができない期間が30日を経過した日の翌日から1か月以内にハローワークに受給期間延長申請書と受給資格者証に受給期間延長の理由を証明するものを添えて提出します。

傷病手当の受給

ハローワークに行って（出頭）、求職の申込みをした後に、引き続き30日以上働くことができなかったときは、受給期間の延長をすることができます。これに対して、疾病または負傷が原因で継続して15日以上（30日未満）職業に就けない場合は、傷病手当支給申請書を提出することで基本手当に代えて、傷病手当を受給することができます。傷病手当も求職者給付のひとつです。なお、15日未満の病気やケガなどについては、傷病証明書により失業の認定が受けられます。つまり、基本手当の対象です。

傷病手当が支給されるのは、一般被保険者だけです。傷病手当の受給要件は次の3つです。

① 受給資格者であること
② 離職後、ハローワークに出頭し、求職の申込みをすること
③ 求職の申込み後に病気やケガのため、継続して15日以上職業に就けない状態にあること

傷病手当の支給額は基本手当とまったく同額です。単に名前が変わって支給されるものと考えてください。

7 特定受給資格者

倒産などで離職した人が対象となる

特定受給資格者とは

特定受給資格者とは、たとえば勤務先の倒産や解雇などによって、再就職先を探す時間も与えられないまま離職を余儀なくされた人をいいます。最近の深刻な失業率の悪化などの社会情勢を受けて、倒産などによる離職者を手厚く保護することを目的とした制度です。

特定受給資格者に該当する一般被保険者であった人は、他の求職者よりも基本手当の所定給付日数が長く設けられています。特定受給資格者であるかどうかは、具体的には、次ページの図のように定められています。ハローワークではこの基準に基づいて受給資格を決定していますので、倒産などで離職した人は、確認しておきましょう。

また、会社の意思により労働契約が更新されなかった有期契約労働者や、一定のやむを得ない事情による自己都合退職者で、離職日以前の1年間に通算して6か月以上の被保険者期間がある者については、特定受給資格者に該当しない場合であっても、特定理由離職者として特定受給資格者と同様の雇用保険の給付を受けることができます。

ただし、特定理由離職者として認められるのは離職日が平成21年3月31日から平成24年3月31日までの人に限ります。

問題となるケース

特定受給資格者にあたるかどうかについてはハローワークが個別に判断する場合もあります。

たとえば、会社都合で、入社した時に取り決めをした賃金が支払われなかったために退職したような場合です。この場合、就職後1年以内に退職した場合は特定受給資格者と認められますが、1年を経過した時点では、採用時のことを理由に退職したとは認められないとされています。また、毎月、所定の労働時間を超えた時間外労働が多すぎたため退職したような場合です。

執拗な退職強要で辞めた場合は

会社による不当な退職強要があり、やむなく退職した場合は、会社都合退職になります。

具体的には、直接的、間接的な退職の勧奨、人事異動の名を借りた退職の強要、いじめによる退職の強要などがあった場合です。

たとえば、長い間経理の仕事一本で勤めていた人を全く経験のない営業部門に異動させる場合、介護が必要な家族がいる人を単身赴任が必要な地域に異動させる場合などです。

いじめによる退職の強要は、薄暗い個室に閉じ込められ、業務に関係のない作文を毎日書かされるケースや、上司、同僚から連日「バカ扱い」されるケースなどがこれにあたります。

特定受給資格者の判断基準

「解雇」等による離職の場合	①解雇により離職 ②労働条件が事実と著しく相違したことにより離職 ③賃金の額の3分の1を超える額が支払期日までに支払われなかった月が引き続き2か月以上となったことにより離職 ④賃金が、85%未満に低下したため離職 ⑤法に定める基準を超える時間外労働が行われたため、又は事業主が行政機関から指摘されたにもかかわらず、危険若しくは健康障害を防止するために必要な措置を講じなかったため離職 ⑥職種転換等に際して、労働者の職業生活の継続のために必要な配慮を行っていないため離職 ⑦期間の定めのある労働契約の更新により3年以上引き続き雇用されるに至った場合に更新されないこととなったことにより離職 ⑧期間の定めのある労働契約の締結に際し更新されることが明示された場合において契約が更新されないこととなったことにより離職 ⑨上司、同僚からの故意の排斥又は著しい冷遇若しくは嫌がらせを受けたことによって離職 ⑩事業主から退職するよう勧奨を受けたことにより離職 ⑪使用者の責めに帰すべき事由により行われた休業が引き続き3か月以上となったことにより離職 ⑫事業所の業務が法令に違反したため離職
「倒産」等による離職の場合	①倒産に伴い離職 ②1か月に30人以上の離職の届出がされた離職及び被保険者の3分の1を超える者が離職した離職 ③事業所の廃止に伴い離職 ④事業所の移転により、通勤することが困難となったため離職

8 ハローワークでの手続き

離職票を持ってハローワークへ行く

被保険者証はなくさずに

退職時に会社から渡される「雇用保険被保険者証」は、雇用保険に加入していたことを証明するものです。これは、入社時に会社がハローワークで被保険者としての資格の取得手続を行った際に発行されます。

勤め先が変わっても、一度振り出された被保険者番号は、変わりません。再就職先に被保険者証を提出し、新たな被保険者証を作成して、記録を引き継ぐことになります。失業等給付を受けるのに必要ですので、大切に保管しましょう。

離職票が退職した社員に届く

従業員が退職した場合、会社は退職日の翌日から10日以内に、管轄のハローワークに「雇用保険被保険者資格喪失届」を提出しなければなりません。「資格喪失届」には、被保険者の氏名、生年月日、被保険者となった年月日、退職理由などが記され、退職日以前の賃金の支払状況を記入した「離職証明書」が添付されます。

離職証明書は３枚１組の複写式の用紙になっており、１枚目が事業主控、２枚目は公共職業安定所用、３枚目が離職票として、３枚目だけが退職者に手渡されます。つまり、離職証明書には退職者に交付する離職票と同じことが書いてあることになります。

会社から交付された「離職票」は失業等給付の申請をする際に必要になる重要なものです。通常は会社から郵送などで届けられますが、退職後２週間経っても届かないようであれば、会社に確認したほうがよいでしょう。

ハローワークに離職票を提出する

失業等給付をもらう手続は、自分の住所地を管轄するハローワークに出向いて退職時に会社から受け取った離職票を提出し、求職の申込みをすることからはじまります。

その際に、離職票と雇用保険被保険者証、本人の写真、印鑑、運転免許証など住所や年齢を確認できるものを提出して、失業等給付を受給できる資格があるかどうかの審査を受けます。

ハローワークに求職の申込みを行い、失業の状態と認められ受給資格が決定した場合でも、決定日から７日間はどんな人も失業等給付を受けることができません。この７日間を**待期期間**と呼んでいます。７日に満たない失業であれば、手当を支給しなくても、大きな問題はないといえるからです。

つまり、待期期間を経た翌日が、失業等給付の対象となる最初の日ということになります。

◎給付制限とは

この待期期間を過ぎると４週間に１回、失業認定日にハローワークに行くことになります。ここで失業状態にあったと認定されると、その日数分の基本手当が支給されます。

定年退職した人や倒産、リストラなどの理由で退職した特定受給資格者は会社都合で退職したので、給付制限がありません。したがって、待期期間の満了から約４週間後の失業認定日の後、基本手当が指定口座に振り込まれます。

これに対して、自己の都合で離職した人の場合、待期期間の後にさらに原則として３か月間は基本手当の給付が行われません。このことを**給付制限**と呼びます。自己都合で退職する者は何らかの備えをしているのが通常だからです。もっとも、自己都合であっても正当な理由があると認められた場合には給付制限は行われません。

たとえば、健康上の理由や家庭事情の急変、通勤が困難になった場合の離職などについては退職について「正当な理由がある」と認められます。ハローワークで初回に提出する書類には離職理由を記入する箇所があります。退職に至った事情などを書き込み、事情を証明できるものといっしょに提出しましょう。

基本手当が支給されるまでの流れ

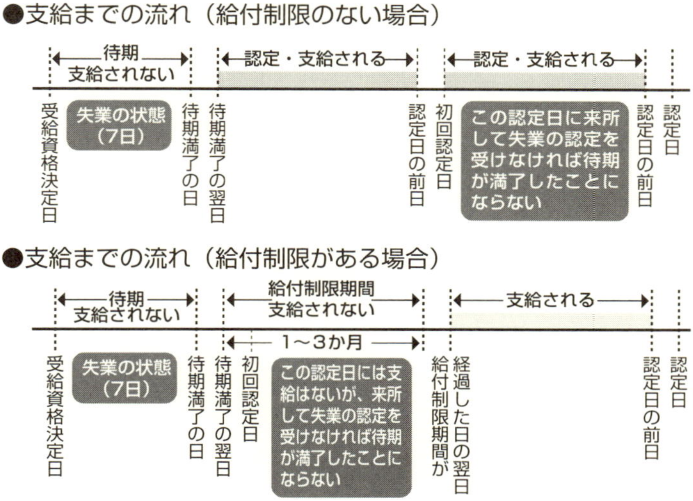

9 雇用継続給付の内容

失業しないようにするための給付がある

失業を予防するための給付

少子高齢化に伴う雇用情勢の変化の中では、労働者にさまざまな問題が起きています。たとえば、年をとったことによって、労働能力が低下したり、今までどおりの勤務が困難となったりして、賃金収入の低下することもあるでしょう。また、育児のための休業を取得したため、その分賃金収入がなくなることもあります。こうした状況を放置してしまうと、労働者の雇用の継続が困難となり、失業者が増えてしまうことも考えられます。

そこで、雇用保険では、雇用の継続が困難となる事由が生じた場合に、失業を回避できるように一定の給付を行っています。これが**雇用継続給付**（高年齢雇用継続給付・育児休業給付）です。また、同様の趣旨から介護休業取得者に支給する「介護休業給付」も設けられています。

退職を決意する前にこういった給付があることを知っていれば、安易に職を辞めずにすんだといったケースもあるかもしれませんので、詳しく確認しておきましょう。

育児休業をした場合の給付

少子化傾向や女性の社会進出に対応するため、育児休業を取得しやすくし、また、育児休業後の職場復帰を支援することを目的とした給付が**育児休業給付**です。

１歳未満の子の養育を理由に休みを取得できるのが育児休業制度です。育児休業給付金は、雇用保険の一般被保険者が育児休業を取得した場合に支給されます。支給金額は、休業開始時の賃金日額に支給日数を乗じた額の40％（平成22年４月１日現在より当分の間は50％）相当額となります。支給期間は、子が１歳になるまでが原則ですが、父母がともに育児休業を取得するパパママ育休プラス制度（夫婦がともに育児休業を取得する場合に、育児休業を２か月間多く取得できる制度）を利用する場合は、子が１歳２か月になるまでの１年間（女性の場合は産後休業期間を含む）となります。

介護休業をした場合の給付

被保険者が家族（配偶者や父母、子など一定の家族）を介護するために、介護休業を取得した場合に支給されます。**介護休業給付**を受けることができるのは、介護休業開始前２年間に、賃金の支払の基礎となった日数が11日以上ある月が12か月以上ある被保険者だけです。介護休業給付は、介護休業開始日から最長３か月（93日）を限度として取得でき、介護休業開始時賃金日額の40％（原則）相当額が支給されます。ただし、介護休業給付を受けることができるのは、１人の家族につき１回の介護休業期間に限られます。

◎高年齢雇用継続給付とは

今後の急速な高齢者の増加に対応するために、労働の意欲と能力のある60歳以上65歳未満の者の雇用の継続と再就職を援助・促進していくことを目的とした給付が**高年齢雇用継続給付**です。

高年齢雇用継続給付には、①高年齢雇用継続基本給付金と、②高年齢再就職給付金の２つの給付があります。

①　高年齢雇用継続基本給付金とは

高年齢雇用継続基本給付金が支給されるのは、60歳以上65歳未満の一般被保険者です。被保険者（労働者）の60歳以降の賃金が60歳時の賃金よりも大幅に低下したときに支給されます。具体的には、60歳時点に比べて各月の賃金額が75％未満に低下した状態で雇用されているときに、下図のような額の高年齢雇用継続基本給付金が支給されます。

図中のみなし賃金日額とは60歳に達した日以前の６か月間の賃金の総額を180で割った金額のことです。

高年齢雇用継続基本給付金が支給されるのは、原則として、被保険者の60歳到達日の属する月から65歳に達する日の属する月までの間です。

②　高年齢再就職給付金とは

雇用保険の基本手当を受給していた60歳以上65歳未満の受給資格者が、基本手当の支給日数を100日以上残して再就職した場合に支給される給付です。

高年齢再就職給付金の支給要件と支給額については、高年齢雇用継続基本給付金と同じです。

高年齢雇用継続基本給付金の支給額

支払われた賃金額		支　給　額
みなし賃金日額×30の	61％未満	実際に支払われた賃金額×15％
	61％以上 75％未満	実際に支払われた賃金額×15％ から一定の割合で減らした率
	75％以上	不支給

10 技能習得手当・寄宿手当

職業訓練を受講し、延長給付も受けられる

技能習得手当には２種類ある

就職や転職にあたって、何か手に職をつけたいと思っても、専門学校などに通うとなるとそれなりのお金と時間がかかります。そのような場合、公共職業訓練学校（民間の専門学校に訓練を委託して行う場合もある）で**職業訓練**を受けるという方法があります。

雇用保険の基本手当（求職者給付のこと）を受給する権利のある者（受給資格者）が公共職業安定所長の指示する公共職業訓練を受講する場合、その受給期間について、基本手当に加えて、**技能習得手当**が支給されます。技能習得手当には、①受講手当と②通所手当の２つの種類があります。

①　受講手当

受給資格者が公共職業安定所長の指示する公共職業訓練などを受講した日であって、かつ基本手当の支給の対象となる日について１日あたり500円（受講日が平成21年３月31日から平成24年３月31日までの人については１日あたり700円）が支給されるものです。

待期期間（７日間）、給付制限される期間、傷病手当（241ページ）が支給される日、公共職業訓練を受講しない日については受講手当が支給されません。いわば訓練生の昼食代補助のようなものです。

②　通所手当

公共職業安定所長の指示する公共職業訓練等を受講するために電車やバスなどの交通機関を利用する場合に支給される交通費です。マイカーを使った場合も支給の対象となります。原則として、片道２km以上ある場合に支給されます。支給額は通所（通学）距離によって決められていて、最高額は４万2500円です。基本手当の支給の対象とならない日や公共職業訓練等を受けない日があるときは、その分、日割計算で減額して支給されます。

寄宿手当とは

雇用保険の受給資格者が公共職業訓練等を受けるために、生計を維持している家族（配偶者や子など）と離れて暮らす必要がある場合には、その期間について、寄宿手当が支給されます。寄宿手当の支給額は月額１万700円（定額）です。ただし、ひと月のうち、家族といっしょに暮らしている日については、１万700円からその分減額して寄宿手当が支給されることになります。

11 再就職を支援するさまざまな給付

再就職を促進するいろいろな制度がある

就職促進給付とは

雇用保険には失業したときに支給される給付だけでなく、失業者の再就職活動をより直接的に援助・促進するための給付があります。これを**就職促進給付**といいます。就職促進給付には①就業促進手当、②移転費、③広域求職活動費の３つの種類があります。

①　就業促進手当

就業促進手当には、以下の３種類があります。

・再就職手当

受給資格者が失業後、早期に再就職した場合に支給されます。支給額は残っている基本手当の日数によって異なりますが、所定給付日数の支給残日数に基本手当日額をかけて算出した金額の50%または60%に相当する額です（一定の上限額があります）。

・常用就職支度手当

就職時に45歳以上の中高年齢者の受給資格者（再就職援助計画の対象者）や障害者など一般に就職が困難な人が再就職した場合で、一定の要件を満たした場合には、常用就職支度手当が支給されることがあります。この支度手当は、就職が困難な人が、支給日数が残っている受給期間内に、ハローワークの紹介で安定した職業についた場合、支給されるものです。支給額は原則として、基本手当日額の40%に相当する額です。

・就業手当

正社員ではなく、パートや人材派遣、契約社員の形で再就職した人に支給されるのが就業手当です。

②　移転費

ハローワークの紹介で就職先が決まった者の中には、再就職のために転居が必要な者もいるでしょう。こういった者には移転費が支給されます。

移転費には、鉄道賃、船賃、航空賃、車賃、移転料、着後手当の６つの種類があります。

③　広域求職活動費とは

自分にあった働き口を探すために、県外に行ったりして就職活動を行う者もいます。これらの者は就職活動に相当の交通費がかかります。このような場合に役に立つのが雇用保険の広域求職活動費です。

訓練・生活支援給付を受給する

雇用保険の手当を受給できない人であっても、ハローワークのあっせんにより職業訓練を受講する場合には、訓練・生活支援給付を受給することができます。

12 公共職業訓練

各種手当をもらいながら、仕事に必要な知識、技能が習得できる

働く人の能力開発を助ける制度

会社などで働いている者の中には、スキルアップのために特殊技術を習得したり、外国語を学習したり、資格をとったりする者もいます。働く人のこのような主体的な能力開発の取り組みを国でも支援しようというのが**教育訓練給付**の制度です。この給付は在職中も受けることができます。教育訓練給付の支給を受けることができるのは、以下の①、②のいずれかに該当する者で、厚生労働大臣の指定する教育訓練を受講し、訓練を修了した者です。

なお、指定講座は、「厚生労働大臣指定教育訓練講座検索システム」から検索することができます。URLは以下のとおりです。

http://www.kyufu.javada.or.jp/kensaku/T_M_kensaku

① 雇用保険の一般被保険者

厚生労働大臣が指定した教育訓練の受講を開始した日（受講開始日）において雇用保険の一般被保険者である者のうち、支給要件期間が３年以上ある者です。ただし、初めて教育訓練給付を受けようとする場合、支給要件期間は当分の間「１年以上」になります。

② 一般被保険者であった者

受講開始日において一般被保険者でない者のうち、一般被保険者資格を喪失した日（離職日の翌日）以降、受講開始日までが１年以内であり、かつ支給要件期間が３年以上ある者が対象になります。ただし、初めて教育訓練給付を受けようとする場合、支給要件期間は当分の間「１年以上」になります。

いくら支給されるのか

受講のために受講者本人が教育訓練施設に対して支払った教育訓練経費の20%です。ただし、教育訓練にかかった経費が4000円を超えない場合は支給されません。また、20%を乗じてかけた額が10万円を超えた場合には、10万円となります。教育訓練給付の申請手続は、教育訓練の受講修了日の翌日から１か月以内に教育訓練を受けた本人の住所地を管轄する公共職業安定所に対して行います。

支給申請は正しく行うようにしましょう。偽り（ウソ）その他不正の行為により教育訓練給付金の支給を受けた場合、不正に受給した金額全額の返還とさらにそれに加えて返還額の２倍の金額の納付を命じられます。また、詐欺罪として刑罰に処せられることもあります。

巻末付録　これだけは知っておきたい「生命保険・医療保険・損害保険」ミニ用語集

【あ行】

■アカウント型保険……………………　26
保険料を積み立てて貯金する主契約に、死亡保険や医療保険などの特約をいつでも自由に付加できる商品。銀行の預金と同じように、積立金を自由に出し入れができるのが特徴。

■一時払い…………………………………　60
保険料を一括して支払うこと。

■一括払い…………………………………105
将来の保険料をまとめて支払う方法の一つで、「月払い」の払込方法において、数回分を一括で払うこと。

■医療保険……………………………第3章
医療費の全部または一部を保険者が給付する保険制度のこと。公的医療保険と民間の医療保険がある。

■延長給付
生命保険の基礎となる主契約を補完する契約（特約）の中で、医療保障が備えられているもの。

■延長保険…………………………………　61
保険金額をそのままに、保険の種類を定期保険に変更するもの。

【か行】

■解約………………………………………　68
一方当事者の意思表示により、ある時点から将来に向かって契約関係を消滅させること。

■解約返戻金………………………………　70
保険解約時、または保険失効時に戻ってくるお金のこと。

■火災保険……………………………第4章
火災や落雷などの災害によって生じる建物や家財に対する危険に備える保険のこと。ただし、地震によって発生する火災や津波は、火災保険だけでは補償されない。

■給付金……………………………………　14
被保険者が入院したときや、手術を行ったときなどに、保険者から受取人に支払われるお金のこと。

■クーリングオフ…………………………　68
保険契約した者であっても、一定期間内であれば契約を無条件で解除できる制度のこと。

■契約応当日
保険期間中において、保険契約後に到来する契約日に応当する日のこと。年単位の場合には「毎年○月○日」となる。半年単位、月単位の場合には、半年、月ごとの契約日に応当する日のこと。

■契約者貸付………………………………　67
保険会社から解約返戻金の一定範囲内の額で融資を受けること。

■契約転換…………………………………　52
現在加入している保険を活用して契約の種類を変更すること。

■告知義務違反……………………………　46
契約時の健康状態や過去の病歴など、契約の成否に関わる部分で、ありのままを申告せず、虚偽の事実を申告すること。

■個人年金保険……………………………　30
保険料を積み立てていき、それを後から年金として受け取る年金保険のこと。民間会社の保険商品の一つ。契約時点で年金額が決められている定額タイプと、そうではなく変動するタイプがある。

【さ行】

■地震火災費用保険金…………………107
地震や津波、火山の噴火によって火災が起こり、家や家財道具が一定以上、焼失してしまった場合に支払われる金銭。火災保険の中で、地震保険ほどではないが、地震による家や家財道具の損害を補償している。

■**地震保険**…………………………… 第4章
　地震・噴火、地震による津波、これらを原因とする火災・損壊・埋没・流失による損害を補償する地震災害専用の保険のこと。

■**指定代理請求人**…………………… 70
　受取人本人に代わって保険金などの支払を請求することができる、契約者があらかじめ指定した代理人のこと。
　指定代理請求ができるのは、被保険者が意思を表示できない場合など、被保険者本人に一定の特別な事情がある場合である。

■**死亡保険**…………………………… 19
　被保険者が死亡するか、または高度障害になった場合に保険金が支払われる保険。

■**終身保険**…………………………… 22
　死亡、高度障害の場合に保険金が受け取れる死亡保険で、保険期間が「一生涯」に設定された商品のこと。

■**主契約**……………………………… 89
　生命保険において基礎となる保障の本体部分のこと

■**診査**………………………………… 46
　病院などで健康診断を受けるなどして確認をとること。

■**生命保険**…………………………… 第1章
　事故や病気などによる人の生死に関して、給付金を受け取ることができる保険のこと。

■**生命保険契約者保護機構**
　生命保険会社が経営破たんした場合に、契約者が不利益を被らないように、契約者を保護するしくみのこと。契約を引き継ぐ会社に対して資金援助などを行う。

■**責任開始日**………………………… 47
　保険会社に保険金を支払う責任が生じる日のこと。契約日と異なる場合がある。

■**前納**………………………………… 60
　保険料の払込方法において、何回分かの保険料をまとめて支払うこと。

■**損害区分**………………………… 116
　地震による損害を程度によって区分けしたもの。全損・半損・一部損の区分がある。

■**損害保険**…………………………… 第4章
　偶然の事故（自然災害、火災、自動車事故など）によって生じる損害を補償する保険のこと。

【た行】

■**第三分野の保険**…………………… 15
　生命保険・損害保険のいずれにも属さない分野の保険のこと。医療保険など。

■**団体信用生命保険**………………… 33
　金融機関を保険契約者、保険金受取人とし、生命保険会社を保険者、ローンの借り手を被保険者とした保険契約。

■**定期付き終身保険**………………… 24
　終身保険に定期保険の特約がついている保険商品のこと。

■**定期保険**…………………………… 20
　保険期間中に、被保険者が死亡した場合と高度障害になった場合に保険金が支払われる商品。

■**特約**………………………………… 15
　保障の本体である主契約を補完する契約のこと。

【な行】

■**入院給付金の免責**………………… 94
　何日か以上、入院しないと、入院給付金の支払対象にならないという要件のこと。たとえば、「免責４日」という要件の場合は、「５日以上入院した場合に、５日目から入院給付金を支払う」ということになる。

【は行】

■**配当**………………………………… 58
　予測より実際の数値の方が好転し、結果的に保険料を取り過ぎてしまった場合に保険会社が取り過ぎた分を配当として契約者に還元するしくみのこと。
　生命保険には、有配当保険と無配当

保険があり、無配当保険の場合には配当金はない。

■払済保険……………………………… 60

保険料の支払いが困難になったときに、保険期間をそのままに、保険金額を減額する制度のこと。

■被保険者

保険の対象として、保険がかけられている人。生命保険契約では、被保険者と契約者は当事者である場合と、当事者でない場合とがある。当事者でない場合は、保険金に関する犯罪を防ぐため、被保険者の承諾を得る必要がある。

■夫婦連生の保険…………………… 40

夫婦二人を一つの保険の契約者として扱う保険のこと。

■復活………………………………… 67

保険契約が失効した場合であっても、一定期間内であれば、失効した契約を元に戻すことができる制度のこと。保険を復活させる場合、保険会社の承認と、滞納期間中の保険料（保険会社によってはプラス利息）の一括納付、復活時点の告知や診査などが必要になる。

■変額年金…………………………… 31

個人年金保険商品の中で、契約時点で年金額が決められているのではなく、年金額が変動するタイプのもの。一定期間ごとに予定利率が見直される利率変動型年金や、投資信託で保険料を運用し、その実績によって年金額が決まる変額（投資）型年金がある。

■変額保険…………………………… 32

集めた保険料の運用実績によって保険金や解約返戻金の額が変動する商品。

■保険期間…………………………104

保険契約によって保障される期間のこと。この期間内に保険事故が発生した場合に保険会社から保険金が支払われる。

■保険金……………………………… 70

被保険者が死亡や高度障害状態のとき、または満期のときなどに、保険者から受取人に支払われるお金のこと。

■保険金受取人……………………… 70

保険契約者から保険金の受け取りを指定された人のこと。

■保険契約者

保険会社と保険契約を結び、契約上の権利と保険料の支払義務を持つ人。

■保険事故…………………………… 12

保険金支払いの対象となる事故のこと。死亡、高度障害などが保険事故の例。

■保険者

保険契約者から保険料を預かり、保険事故に対して保険金支払義務がある者のこと。生命保険会社などをさす。

■保険証券…………………………… 48

保険者と保険契約者が契約した、保険契約の内容を記した文書のこと。

■保険料……………………………… 58

保険契約者が保険者に支払うお金のこと。

■保険料控除………………………… 74

生命保険料や個人年金保険料、損害保険料を支払った場合に、税金の負担を軽減することができるしくみのこと。

【や行】

■養老保険…………………………… 28

満期まで被保険者が無事に生きていれば満期保険金が支払われる商品。

【ら行】

■リビングニーズ特約……………… 90

余命６か月以内と判断された場合に、死亡保険金の一部または全部を生前に受け取ることができる特約。

索　引

※251 ～ 253ページの巻末付録に掲載している用語は省略

【監修者紹介】

森本　幸人（もりもと　ゆきと）

1954年熊本生まれ。早稲田大学法学部卒業。社会保険労務士・ファイナンシャルプランナー（CFP、1級FP技能士）。
講演会の講師として全国で年間200回前後の講演を行っている。わかりやすい講演として評判で、中でも「定年後安心案内セミナー」は、年金・健康保険・生きがいなどの定年後の心配事をわかりやすく解説している。
監修書に『知りたいことがよくわかる　実践退職計画』『最新版　医療保険と公的年金のしくみと手続き』『すぐに役立つ　損害保険のしくみと病気・災害・事故のトラブル解決手続きマニュアル』『入門図解　住宅ローンのしくみと手続き』（小社刊）がある。

森本FP社労士事務所
http://fpmorimoto.com/

図解
最新版　「保険」のしくみと手続きがわかる事典

2011年11月10日　第1刷発行

監修者　森本《もりもと》幸人《ゆきと》
発行者　前田俊秀
発行所　株式会社三修社
〒150-0001　東京都渋谷区神宮前2-2-22
TEL　03-3405-4511　FAX　03-3405-4522
振替　00190-9-72758
http://www.sanshusha.co.jp
編集担当　北村英治
印刷・製本　萩原印刷株式会社

ISBN978-4-384-04427-0 C2032